광고 효과의 심리학

우석봉 저

학지사

머리말

환경이 급변하면서 효과적인 광고 패러다임에도 변화가 일고 있다. 하지만 광고효과는 소비자에 의해 결정된다는 사실은 결코 변하지 않는다. 소비자는 인간이기 때문에 광고효과는 심리학적 현상에 의해 좌우된다고 해도 과언이 아니다. 이 책은 광고효과와 관련한 심리학적 원리와 기제를 다룬다. 유사한 주제를 다루는 서적이 없지는 않다. 하지만 기존의 서적들은 광고현상을 중심으로 관련 심리학적 기제나 원리가 구성되기보다는 심리학의 주요 이론들을 중심으로 광고사례를 적용하여 설명하는 수준에 머물렀다. 정도의 차이가 있을 뿐이지 하나의 광고에는 여러 심리학적 이론과 원리가 포함된다. 오롯이 '기억의 원리가 적용된 광고' '동기의 원리가 적용된 광고'라는 것은 존재하지 않는다.

사정이 이렇다 보니 광고와 심리학을 다룬 기존 서적은 심리학 개론서에 단지 광고사례를 덧붙인 것에서 크게 벗어나지 않는다. 교육현장에서는 가르치는 사람이나 배우는 사람 모두 광고의 실제와는 거리가 느껴지는 심리학 이론 중심의 구성에 당혹해하는 경우가 많다. 광고실무에 도움을 얻고자 하는 현장의 실무자들도 광고현상 중심이 아닌 이론별 영역 중심의 구성으로 인해 실무에 적용하는 데도 한계를 느끼기는 마찬가지이다. 저자의 오랜 광고실무 경험에 비추어 볼 때, 광고실무와 이론은 상향식이 아닌 하향식 관계이다. 즉, 특정의 심리학 이론에서 결코 광고목표나 광고전략이 도출될 수는 없다. 광고목표의 수립이나 광고전략의 효과적인 집행을 위해 심리학적 지식과 이론은 도움을 주는 관계이다.

혹자는 성공적인 광고는 이론으로 탄생하지 않는다고 주장한다. 그럴 수도 있다. 만약 당신이 천재라면 이론이나 원리에 대한 지식은 필요 없을 수도 있다. 하지만 천재가 아니라면 경험이나 통찰에 의존하기보다는 광고효과가 작동하는 심리학적 이론과 원리를 아는 것이 모르는 것보다는 분명 낫다. 적어도 실패하는 광고전략을 입안할 확률은 줄일 수 있기 때문이다. 광고환경이 복잡해질수록 더욱 그렇다.

이 책은 광고와 관련된 심리학적 이론 틀에 광고현상을 맞추어 이해하는 것이 아니라, 광고현상을 심리학적으로 이해하고 또 광고효과를 높이기 위해 심리학이 어떻게 적용되는지를 이해하는 데 초점을 맞추려고 최대한 노력하였다. 따라서 광고현상과 관련성이 낮은 심리학 이론이나 원리는 다루지 않았다. 이 책의 이러한 구성은 심리학의 훌륭한 이론과 원리를 관점에 따라 융통성 있게 실무에 적용하는 능력을 높이는 데 분명 도움이 되리라 생각한다.

이 책은 다음과 같이 구성된다.

- '들어가면서'에서는 광고와 심리학의 관계 그리고 심리학이 광고와 어떻게 만나게 되고, 심리학자들이 광고의 발전에 어떤 기여를 하였는지 간략하게 알아본다.

- 1장에서는 광고과정에서 심리학적 지식이 어떤 역할을 하는지를 다룬다. 상황 분석에서부터 크리에이티브의 개발 그리고 집행한 광고의 효과에 대한 평가에 이르기까지 전체 과정에서 심리학 이론과 원리가 어떻게 적용되는지를 살펴봄으로써 광고과정에서 심리학이 하는 역할에 대한 이해를 제공한다. '들어가면서'와 1장은 광고와 심리학에 대한 이해를 제공하기 위해 마련한 것이다. 2장부터 8장까지는 주요 광고 주제나 이슈를 중심으로 그와 관련되는 심리학의 이론과 원리를 소개한다.

- 2장에서는 '어떻게 하면 소비자가 자사의 광고를 보게 할 것인지'를 다룬다. 소비자로서 우리가 매일 경험하는 현상 중의 하나는 '존재하지만 보이지 않는 광고'이다. 광고주나 광고실무자는 소비자 눈앞에 광고가 있으면 소비자가 그 광고를 '본다'고 가정한다. 하지만 심리학 연구들은 전혀 그렇지 않다고 말한다. 왜 그럴까? 그렇다면 어떻게 해야 이러한 현상을 극복하고 표적소비자들이 자사 광고를 보게 할 수 있을까?

- 3장에서는 '왜 때로는 광고실무자나 광고주가 의도한 광고효과가 나타나지 않는가'에 관련한 심리학적 현상을 다룬다. 소비자는 언제나 광고주나 광고실무자가 의도한 대로 광고를 이

해하지는 않는다. 광고효과는 객관적 현상이 아니라 소비자의 주관적 현상에서 비롯된다. 3장을 이해한다면 의도하지 않는 결과를 예측하고 통제할 수 있을 것이다.

- 4장에서는 소비자 자신도 의식하지 못하지만 광고효과에 영향을 미치는 심리학적 현상을 소개한다. 광고실무자나 광고주가 광고를 개발할 때는 두 가지 가정을 한다. 한 가지는 소비자는 광고정보를 의식적이며 이성적으로 처리한다는 것이고, 다른 한 가지는 소비자가 의식하지 않는 것은 광고효과에도 영향을 미치지 않으리라는 것이다. 하지만 연구결과에 의하면 두 가지 가정 모두 '그렇지 않다'. 왜 그러한 현상이 일어나며 어떻게 예측하고 통제할 수 있는지 알아본다.

- 5장에서는 '소비자를 움직이게 만드는 광고'에 대해 알아본다. 광고의 목표에 따라 달라지지만 광고는 궁극적으로 표적소비자를 어떤 식으로든 '움직이게' 만들고자 한다. 그것이 '구매'이든 '방문'이든 간에 말이다. 소비자를 특정 방향으로 움직이게 하려면 광고의 내용뿐만 아니라 매체나 광고가 노출되는 장소나 공간 등도 고려해야 한다. 5장에서는 이에 관해 알아본다.

- 6장에서는 '크리에이티브의 개발'과 관련한 심리학적 현상을 알아본다. 광고에서는 '무엇을' 말할 것인가와 함께 '어떻게 말할 것인가', 즉 광고표현 역시 무엇보다 중요하다. 대부분의 광

고주나 광고실무자가 가장 많은 관심을 가지는 것도 어떻게 말할 것인가와 관련한 '광고의 창의성'이다. 독특하고 기발한 크리에이티브의 개발과 그로 인한 광고효과 역시 심리학적 기제와 분리할 수 없다. 이를 이해한다면 좀 더 체계적으로 '창의적인 광고'의 개발과 집행에 다가갈 수 있을 것이다.

- 광고에 쏟아붓는 돈은 만약 소비자가 광고를 기억하지 못한다면 공중에 뿌려 대는 휴지 조각에 지나지 않는다. 광고를 아무리 자주 보더라도 '기억'하지 못한다면 무슨 소용인가. 어떤 광고는 단지 몇 번 보았을 뿐인데 선명하게 기억된다. 반면에, 어떤 광고는 자주 보지만 기억하지 못한다. 또 어떤 경우에는 매번 경쟁 광고와 자사 광고를 혼동한다. 7장에서는 왜 이런 현상이 일어나는 것이며, 어떻게 대처하고 방지할 수 있는지 알아본다.

- 8장에서는 '광고효과의 사회심리학적 현상'에 대해 알아본다. 소비는 개인적으로 이루어질 수 있지만 소비자는 결코 사회에서 고립된 존재가 아니며 따라서 소비 현상도 독립적인 것이 아니다. 타인의 영향은 소비자 개인에게 영향을 미치는 것은 물론이고 광고효과에도 직간접적으로 영향을 미친다. 타인의 존재가 어떤 영향을 미치며 이를 어떻게 광고전략에 반영해야 하는지를 8장에서 살펴본다.

만약 현장 실무자라면 굳이 순서대로 읽을 필요는 없다. 각 장은 비교적 독립적으로 구성되기 때문에 관심 있는 장부터 읽어도 무방하다. 앞 장에 등장한 이론이나 원리가 다시 등장하는 경우에는 각주를 추가하여 앞의 전체 장을 다 읽지 않아도 이해가 가능하도록 하였다. 관련 이론이나 연구들은 가능한 한 빠트리지 않고 제공함으로써 이론적 기초에 관심 있는 독자의 욕구도 충족하고자 하였다. 광고현상을 더욱 깊이 있게 이해하고자 한다면 참고문헌을 찾아서 읽기를 권하고 싶다. 추가적인 정보가 필요한 개념이나 현상은 각주로 처리하여 독서의 흐름이 방해받지 않도록 하였다.

한 페이지, 한 섹션 그리고 한 장마다 최선을 다했다고 자신하면서도 아쉬움이 남는다. 이 책을 완성하기까지 많은 격려와 도움을 준 광고현장의 동료들에게 고마움을 전한다. 마지막으로, 애정을 가지고 실무 편집을 맡아 주신 학지사 편집부의 김순호 부장님과 박나리 님 그리고 광고와 심리학에 남다른 관심을 가지고 언제나 애정과 지원을 아끼지 않으시는 학지사 김진환 사장님께 감사의 말씀을 전한다.

2017년 3월

우 석 봉

차례

머리말 3

들어가면서 15

제1장 광고과정과 심리학 _ 35

마케팅과 광고 ... 38

브랜드와 광고 ... 41

광고와 브랜드 ... 53

광고기획과 심리학 ... 56

광고효과의 피드백과 심리학 ... 62

제2장 어떻게 광고를 '보게' 할 것인가 _ 77

존재하는 것과 알아차리는 것 ... 80

정신적 자원으로서의 주의 ... 83

시각 광고와 선택적 주의 ... 85

변화하는 환경 ... 89

광고에 주의를 기울이게 하려면 ... 90

광고에 대한 주의 관리: 전략적 접근 ... 92

광고에 대한 주의 관리: 전술적 접근 ... 97
주의를 기울이지 않은 광고 ... 104

제3장 왜 메시지는 의도한 대로 전달되지 않는가 _ 111

렌즈를 통해 보는 세상 ... 114
의도한 효과와 의도하지 않은 효과 ... 119
처음이 중요하다 ... 121
브랜드 도식 ... 124
브랜드 도식과 광고 ... 126
무엇을 생각하게 할 것인가-포지셔닝 ... 129
제품유목 원형 ... 132
단절과 연합 ... 134
포지셔닝의 전략적 선택사항 ... 136
소비자 인식 바꾸기 ... 140

제4장 의식의 통제를 벗어난 광고효과 _ 145

머릿속의 네트워크 ... 148
자동성이 중요하다 ... 152
플로리다 효과 ... 154
소비자 자신도 의식하지 못하는 선택행동 ... 157
웹사이트의 디자인이 무엇을 살지 결정한다 ... 159
맥락이 중요하다 ... 160

옆에서 일어나는 일이 중요하다 ... 163
구글 효과 ... 165
매체점화 ... 167
원하는 방향으로 해석하게 만들기 ... 169
역하 메시지는 효과가 있을까? ... 172
역하노출 광고의 효과 ... 176

제5장 소비자를 움직이는 광고 _ 179

방향, 강도 그리고 지속성 ... 183
소비자 가치와 광고전략 ... 186
욕구 사다리 ... 188
조화와 부조화 ... 191
틀 만들기 ... 195
인지편향에 의한 구매행동 ... 200
개인적 중요도 ... 203
수용 틈 ... 208
매체 수용 틈 ... 210
피드백 ... 211

제6장 무엇을, 어떻게 말할 것인가 _ 219

광고소구 ... 222
소비자 기대와 크리에이티브 ... 232

광고도식과 크리에이티브 개발 ... 235
기대불일치 광고, 창의적인 광고 ... 238
비전통 광고 ... 252
광고비주얼의 힘 ... 255

제7장 기억되는 광고, 잊히는 광고 _ 265

컴퓨터와 사람 ... 268
기억의 크리에이티브, 매체전략 ... 271
광고노출전략과 광고기억 ... 281
매체스케줄링 ... 283
크리에이티브가 차별적이어야 하는 이유 ... 286
회피한 광고의 기억효과 ... 288
광고기억과 구매리스트 진입 ... 291
먼저 떠오르는 브랜드의 이점 ... 294
정서는 광고기억에 어떤 영향을 미칠까? ... 296
정서가 다르면 광고기억도 달라진다 ... 299
자기정체와 광고기억 ... 301

제8장 사회적 존재로서의 소비자와 광고 _ 305

광고 슬로건에 숨은 비밀 ... 308
불확실한 상황 ... 309
나도 너희들과 다르지 않아! ... 311

'나'와 유사한 광고모델의 효과 ... 315
동조는 항상 긍정적인가? ... 319
동조, 반 동조와 브랜드의 역할 ... 321
체면과 동조 ... 322
광고모델의 말은 믿어도 될까? ... 325
역할 모델 ... 328

참고문헌 333
찾아보기 353

들어가면서

광고의 성공과 실패를 좌우하는 것은 광고전략가나 광고제작자가 아니다. 광고효과의 열쇠는 소비자가 쥐고 있다. 실무자들 사이에서 잘 만들어진 광고라는 호평이 있을지라도 광고의 청중인 표적소비자의 반응이 애초에 계획했던 것이 아니라면 그 광고는 효과적이라고 할 수 없다. 소비자는 인간이다. 따라서 광고에 대한 소비자의 반응은 전적으로 심리학적 현상이다. 광고효과를 높이기 위해서는 심리학에 대한 이해가 필수일 수밖에 없는 이유이다.

심리학은 인간의 외적 행동과 내적인 정신과정을 과학적으로 연구하는 경험학문이다. 인간이 관계된 모든 분야는 심리학의 뒷받침이 요구된다. 이 점에서 광고 역시 예외일 수 없다. 특히 광고를 둘러싼 다양한 환경이 점차 복잡해지면서 인간으로서 소비자에 대한 심리학적 이해의 중요성은 점차 증가하고 있으며 앞으로 그 중요성은 더욱 커질 것이다. 여기서는 광고의 발전과정에서 심리학 그리고 심리학자가 어떤 기여를 하였으며, 광고활동의 궁극적인 목적인 광고효과와 심리학의 관련성에 대해 알아본다.

광고와 심리학의 만남

광고와 심리학의 만남은 언제 그리고 어떻게 시작된 것일까? 먼저, 광고의 역사에 대해 간략하게 살펴보자. '**광고**란 명시된 광고주가 표적청중에게 기업, 제품 또는 아이디어를 알리거나 구매하도록 설득할 목적으로 집행하는 모든 형태의 유료의 커뮤니케이션'이다(Belch & Belch, 2012). 오늘날 '옥외광고' 형태의 유물들이 고대 이집트와 메소포타미아 그리고 로마와 그리스에서 발굴되었지만, 현대적인 광고의 정의를 촉진한 것은 1730년에서 1830년의 산업혁명기 동안이다. 생산 기술의 발전으로 대량 생산에 의해 공급이 수요를 초과하면서 제조업자들은 쌓여 가는 재고를 소진하기 위해 자사의 제품을 더 많은 소비자에게 알릴 수단을 필요로 하게 되었다. 제2차 세계대전 이후에 유례없는 경기 호황으로 광고 산업은 폭발적으로 성장하였다. 공급 과잉과 새로운 제품에 대한 소비자의 수요는 지속적으로 증가하였고, 시장에서 제조사들 간의 경쟁은 점차 심화되었다. 이와 함께, 인쇄 중심이던 광고매체가 라디오와 TV의 보급으로 다양해지면서 광고 산업은 더욱 발전하게 된다.[1)]

광고 산업의 발전과 함께 **광고대행사**들이 등장하기 시작했다. 세계 최초의 광고대행사가 무엇이냐에 대해서는 논란이 있다. 당시는 광고대행사라는 이름은 내걸었지만 현대의 광고대행사와는 업무 성격

1) '독특한 판매 제안(unique selling proposition: USP)'이나 '이미지 광고(image advertising)' 개념은 이러한 산업과 소비환경 변화에서 비롯된 것이다.

에서 차이가 있었기 때문이다. 대부분의 광고대행사가 광고를 기획하거나 크리에이티브를 제작하지는 않고 주로 광고지면을 판매하는 데 치중했다. 이런 저런 논란의 여지가 있지만 일반적으로 1786년 영국의 런던에서 비즈니스를 시작한 윌리엄 테일러(William Taylor)를 최초의 광고대행사로 본다. 미국의 경우에는 팔머(Volney B. Palmer)가 1842년 필라델피아에 설립한 회사가 미국 최초의 광고대행사이다(Adrian, 2004). 그리고 최초로 광고물을 직접 제작하여 뉴욕 헤럴드 신문에 집행한 것은 1856년 브래디(Mathew Brady)였다.

한편, 심리학의 역사는 고대 그리스 시대로까지 거슬러 올라가지만, 사변적인 철학에서 분리되어 독립적인 학문으로 자리 잡은 것은 근대 심리학의 아버지라고 일컬어지는 독일의 심리학자 분트(Wilhelm Wundt)가 1879년 라이프치히에 최초의 심리학 실험실을 설립한 때를 기점으로 본다. 그리고 심리학자가 광고에 관심을 가지고 광고의 효과를 심리학적으로 연구하기 시작한 것은 경험과학으로서 심리학의 출발과 거의 같은 시기였다. 광고의 역할이 주목받기 시작할 때부터 심리학은 광고와 관련성을 가지기 시작한 것이다. 그 당시 중요한 역할을 한 주요 심리학자로는 게일(Harlow Gale), 스콧(Walter Dill Scott) 그리고 왓슨(John B. Watson) 등을 들 수 있다.

Harlow Gale

게일(Gale)은 다른 심리학자에 비해 대중적으로는 크게 주목받지 못하였지만 광고에 관심을 기울였던 최초의 심리학자로 여겨진다. 게일은 학부생 때 독일로 건너가 실험심리학의 창시자인 분트

(Wundt)에게서 수학하였다. 미국으로 돌아온 후인 1895년에 게일은 미네소타에서 활동하는 기업인 200명에게 설문지를 보내 그들이 광고에 대해 어떠한 관점을 가지고 있으며, 광고 실제는 어떤지에 대해 연구하였다. 게일이 관심을 가졌던 것은 사람들이 처음 광고를 보고 난 이후로부터 광고제품을 구매할 때까지의 심리학적 과정이었다. 하지만 설문지 회수율은 단지 10%에 지나지 않았다. 그 당시만 해도 기업인들은 광고와 심리학의 관련성에 대해 무지한 상태였기 때문이다.

게일은 분트에게서 수학했기 때문에 주로 감각적인 수준에서 광고에 대한 주의(attention)에 영향을 미치는 요인을 규명하는 데 많은 시간을 할애하였다. 예컨대, 광고물에서 글자의 크기, 위치 그리고 그림과 이미지 비주얼의 배치 등이 광고에 대한 주의와 어떤 관련이 있는지를 밝히는 데 관심을 두었다. 1900년에는 연구의 결과들을 종합한 「On the psychology of advertising」이라는 논문을 발표하였다. 게일의 이러한 연구는 오늘날에도 광고효과 연구에서 여전히 중요한 주제로 다루어지고 있다.

Walter D. Scott

게일 이후에 광고에서 심리학의 중요성을 인식시키고 대중적으로 위상을 높인 심리학자는 스콧(Scott)이다. 스콧은 1903년에 *The theory and practice of advertising*, 1908년에는 *The psychology of advertising*이라는 책을 출간하였다. 스콧은 인간이란 비록 이성적인 존재이기는 하지만 유순하고 설득 당하기 쉬운 존재라는 인식을 가지고 있었다.

스콧은 두 가지 광고기법이 효과적이라는 믿음을 가졌다. 한 가지는 명령어 카피의 사용이고, 다른 한 가지는 쿠폰의 도입이었다. '○○ 제품을 사용하라'는 식의 직설적인 명령어의 카피와 쿠폰을 완성하여 우편으로 보낼 것을 요청하는 것이었다. 스콧의 기법이 얼마나 효과적인지에 대한 과학적인 증거는 없었지만 그의 기법은 당시에 광고현장에서 상당한 인기를 끌었다. 스콧은 당시 기업가들에게 광고에 대한 심리학의 역할에 믿음을 심어 주었으며, 홀링워스(Hollingworth)나 왓슨(Watson)과 같은 심리학자들이 광고에 참여하는 계기를 제공하는 데 크게 기여하였다.

Harry L. Hollingworth

스콧과 비슷한 시기에 또 다른 심리학자인 홀링워스(Hollingworth)는 광고란 다음의 네 가지 목적을 달성해야 한다고 믿었다. 첫째, 소비자의 주의를 끌어야 한다. 둘째, 광고 메시지에 초점을 맞추게 해야 한다. 셋째, 소비자가 메시지를 기억하게 해야 한다. 넷째, 소비자가 바람직한 행위를 하게 만들어야 한다. 홀링워스는 네 번째 목적이 진정으로 광고효과를 결정한다고 생각했다.

홀링워스는 광고효과의 테스트를 추구하기도 하였다. 홀링워스는 광고요소를 분리하여 네 가지의 목적을 달성하는지 여부를 테스트하기를 원했다. 예컨대, 다양한 제품에 대해 여러 가지의 광고를 평가하여 어떤 광고가 판매를 올리는 데 효과적인지 점검하였다. 홀링워스는 각 광고에 자신이 개발한 평가치를 부여하고 이를 판매 자료와 비교했는데 상관은 .82(이는 거의 완벽에 가까운 상관이다)에 이른다고 보고하였다.

John B. Watson

다음으로는 미국 행동주의 심리학의 창시자라 할 수 있는 왓슨(Watson)을 거론하지 않을 수 없다. 존스홉킨스 대학교에서 제자와의 불미스러운 스캔들로 해고당한 이후에 왓슨은 티치너(Edward B. Titchener)의 소개로 뉴욕에 있는 광고대행사인 제이 월터 톰슨(J. Walter Thomson)에서 일하였다.

왓슨은 광고가 효과적이려면 사랑, 공포, 분노의 세 가지 정서에 어필해야 한다고 하였다. 왓슨은 치약광고는 치아 위생이 아니라 미백 치아가 암시하는 성적 매력 때문에 판매가 되는 것이라고 믿었다. 그는 '폰즈 콜드 크림(Ponds cold cream)' '맥스웰 하우스(Maxwell House) 커피' 그리고 '카멜(Camel) 담배' 등의 광고개발에 많은 기여를 하였다. 특히 여성의 성적 매력을 주제로 왓슨이 기획한 '폰즈' 광고는 많은 매출을 올렸다.

왓슨은 행동주의자로서 광고에 대해서도 객관적이며 과학적인 접근을 견지해야 한다고 주장하였다. 『현대 심리학의 역사(A history of modern psychology)』에서 제임스 굿윈(James Goodwin, 1999)은 "왓슨은 표적소비자를 선정할 때에도 언제나 객관적인 인구통계자료를 사용했다."고 밝히고 있다.

Ernest Dichter

광고에 특별한 기여를 한 또 한명의 심리학자는 **동기조사**(motivation research)의 아버지로 불리는 '딕터(Ernest Dichter)'이다. 딕터는 1907년 오스트리아 비엔나에서 태어났으며 프로이트의 정신분석학을 공부하였다. 1934년에 비엔나 대학교에서 박사학위를 받은 후에 뉴욕으로 옮겼다. 1946년에는 당시로서는 미국 최초였던 '동기조사 연구소'를 뉴욕에 설립하였다.

딕터는 프로이트의 **정신분석**(psychoanalysis) 개념을 광고와 마케팅에 접목한 선구자이다. 1950년대 미국 광고 산업에서 딕터의 접근은 광범한 인기를 누렸다. 소비자가 특정 제품을 구매하는 무의식적인 동기를 토대로 광고와 마케팅을 전개하는 획기적인 시각을 제공하였기 때문이다. 딕터에 의하면 제품은 물리적인 실체가 아닌 상징(symbol)이다.

딕터가 그의 동기접근을 최초로 적용한 광고는 아이보리(Ivory) 비누였다. 광고카피는 "아이보리 비누로 스마트하고 상큼하게 하루를 시작하세요. 그리고 모든 어려움을 씻어 내세요(Be smart and get a fresh start with Ivory Soap and wash all your troubles away)."였다. 당시로서는 획기적인 카피가 아닐 수 없었다. 광고실무자라면 누구나 한 번쯤 참여했을 '초점 집단면접(focus groups)'의 창시자도 바로 딕터이다.

[그림 1] 딕터의 조언으로 제작된 에쏘 광고

휘발유를 정력과 힘의 상징으로 표현했다.
그림 출처: http://www.appliedartsmag.com/opinions_details/?id=210

광고효과, 광고목표 그리고 심리학

광고에서 심리학의 역할은 어떻게 하면 '효과적인' 광고를 기획하고 제작할 것인가이다. 심리학적 원리를 이용해 광고효과를 극대화하는 것이 광고에서 심리학이 추구하는 목표이다. 하지만 광고효과란 것이 그리 단순한 개념은 아니다. '효과적인 광고란 무엇인가' '광고효과가 있다, 없다' 또는 '광고효과가 크다거나 작다'는 것은 무엇을 말하는가에 대해 생각해 보아야 한다.

광고효과의 실체

광고효과를 광고목표와 분리해서 생각해서는 안 된다. 광고효과의 기준은 바로 광고목표이다. 실무자나 광고주 모두 이 점을 간과하는 경향이 있다. **광고목표**란 '특정 기간에, 특정 소비자를 대상으로 광고가 해 주어야 할 역할'이다. 다음의 진술들은 광고목표인가?

- 매출 증대
- 전년대비 15% 판매 증대
- 시장점유율을 10%에서 20%로 증가시킴
- 청소년 시장에서 매출 높이기

이들 진술은 결코 광고목표라 할 수 없다. 많은 사람, 심지어 광고 실무자조차도 광고의 목표는 '판매'라고 생각한다. 물론 광고는 궁극적으로 판매를 통해 매출이나 이익을 극대화하는 데 기여해야 한다. 그렇다고 판매가 곧 광고의 목표라고 생각하는 것은 분명 문제가 있다. 이렇게 질문해 보라. "어떤 상품이나 서비스의 판매는 과연 광고만으로 가능할까?" 아마 대부분의 경우에 답은 '아니다'일 것이다. 이는 무엇을 의미할까?

제품의 판매는 결코 광고만으로 달성되지 않는다. 소비자가 제품을 구매하려면 제품의 질이나 성능, 기능(물리적, 심리적 또는 사회적)이 소비자가 원하는 것이어야 한다. 가격도 영향을 미친다. 무조건 싸거나 합리적 가격이라고 구매를 하는 것도 아니다. 그리고 유통이나 애프터서비스와 교환, 환불과 같은 고객서비스도 제대로 갖추어져야 한다. 그렇다면 광고목표란 결국 판매가 일어나기 위해 제품, 가격, 유통 등과 함께 광고가 해 주어야 하는 역할인 것이다. 소비자가 광고를 보고 해 주기를 바라는 내적 · 외적인 반응이 광고목표가 되어야 한다. 광고에 대한 소비자의 반응은 광고 브랜드를 기억하기, 광고제품의 특징이나 편익을 이해하고 기억하기, 광고에 대해 긍정적인 정서 반응하기, 그리고 주위 사람들에게 광고에 대해 이야기하기 등 다양하다.

다양한 반응 중에서 무엇을 광고목표로 삼을 것인지는 개별 제품이나 브랜드가 처한 다양한 상황, 성취하려는 마케팅 목표와 전략에 의해 결정된다. '브랜드 A'의 광고목표가 '광고를 보고 제품에 대해 구매의도를 가지게 하는 것'이라면 광고효과 조사를 통해 다른 지표가 아닌 '구매의도 지표'를 원하는 수준에서 달성했을 때 그 광고는 비로소 '효과적이다.'고 말할 수 있다.

제품이 아니라 기업 브랜드의 경우도 마찬가지이다. 지금은 고인이 된 스티브 잡스(Steve Jobs)가 애플로 돌아왔을 때, 그는 제품 특징이나 성능이 아니라 애플이라는 브랜드의 정체성과 가치를 확립하는 것이 무엇보다 중요하다고 판단했다. 그래서 당시 광고 캠페인을 하고 있던 모든 광고대행사의 작업을 중단시키고 시아 데이(Chiat Day)[2]라는 광고대행사에 작업을 의뢰하였다. 그리하여 탄생한 것이 바로 'Think Different' 광고캠페인이다. 당시 잡스는 다음과 같이

2) Chiat Day는 1995년에 TBWA Worldwide에 인수되었다. Chiat Day는 1983년에 방영되어 화제를 불러일으키며 세계의 주목을 받았던 '1984' Apple 컴퓨터 광고를 제작한 광고대행사이다.

말하였다. "광고의 목적은 분명하다. 사람들이 애플이 왜 존재하는지, 즉 애플의 존재 가치를 명확하게 알리는 것이다." 개별 제품 브랜드이건 아니면 기업 브랜드이건 달라지는 것은 아무것도 없다.

> 광고효과란 광고를 보고 난 후로부터 실제 구매가 이루어지기 직전까지 소비자에게서 발생하는 심리적인 반응 중에서 광고주가 얻고자 하는 그 무엇이다.

광고효과 수준

광고효과는 여러 수준에서 발생할 수 있다. 페이슨(Faison, 1981)은 광고효과가 발생하는 수준을 네 가지로 정리하여 제시하였다([그림 2] 참조). 첫째는 **감각수준**(sensory level)이다. 감각수준은 광고가

[그림 2] 광고의 네 가지 분석 수준

출처: Faison(1981).

시각이나 청각기관 등의 감각기관에 입력되어서 뇌로 전달되기까지의 과정이다. 소비자가 광고에 노출이 되어서 광고에 주의를 기울이면 그 광고는 비로소 뇌로 전달이 된다. 노출(exposure)이란 광고자극이 단지 감각기관의 수용범위 내에 들어오는 것이기 때문에 노출이 곧 '광고를 보거나 듣는 것'은 아니다. 광고를 보거나 듣고자 하면 노출이라는 관문을 지나서 광고에 정신적인 에너지가 투입되어야 한다. 광고라는 자극에 정신적인 에너지를 투입하는 정신과정을 '주의(attention)'라고 한다. 감각수준에서 광고가 어떻게 효과를 발휘하는지를 알려면 우리의 감각기관이 외부 자극에 대해 어떻게 기능하는지, 소비자의 눈길을 끌고 주의를 집중하는 과정과 기제는 무엇인지에 대해 이해하여야 한다.

두 번째는 **인지수준**(cognitive level)이다. 인지는 뇌에서 일어나는 정보처리 활동이다. 인지수준에서의 광고효과는 감각수준을 지나 뇌로 들어간 광고정보가 이미 뇌에 저장되어 있는 기존의 정보나 개인의 기대와 동기 그리고 욕구 등과 상호작용하여 이해, 해석되고 기억되며, 이후에 필요한 시점에 광고내용을 끄집어내어 쓰는 정신적인 활동에 의해 결정된다. 하나의 광고라 하더라도 소비자가 그 광고 브랜드에 대해 어떤 경험 정보를 가지는지 그리고 그 브랜드에 대해 무엇을 기대하는지 등에 따라 광고에 대한 해석은 개인에 따라 달라진다. 인지수준에서 광고효과는 바로 이러한 내적인 정보처리 활동에 의해 결정된다.

세 번째는 **개인수준**(personal level)이다. 개인수준에서 광고효과는 개인차에 의해 결정된다. 대표적인 것이 성, 연령, 성격, 지능 등이다. 개인수준에서의 광고효과는 인지수준에서 이루어지는 분석에서

의미 있는 정보가 될 때까지 처리된 광고정보를 의식적으로 평가하고 반응하여서 광고에 대한 태도를 형성하는 과정에 의해 결정된다.

마지막으로, **사회적 수준**(sociological level)은 소비자를 둘러싸고 있는 사회적 환경을 말한다. 가족, 친구, 소속집단 또는 준거집단 등은 개인의 생각과 행동에 영향을 미치는 요인이다. 개인은 사회적 존재이므로 사회적 환경의 영향에서 결코 자유로울 수 없다. 이러한 개인과 집단과의 역학 역시 광고효과에 영향을 미친다. 특히 우리나라와 같이 집단주의 성향이 강한 경우에는 개인을 둘러싼 타인의 영향력은 더욱 강하다. 사회심리학은 사회적 수준에서의 광고효과를 이해하는 데 기여한다.

광고효과의 위계

광고효과를 이해하는 데 도움이 되는 또 하나의 틀로 '광고효과 위계모형'을 들 수 있다. 광고효과의 위계(hierarchy)는 광고가 일정 단계를 거쳐 효과를 발휘한다는 생각에서 비롯되었다.

최초의 **광고효과 위계모형**은 1920년대에 엘모 루이스(Elmo Lewis)가 제안한 '**AIDA 모형**'이다([그림 3] 참조). AIDA는 주의(attention), 관심(interest), 욕망(desire) 그리고 행위(action)의 첫 글자를 딴 것이다. 광고효과는 광고에 대한 주의, 관심, 욕구 그리고 행위에 이르는 위계로 이루어진다는 입장이다. 이와 유사하면서 대중적으로 가장 많이 쓰인 것은 주의(attention), 관심(interest), 욕망(desire), 기억(memory) 그리고 행위(action)를 단계로 하는 '**AIDMA 모형**'이다. 간

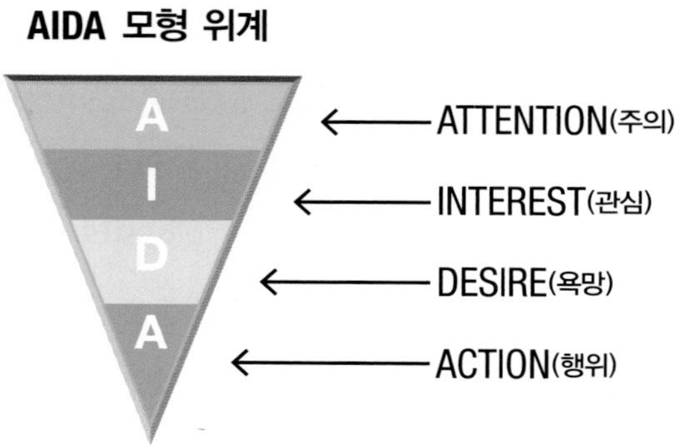

AIDA 모형 위계

A ← ATTENTION(주의)
I ← INTEREST(관심)
D ← DESIRE(욕망)
A ← ACTION(행위)

[그림 3] AIDA 모형

결하면서도 광고에 대한 심리과정을 포괄하기 때문에 이들 위계모형들은 학계와 현장에서 폭넓은 인기를 얻었다. 하지만 광고효과의 위계모형은 광고실제와는 괴리를 가진다는 문제가 인식되면서 비판에 직면하였다. 핵심적인 비판은 (앞서 언급하였듯이) 광고의 효과가 언제나 판매(행위)로 귀결되지는 않는다는 것이다.

판매를 통한 매출이나 시장점유율이 광고효과의 지표로는 적절하지 않다는 문제를 인식하고 광고의 역할에 초점을 맞춘 광고효과 모형이 콜리(Colley, 1961)에 의해 소개되었다. 'Defining advertising goals for measured advertising results'의 머리글자를 딴 **'다그마(DAGMAR) 모형'**은 AIDA나 AIDMA와는 달리 광고목표를 구매가 아닌 광고의 노출과 최종적인 구매 사이에서 일어나는 '소비자의 내적인 과정에 변화를 일으키는 커뮤니케이션 과제'로 정의한다. 광고목표란 광고가 표적으로 삼는 소비자의 내적인 과정에 변화를 일으키고자 하는 커뮤니케이션 과업인 것이다.[3] 광고효과를 광고목표에 맞추어 유연하게 접근한다는 점에서 AIDA나 AIDMA와는 차이가 있지만 DAGMAR 모형 역시 광고효과는 위계적으로 발생한다고 가정한다.

콜리와 같은 해에 래비지와 스타이너(Lavidge & Steiner, 1961) 또한 최종 구매에 이르기까지의 단계를 중심으로 한 광고효과 위계모형을 제안하였다([그림 4] 참조). 이들의 모형은 '설득'을 주요인으

	AIDA(1925)	Colley(1961)	Lavidge and Steiner(1961)
Cognitive (인지)	Attention (주의)	Awareness (인지)	Awareness (인지)
			knowledge (지식)
Affective (정서)	Interest (관심)	Comprehension (이해)	Liking (좋아함)
			Preference (선호)
	Desire (욕망)	Conviction (확신)	Conviction (확신)
Behavioural (행동)	Action (행위)	Action (행위)	Purchase (구매)

[그림 4] AIDA, DAGMAR, Lavidge & Steiner 위계모형의 비교

3) 광고목표와 관련하여 한 가지 분명히 해 둘 것이 있다. 광고실무에서는 광고효과의 위계모형에서 사용되는 인지, 기억 등과 같은 이론적 구성개념을 광고목표를 기술하는 데 결코 사용해서는 안 된다는 것이다. 광고목표는 실질적이고 구체적이며 측정 가능한 진술문으로 기술해야 한다. 예컨대, '대리점을 방문하게 한다, 전화 주문을 하게 한다, 웹 사이트를 방문하게 한다, 제품소개 책자를 보내 주도록 요청하게 한다, 자녀가 부모에게 사 달라고 간청하게 한다, 브랜드를 특정 제품과 연합시킨다(예: 커피와 도넛), 제품을 만든 기업을 알게 한다.' 등과 같다.

로 포함하였다는 점에서 차이가 있다. 인지(awareness)는 제품 또는 브랜드의 존재를 알아차리는 단계이다. 지식(knowledge)은 제품의 속성이나 특징에 대한 정보를 가지는 단계이며, 좋아함(liking)은 제품이나 브랜드에 대해 긍정적인 태도를 형성하는 단계이다. 선호(preference)는 경쟁자에 대한 상대적인 호감을 형성하는 단계이고, 확신(conviction) 단계에서는 구입을 하면 긍정적인 결과를 얻을 수 있다는 믿음을 가진다.

유연한 광고효과 위계

광고효과라는 것은 항상 정해진 단계, 즉 위계적으로 진행되지는 않는다. 이미 우리가 일상에서 경험하는 것처럼 어떤 경우에는 관심이나 욕구 심지어는 브랜드를 모르더라도 구매가 일어날 수 있다. 구매를 하고 난 후에 비로소 브랜드를 알게 되기도 한다. 욕구라는 것도 반드시 주의와 관심이 선행되어야 발현되는 것도 아니다. 특히 현대와 같이 이미 잘 알려진 브랜드들의 브랜드 확장이 대세를 이루거나, 새로운 특징이나 기능의 제품이 점차 줄어드는 상황에서는 광고효과가 선형적인 위계를 따라 나타나기 힘들다.

광고효과는 반드시 위계적으로 나타나지 않는다는 현실적인 문제를 인식하고 등장하기 시작한 것이 '**광고효과의 대안 위계모형**'이다. 1965년에 크루그먼(Krugman)은 '**관여**(involvement)'라는 개념을 언급하면서 TV는 소비자의 관여도가 낮은 매체이기 때문에 TV 광고효과가 발현되는 과정은 인쇄매체 광고와는 다르다고 주장하였다. 관심이 없거나 낮은 상태에서 TV 광고를 반복적으로 보게 되면 브

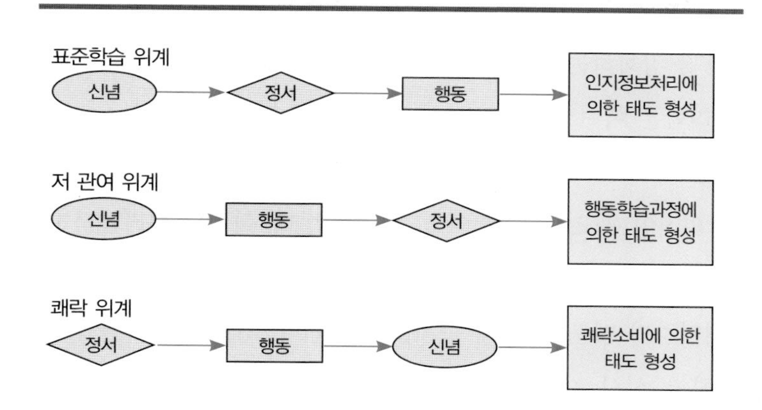

[그림 5] 광고효과의 대안 위계모형: 표준학습 위계, 저 관여 위계, 쾌락 위계 비교

랜드에 대한 지각구조에 미세한 변화가 일어나고 매장에서 그 브랜드를 접했을 때 구매가 일어날 수 있다. 그리고 브랜드에 대한 사용경험의 결과로 그 브랜드가 괜찮다거나 또는 별로라는 태도가 형성된다. 특히 광고제품 자체가 일상용품과 같은 저 관여 제품일 때 이러한 현상은 일반적이다. 크루그먼이 제시한 광고효과의 위계는 전통적인 인지-정서-행위의 위계와는 다르다. 크루그먼 이후에 여러 연구자에 의해 '학습 위계' '인지부조화 위계' 등의 광고효과에 대한 대안 모형이 소개되었다([그림 5] 참조).

지금까지 살펴본 페이슨의 모형 그리고 다양한 광고효과의 위계모형들은 광고의 작동방식을 이해하고 목표로 삼는 광고효과의 성취를 위해 심리학적 지식이 반드시 필요하다는 것을 보여 준다. 다음 장부터 여러분은 광고현상과 관련한 다양한 심리학적 이론과 원리를 만나게 된다. 이들 중에는 상식수준에서 고개가 끄덕여지는 것도 있을 것이고 또는 새롭거나 예상치 못했던 것도 있을 것이다. 관련 이론이나 원리를 습득하는 것도 중요하지만 더욱 중요한 것은 '관점'을 강화하는 것이라고 강조하고 싶다.

심리학은 어떤 현상 그 자체보다는 현상의 '기제(mechanism)'를 밝히는 데 더 많은 관심을 가진다. 예컨대, 광고인 그리고 광고주라면 창의적인 광고가 효과적이라는 것을 안다. 하지만 심리학적인 관점에서는 '왜, 창의적인 광고가 효과적인가?' '어떤 심리학적인 현상이 개입하기 때문인가?'에 주의를 기울인다. 기제를 안다면 예측이 가능하고, 설사 기대와는 다른 결과가 있더라도 개선이 가능하기에 같은 실수를 반복하지는 않을 것이다. 이 책을 읽어 가면서 여러분도 '왜'에 주의를 기울이기 바란다.

광고는 영리이건 비영리이건 조직이나 기업의 목표를 달성하기 위한 것이다. 따라서 언제나 '목표'를 중심으로 광고현상을 분석하고 심리학적 이론과 원리의 적용을 고심하기 바란다. 앞에서도 강조했지만, 어떤 광고가 효과적인가 아닌가는 반드시 광고가 성취하고자 하였던 목표를 기준으로 평가해야만 한다. 광고의 목표와 결과를 관련지어 사고함으로써 심리학적인 지식을 더욱 효과적으로 활용할 수 있을 것이다.

- 광고효과의 열쇠는 소비자가 쥐고 있다. 광고에 대한 소비자의 반응에는 심리학적 현상이 자리 잡고 있다. 광고효과를 높이기

위해서는 심리학에 대한 이해가 필수이다.

- 광고에서 심리학의 역할은 어떻게 하면 '효과적인' 광고를 기획하고 제작할 것인가와 관련이 있다. 심리학적 원리를 이용해 광고효과를 극대화하는 것이 광고에서 심리학이 추구하는 목표이다.
- 광고효과는 광고목표와 분리해서 생각해서는 안 된다. 광고효과의 기준은 바로 광고목표이다. 광고목표란 '특정 기간에, 특정 소비자를 대상으로 광고가 해 주어야 할 역할'이다.
- 광고효과란 광고를 보고 난 후로부터 실제 구매가 이루어지기 직전까지 소비자에게서 발생하는 심리적인 반응 중에서 광고주가 얻고자 하는 그 무엇이다.
- 페이슨(Faison, 1981)에 의하면 광고효과는 감각수준, 인지수준, 개인수준 그리고 사회적 수준의 네 가지 수준에서 발생한다.
- 광고효과의 위계모형은 광고가 일정 단계를 거쳐 효과를 발휘한다는 생각에서 비롯되었다. 최초의 광고효과 위계모형은 1920년대에 엘모 루이스(Elmo Lewis)가 제안한 'AIDA 모형'이다. 이와 유사한 것으로 'AIDMA 모형'이 있다.
- 광고효과의 위계모형은 광고의 효과가 언제나 판매(행위)로 귀결되지는 않는다는 점에서 한계가 있다.
- 'DAGMAR 모형'은 AIDA나 AIDMA와는 달리 광고목표를 구매가 아닌 광고의 노출과 최종적인 구매 사이에서 일어나는 '소비자의 내적인 과정에 변화를 일으키는 커뮤니케이션 과제'

로 정의한다. 광고목표란 광고가 표적으로 삼는 소비자의 내적 인 과정에 변화를 일으키고자 하는 커뮤니케이션 과업이다.

- 광고효과는 정해진 단계, 즉 위계대로 진행되지 않는다. '저 관여 위계' '학습 위계' 그리고 '인지부조화 위계' 등의 대안적인 광고효과 위계모형이 있다.

제1장

광고과정과 심리학

제1장
광고과정과 심리학

심리학은 광고과정에서 어떠한 역할을 하며, 심리학적 지식은 언제, 어떻게 사용되는 것일까? 이 장에서는 광고과정에서 심리학의 역할과 기능에 대해 알아보기로 한다.

광고과정은 광고할 제품이나 브랜드가 처한 환경을 이해하고 이를 토대로 광고의 목표와 전략을 수립하여 광고 크리에이티브를 제작하는 단계로 진행된다. 물론, 광고 크리에이티브를 제작하여 다양한 매체를 통해 표적청중에게 제시하는 것으로 광고과정이 종결되는 것은 아니다. 집행 중이거나 또는 집행이 종료된 광고에 대해서도 표적청중의 반응은 어떠한지, 즉 집행한 광고의 효과는 어떤지를 점검하고 그 결과를 더 나은 광고효과를 위해 현재 또는 후속 광고에 반영하는 과정도 포함하여야 한다. 이 단계에서도 심리학은 매우 중요한 역할을 한다.

광고과정에서 심리학의 역할과 기능을 구체적으로 살펴보기에 앞서 광고와 마케팅은 어떤 관계이며 그리고 브랜드와 광고는 어떤 관계인지에 대해 먼저 알아본다. 마케팅과 브랜드에 대한 이해는 효과적인 광고의 기획과 집행을 위해 필수요소라 할 수 있다. 나무와 숲을 동시에 보는 시각을 제공하기 때문이다. 이어서 광고의 계획을 수립하는 광고기획 과정을 단계별로 살펴보면서 심리학이 각 단계에서 어떻게 관련되고 어떤 기여를 하는지 알아볼 것이다.

마케팅과 광고

현대에서 **마케팅**은 기업과 고객, 소비자 간에 이루어지는 광범한 커뮤니케이션 행위를 지칭한다. 마케팅은 단기, 장기적으로 또는 영속적으로 소비자의 행동 변화를 일으킬 목적으로 기업이 행하는 다양한 행위로 볼 수 있다(Ross, 2011).[1]

영리를 추구하는 기업이건 또는 비영리 조직이건 모든 기업이나 조직은 자사의 상품이나 서비스에 대해 정해진 기간 내에 달성하고자 하는 어떤 목표를 수립하고 이를 달성하기 위해 기업의 자원을 투입한다. 정해진 기간에 달성하고자 하는 것을 **마케팅 목표**(marketing goal)라고 한다. 마케팅 목표의 가장 일반적인 유형은 매출이나 시장점유율 또는 매출이나 시장점유의 신장률 등이다. 마케팅 목표는 마케팅 전략과 불가분의 관계다. 신제품을 시장에 도입하기로 했다면 정해진 기간 동안 무엇을 성취하려고 하는지 결정해야

1) 미국 마케팅 협회(American Marketing Association: AMA)는 2013년에 마케팅을 다음과 같이 재정의하였다. '마케팅이란, 조직과 조직의 이해당사자에게 혜택이 돌아가도록 고객에 대한 가치를 창출, 의사소통, 제공하며, 고객관계를 관리하는 조직의 기능이자 일련의 과정이다.'

하는데 마케팅 전략은 '어떻게' 마케팅 목표를 달성할 것인지에 대한 것이다. 마케팅 목표가 '무엇을'이라면 마케팅 전략은 '어떻게'에 해당한다. 그리고 마케팅 전술은 마케팅 전략을 지원하는 구체행위이다.

교환을 촉진하는 네 가지 요소인 제품(Product), 가격(Price), 유통(Place) 그리고 촉진(Promotion)을 마케팅 믹스를 구성하는 **4P**라 한다. '**마케팅 믹스**(marketing mix)'라는 용어는 1953년에 닐 보더(Neil Border)가 처음 사용하였다. 4P는 제롬 매카시(Jerome McCarthy)가 주장하고 필립 코틀러(Philip Kotler)에 의해 대중화되었는데, 4P는 성공적인 마케팅을 위한 마케팅 믹스의 구성요소로서 기업이 마케팅 활동을 수행하는 방식에 영향을 미치는 전술적 요소이다.

제품(product)은 4P의 초점 요소로 디자인이나 수행성 그리고 품질과 같은 것들이 제품 성공의 핵심요소이다. 예컨대, 의류나 패션용품의 경우에는 디자인이 경쟁자에 대한 경쟁우위를 가져다주는 제품요소이다. 하지만 전자제품과 같은 기술적인 제품에서는 디자인보다는 성능이 핵심요소이다. 성능은 재구매나 주변 사람에 대한 추천에 영향을 미침으로써 성공적인 매출로 이끄는 중추적인 역할을 한다. 질(quality)은 디자인이나 수행성에 비해 추상적인 구성요소로 제품의 격이나 수준과 관련된다. 고가의 자동차나 액세서리의 경우에는 제품의 질이 제품의 성공을 좌우한다.

4P의 두 번째 요소인 **가격**(price)은 기업이 책정하는 것으로, 제품을 생산하고 마케팅하는 데 드는 비용뿐만 아니라 얻고자 하는 이익도 포함한다. 가격은 시장, 경쟁자, 소비자 그리고 제품의 상대적인 가치, 소비자의 가치평가 능력 등 여러 요인을 기초로 책정된다. 가

격은 메시지의 역할도 한다. 예컨대, '심리적 가격책정 전략'은 마케팅 커뮤니케이션을 통해 고객의 가치판단을 조작할 수 있다. 생산비용이나 합리적인 이익수준을 뛰어넘는 '고가 가격전략'은 자사 제품을 명품으로 인식시킬 때 사용된다. 가격은 지불해야 할 돈 그 이상의 의미를 전달하는 메시지이다.

세 번째 요소인 **유통**(place 또는 distribution)은 고객이 제품에 쉽게 접근할 수 있도록 하는 경로이다. 고객이 접근하기 용이한 경로를 가지는 기업은 그렇지 않은 기업에 비해 경쟁우위를 점할 수 있다. 광범위한 접근경로나 경쟁자가 가지지 않는 자사만의 배타적인 경로를 보유하는 것도 경쟁에서 유리한 위치를 점하는 주요 전략이 될 수 있다. 다이렉트 마케팅에 의존하는 기업은 중간 판매상을 거치지 않고 기업이 고객에게 직접 판매하는 유통전략을 구사하는데, 이 역시 차별적인 유통전략의 일환이다. 가격과 마찬가지로 유통경로 역시 메시지의 역할을 한다. 경쟁자가 가지지 않는 자사만의 배타적인 유통경로를 확보한 브랜드는 더욱 가치 있는 브랜드로 인식될 가능성이 크다.

4P의 마지막 요소인 **촉진**(promotion)에는 PR, 판매촉진 그리고 이벤트나 후원, PPL, 온라인과 모바일 커뮤니케이션 등의 다양한 마케팅 커뮤니케이션 도구가 포함된다. 광고는 4P 중에서 촉진(promotion)에 해당한다. 프로모션에는 광고 외에도 소비자 판매촉진, PR, 이벤트 그리고 퍼블리시티 등과 같은 다양한 유형의 촉진활동이 포함된다.

다른 마케팅 전술활동과 마찬가지로 광고 역시 기업의 마케팅 전략을 지원하고 마케팅 목표를 달성하기 위해 기업이 행하는 다양한

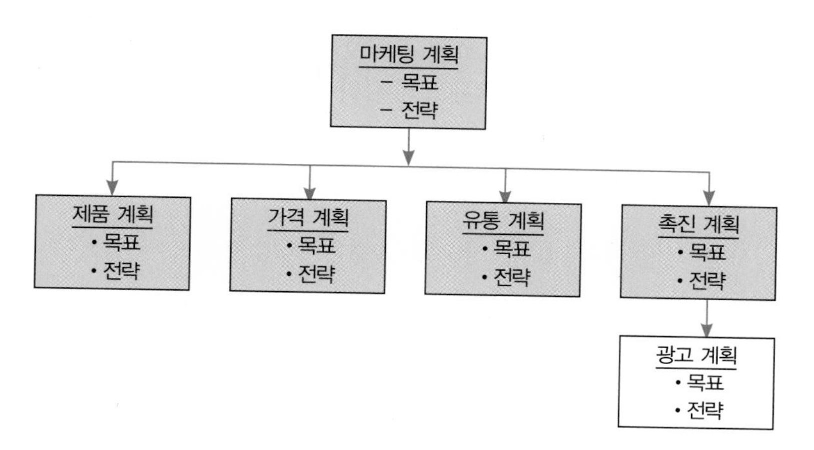

[그림 1-1] 마케팅과 광고의 관계

마케팅 활동의 위계(hierarchy)에서 자신의 고유한 역할과 위치를 가진다. 위계를 가진다는 것은 상위의 목표나 전략이 구체화되지 않고서는 하위의 활동이 구체화될 수 없음을 의미한다. [그림 1-1]에서 보는 것과 같이 마케팅 계획이 구체화되고 그에 따라 촉진계획이 수립되면 광고 계획 수립의 단계로 진행된다. 광고는 마케팅 전략을 지원하여 마케팅 목표를 달성하는 데 도움을 주는 역할을 한다. 마케팅 계획에 대해 명확히 이해를 하면 할수록 마케팅 목표를 달성하기 위해 광고가 어떤 역할을 해야 하는지 구체화할 수 있다.

브랜드와 광고[2)]

브랜드는 현대 마케팅의 핵심 요소로 자리 잡고 있다. 소비자는 상

2) 이 절 내용의 일부는 『브랜드 심리학(3판)』(우석봉, 2016)에서 발췌, 인용하였다.

품이나 서비스를 구입하는 것이 아니라 브랜드를 구입한다는 말이 통용되며, 현대 마케팅은 브랜드 중심의 패러다임으로 변화하고 있다([그림 1-2] 참조). 따라서 현대 광고에서 브랜드에 대한 이해는 필수이다.

사실, '상품이나 서비스 광고'라는 것은 '특정 브랜드'의 상품이나 서비스의 광고라고 해야 맞다. '우유소비 촉진'과 같이 특정 브랜드의 우유가 아니라 우유라는 상품유목 전체를 위한 광고가 없는 것은 아니지만 거의 모든 광고는 특정 브랜드의 제품광고이다. '자동차 광고'란 없다. 제네시스 광고나 렉서스 광고가 있을 뿐이다.

그러면 광고와 심리학에서 왜 브랜드에 대한 이해가 필수일까? 동일한 제품이라 하더라도 브랜드에 따라 소비자의 심리학적인 현상은 같지 않다. 손목시계라 하더라도 '스와치(Swatch)'와 '태그호이어(Tag heuer)'에 대한 소비자의 반응은 너무도 다를 것이다. 각 브랜드에 대한 소비자의 인지, 정서 그리고 행동은 같지 않다. 광고과정은 같다 하더라도 브랜드에 대한 심리학적 현상은 다르기에 광

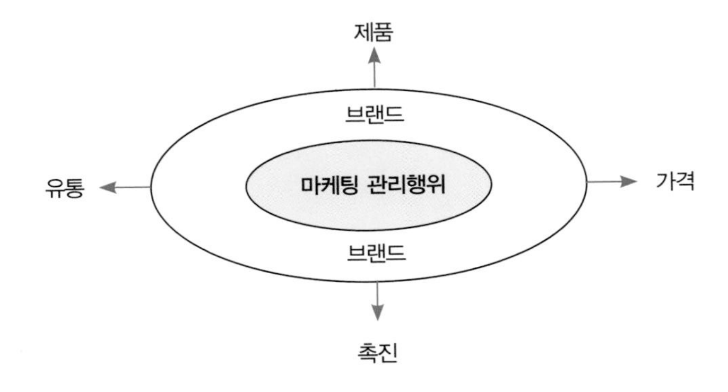

[그림 1-2] 브랜드 마케팅 틀

고전략도 다를 것이다. 따라서 광고과정에서 브랜드의 기능과 역할에 대한 이해는 필수이다.

브랜드란 무엇인가

미국 마케팅 협회(American Marketing Association)는 **브랜드**란 기업의 특정 상품이나 서비스를 소비자에게 식별시키고, 경쟁기업의 상품이나 서비스와 차별화하기 위해 사용하는 이름, 사인(sign), 상징물, 디자인 또는 이들의 조합으로 정의한다.[3] 브랜드는 브랜드 네임, 로고, 심벌, 패키지 디자인 등 다른 누구의 것이 아닌 바로 자사의 상품이나 서비스임을 확인시키고 경쟁자와 차별화하는 역할을 한다. 나아가 브랜드는 유사한 욕구를 지닌 소비자를 충족하기 위해 고안된 상품이나 서비스와 차별화하기 위해 상품이나 서비스의 본원적 속성 외에 부가적 요소가 추가된 것이다.

차별화는 자동차의 연비, 세제의 세척력, 음료의 맛이나 칼로리 등과 같은 이성적이거나 유형의 속성을 통해 이루어지기도 하고, 깨끗함, 세련됨, 고급스러움 등과 같이 브랜드가 일으키는 상징, 연상, 감정 등과 같은 무형의 것에 의해 이루어지기도 한다. 어떤 브랜드는 세척력이나 칼로리 등과 같은 이성적이거나 유형의 속성에서 독

3) 브랜드는 위계를 이룬다. 기업 브랜드, 모 브랜드 또는 마스터 브랜드 그리고 개별 제품 브랜드 등의 유형이 있다. 예컨대, 토요타(Toyota)는 기업 브랜드이다. 토요타에는 코롤라(Corolla), 카미(Carmy) 그리고 아발론(Avalon) 등과 같은 모 브랜드가 있으며, 코롤라는 코롤라 VE, 코롤라 CE 등과 같은 개별 제품 브랜드가 있다. 어떤 경우는 기업 브랜드가 곧 제품 브랜드인 경우도 있다.

특한 차별성을 지닐 수 있으며, 어떤 브랜드는 품위, 여성스러움 등과 같은 무형의 속성에서, 그리고 어떤 브랜드는 유 · 무형 모두의 속성에서 차별성을 지닐 수 있다. 이러한 차별이 바로 브랜드의 **'부가가치'**를 창출한다. 데이비드 아커(David Aaker, 1991)는 **"브랜드 자산이란** 바로 그 브랜드이기 때문에 가져다주는 부가가치"라고 하였다. 결국 브랜드란 유 · 무형의 부가가치 덩어리이다. 현대 소비자는 상품이나 서비스를 구입하는 것이 아니라 브랜드를 구입한다는 것도 결국 브랜드가 지닌 부가가치를 구입한다는 것을 말한다.

구매위험과 브랜드

제품을 구매할 때 소비자는 다양한 형태의 위험(risk)에 노출된다. 브랜드는 '바로 특정 브랜드이기 때문에' 구매 시 소비자가 느낄 수 있는 다양한 형태의 위험과 관련된다. '강력한 브랜드'일수록 다양한 형태의 위험을 감소시키는 기능을 할 것이지만 그렇지 않다면 위

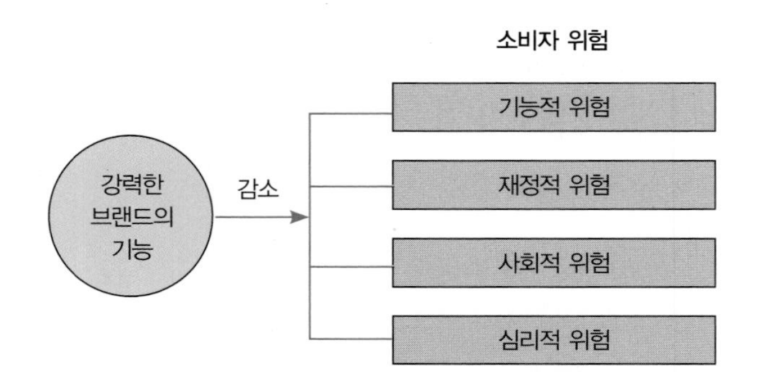

[그림 1-3] 소비자 위험과 브랜드 기능

험을 떠올려서 구매에 부정적인 영향을 미치게 된다. 제품을 구매할 때 소비자가 경험하는 위험의 유형에는 어떤 것이 있을까?

제품을 잘못 구입하면 제품수행에서 기대한 결과를 얻지 못할 수 있다는 생각에서 초래되는 위험인 '**기능적인 위험**(functional risk)'이 있다. '강력한 흡입력'의 진공청소기 구입을 원할 때, 표백 시 '옷의 컬러에 손상을 주지 않는' 표백제 구입을 원할 때, 그리고 성장기 자녀를 위해 '영양분이 골고루, 제대로 함유된' 시리얼을 구입하고자 할 때와 같이 소비자는 특정 기능이나 편익을 제공하는 제품을 구입할 때 브랜드를 잘못 선택함으로써 기대를 충족할 수 없을지 모른다는 위험을 느끼게 된다. 소비자가 잘 알지 못하거나 또는 원하는 기능을 가진 것은 알지만 확신하지 못할 때 그리고 주위 사람이 별로 사용하지 않는 브랜드일 때 소비자가 느끼는 기능적 위험은 더 커진다. 우리는 통상 잘 알지 못하거나 많은 소비자가 사용하지 않는, 유명하지 않은 브랜드에 대해서는 제품 성능이나 효능에 대해 확인해 보지도 않은 채 선입견을 가지고 부정적인 시각으로 바라보는 경향이 있다. 대부분의 소비자가 확인조차 하지 않으려는 것이 브랜드 관리자 입장에서는 더 큰 문제이기도 하다. 반면, 친숙하거나, 광고를 많이 하고 잘 알려져 있거나, 또는 주위 사람이 많이 사용하는 브랜드에 대해서는 기능적 위험도 덜 느끼며 심지어 선택에 대해 확신을 가지기도 한다.

또 다른 위험으로는 **재정적 위험**(financial risk)이 있다. 브랜드를 잘못 선택했을 때 지불한 가격만큼의 유 · 무형적 가치를 보장받지 못할 수 있다는 생각에서 초래되는 위험이다. 잔 고장이 많거나 애프터서비스 또는 환불, 교환이 원활하지 않으면 재정적 위험을 느낀다. 기능적 위험과 마찬가지로 강력한 브랜드는 소비자가 느끼는 재정적 위험을 감소하는 기능을 한다.

재정적인 위험은 '시간손실에 대한 위험'도 초래한다. 브랜드를 잘못 선택하게 되면 고장으로 인한 수리나 애프터서비스의 지연으로 인해 사용에 지장을 초래하거나 또는 다른 대안을 찾아야 하는 문제 등으로 시간적인 기회비용을 지불해야 할지도 모른다는 지각에서 비롯되는 위험이다. DHL과 같은 물류 브랜드는 고객의 시간손실에 가장 민감한 서비스를 다루는 사업의 예이다. 가전이나 자동차와 같은 내구재의 경우도 시간적 위험은 중요한 요소로 인식된다. 성능이나 기능에서 대기업의 유명 브랜드에 비해 손색없는 우수한 중소기업 브랜드 판매가 활기를 얻지 못하는 것도 부분적으로는 소비자가 느끼는 시간적 위험 때문이다. 브랜드는 시간적 위험과 관련된다. '제품에 대한 지식이 없으면 유명 브랜드를 구입하라.'는 간편법(heuristic)은 브랜드가 지닌 시간적 위험의 감소기능을 잘 보여 준다.

기능적 위험이나 재정적 위험이 소비자 개인 수준에서 발생하는 것이라면 **사회적 위험**(social risk)은 다른 사람과의 상호작용과 관련이 있다. 사회적 위험은 잘못된 브랜드의 구입이나 사용으로 인해 주위 사람으로부터 바람직하지 않은 인상이나 평판을 받을지 모른다는 생각에서 초래되는 위험이다. 사회적 위험은 소비자가 사용하는 브랜드가 다른 사람에게 노출되는 공적사용 제품일수록 더 커진다. 패션, 액세서리나 보석, 자동차, 심지어 음료나 담배 브랜드조차도 친구나 동료, 또래집단이 보이는 반응이나 다른 사람이 자신을 보는 시선에 영향을 미치기 때문에 사회적 위험과 관련된다. 자신의 취향이나 선호보다는 다른 사람의 '눈' 때문에 특정 브랜드를 구입해 본 경험은 누구나 한번쯤 있을 것이다. 특히 우리나라와 같이 '체면'이나 '위신'을 중시하는 집단적 또는 상호의존적인 문화에서는 브랜드의 사회적 위험이 큰 역할을 차지한다. 사회적 위험에서는 개인차이도 영향을 미친다. 다른 사람의 시선에 민감한 소비자가 있는가 하면 그러한 것에 별로 개의치 않는 소비자도 있다.[4] 어떤 부류가 사회적 위험에 더 민감할까? 물론 전자의 소비자다. 그러면 어떤 계층이 전자에 속할 가능성이 높을까? 청소년이 다른 연령에 비해 또래집단의 시선에 더 민감할 가능성이 높다. 하지만 승용차를 구입한다면 어떨까? 이 경우에는 중년의 남성이 주위 사람을 더 많이 의식할 것이다. 통상 청소년층에서 유행하는 패션 브랜드는 중 · 장년층에서는 별로 호응을 얻지 못하며 그 반대 현상도 마찬가지이다. 하지만 청소년층에서 유행하는 패션 브랜드는 청소년 사이에서는 더욱 급속히 확산되는 경향이 있다. 이는 브랜드가 사회적 위험을 제거하는 기능 때문이다. 소비자는 사회적 위험을 최소화하려 하기 때문에 브랜드는 사회적 위험의 감소에 지대한 역할을 한다.

마지막으로, 잘못된 브랜드의 선택으로 자기 이미지(self-image)가 손상받을 수 있다는 지각에서 초래되는 것은 **'심리적 위험**

---

4) 다른 사람의 시선이나 상황에 대해 자신의 인상을 관리하려는 능력을 '자기조정(self-monitoring)'이라 한다. 자기조정은 사회적 상황에 부합하기 위해 자신의 행동을 조절하는 능력을 나타내는 성격 특질이다(Snyder, 1974). 자기조정자(self-monitor)는 다른 사람들이나 집단이 자신의 행동을 어떻게 지각할지에 민감하여 자신의 태도나 의견을 바꿀 수 있다. 이런 경향 때문에 자기조정자는 태도와 행동 간의 일관성이 낮은 경향이 있다. 반면에, 비자기조정자는 타인을 의식하지 않기 때문에 태도와 행동 간의 일관성이 높은 경향이 있다(Snyder & Swan, 1976).

(psychological risk)'이다. 자기 이미지는 마치 외부의 사물을 보는 것과 유사한 방식으로 개인이 자기 자신에 대한 지각된(perceived) 이미지이다. 우리는 다른 사람이나 대상에 대해 이미지를 가지듯 우리 자신에 대해서도 이미지를 가진다. 그런데 우리는 자신에 대해 하나의 이미지보다는 다양한 유형의 자기 이미지를 가진다. '**실제적 자기 이미지**(actual self-image)'는 있는 그대로의 자신에 대한 이미지이다. '**이상적 자기 이미지**(ideal self-image)'는 이상적으로 추구하는, 그렇게 되고 싶어 하는 자신이며, '**사회적 자기 이미지**(social self-image)'는 다른 사람이 이러저러하게 보아 주기를 원하는 자기의 유형이다. 흥미로운 것은 상황에 따라 특정 유형의 자기 이미지가 부각된다는 것이다. 물론, 제품유형에 따라서도 영향을 받는다. 소비자는 브랜드에 대해 독특한 이미지나 연상을 가지는데, 대체로 자기 이미지와 일치하는 브랜드를 더 선호한다. 자기 이미지와 일치하는 브랜드일수록 심리적 위험을 감소하는 기능이 더 크다. 하지만 고가의 손목시계 브랜드 잡지광고에 등장하는 광고모델은 대체로 소비자가 동경하는 인물이다. 이는 소비자의 이상적 자기 이미지에 호소하는 것이다. 화장품 브랜드의 광고도 비슷한 모델 전략을 추구한다. 반면, 도브(Dove) 광고는 일반인을 모델로 등장시켜 소비자의 많은 호응을 얻었다.

이상에서 살펴본 것처럼, 브랜드는 구매에 수반되는 다양한 형태의 위험을 감소하는 데 지대한 역할을 한다. 그런데 한 가지 중요한 것은, 위험이란 것이 '객관적이며 실제적인 위험'이 아니라 소비자의 주관에 토대한 '**지각된 위험**(perceived risk)'이라는 점이다. 지각된 위험은 '실체(reality)'와는 무관하다. 지각된 위험은 소비자의 주관적인 해석과정의 결과이다. 소비자 조사에서 동일한 제품이라 하더라도 어떤 브랜드를 부착하느냐에 따라 제품의 성능에 대한 소비자의 평가는 물론 시각적인 외관 디자인에 대한 평가도 상이하다는 것을 드물지 않게 발견한다. 맛과 같은 감각평가도 예외는 아니다. 물리적으로는 같은 맛일지라도 어떤 브랜드라고 알려 주는지에 따라 맛에 대한 소비자의 평가는 확연히 달라진다.

구매탐색과 브랜드

소비자가 구매결정을 할 때는 크게 두 가지 유형의 탐색과정이 동원된다. 한 가지는 '**내적 탐색**(internal search)'이다. 과거 구매경험이나 광고, 구전 등에 의해 기억에 저장된 다양한 브랜드지식을 활용하는 것이다. 다른 한 가지는 '**외적 탐색**(external search)'으로 매장에 진열된 제품이나 패키지에 있는 원료나 성분, 기능, 특성 정보 또는 매장에 비치된 팸플릿 등의 자료, 그리고 인터넷의 블로그나 게시판 또는 친구나 매장 판매사원의 의견을 활용하는 것이다.

구매결정을 할 때 우리는 두 가지 탐색 중 어느 한 가지에만 의존할 수도 있고 두 가지 탐색 모두에 의존할 수도 있다. 하지만 우리는 구매결정을 할 때 언제나 활용 가능한 모든 정보를 이용하지도 않을 뿐만 아니라 모든 정보에 일일이 주의를 기울이지도 않는다. 주류 경제학이 전제로 하는 '합리적, 경제적 인간'에 대한 가정이 경제 현상을 완벽하게 설명하는 데 한계를 보이는 것도 인간의 정보취합과 의사결정에 대한 편향된 믿음 때문이다. 주류 경제학은 인간은 선택과 판단에서 활용 가능한 모든 정보를 이용하며 완전히 합리적이어서 언제나 최대효용을 추구한다고 가정하지만 실상은 그렇지 않다. 이것이 브랜드와 광고에 시사하는 것은 무엇일까?

우리는 과거 구매 경험이나 광고 및 각종 마케팅 커뮤니케이션 또는 구전 등을 통해 획득한 지식을 토대로 특정 브랜드에 대해 '가정(assumption)'과 '기대'를 형성한다. 어떤 브랜드를 보거나 생각하면 우리는 그 브랜드의 품질, 특징 또는 느낌이나 이미지를 거의 자동적으로 떠올린다. 브랜드는 우리가 직접적으로 경험하지 않고 잘 알지 못하는 측면에 대해 '추론'하게 하는 기능도 한다. 소비자는 언제나 최소의 노력으로 기대한 결과를 얻고자 한다. 만약 최소의 노력만으로도 구매결정을 하는 데 어려움을 느끼지 않는다면 소비자는 그렇게 할 것이다. 공기정화기를 구입하기 위해 가전제품 매장을 방문했다고 가정해 보자. 만약 구매 경험이나 구체적인 제품지식이 거의 없는 상태에서 유명 브랜드의 공기정화기를 본다면 어떻게 되겠는가? 우리는 그 브랜드 제품의 성능, 애프터서비스의 원활함 등을 추측하는 데 별다른 어려움을 느끼지 않을 것이다. 이처럼 브랜드는 우리가 구매결정을 할 때 투입하는 탐색시간을 획기적으로 줄여 준다. 소비자 입장에서는 브랜드 탐색에 투입하는 시간도 일종의 비용이므로 비용을 줄일 수 있다면 이는 소비자에게는 '보상'의 기능을 한다.

상징으로서의 브랜드

특정 브랜드는 '바로 그 브랜드'이기 때문에 경쟁자가 제공하지 못하는 차별적인 유·무형의 편익을 약속하며, 약속에 대해 소비자는 지속적인 구매로 답례하고 나아가 변치 않는 우정이나 사랑이라는 유대로까지 발전하게 된다. 브랜드가 제공하는 약속과 이에 대한 소비자의 반응은 소비자와 브랜드 간에 형성되는 묵시적 계약관계라 할 수도 있다. 이런 메커니즘은 '소비자가 왜 다른 브랜드에 비해 특정 브랜드를 더 선호하는가?'라는 질문에 대한 단서를 제공한다.

왜 소비자는 같은 제품유목에서도 특정 브랜드를 더 좋아할까? 소비자가 특정 브랜드를 선호하는 것은 '그 브랜드만이 약속하는 무엇' 때문이다. 약속의 형태는 다양하다(앞서 살펴본 다양한 '위험' 유형과 연결하여 생각해도 좋다). 자동차의 주행성능이나 연비, 컴퓨터의 그래픽 기능, MP3의 용량, 디지털 카메라의 화소 등과 같은 '**기능적 약속**'이 있는가 하면, 타인에게 세련되게 혹은 이지적으로 보이게 하는 등의 '**사회적 약속**', 개인의 자기 이미지에 부합하는 '**심리적 약속**' 또는 놀이기구의 짜릿함이나 속도감, 그리고 입안을 감도는 부드러운 아이스크림의 맛과 같은 '**감각적(sensory) 혹은 체험적(experiential) 약속**'도 있다. 동일한 제품이더라도 브랜드에 따라 약속은 다르다. 볼보(Volvo)는 안전이라는 기능적 약속을 하지만 메르세데스(Mercedes)는 위신과 품격이라는 사회적 약속을 한다. 버거킹(Burger King)은 맛을 약속하지만 맥도날드(McDonald)는 가족과 함께하는 시간을 약속한다. 브랜드 약속은 계약관계에서 나아가 앞서 살펴본 위험감소 기능과 밀접한 관계가 있다. 브랜드는 특정의 약속을 제시하고 일관되게 지킴으로써 그와 관련된 특정 유형의 위험을 감소하며, 소비자는 지속적인 구매나 충성 그리고 몰입으로 반응함으로써 계약관계는 더욱 굳건해진다. 지속적인 관계는 마침내 끈끈한 유대로 발전되는 것이다.

소비자는 필요한 모든 정보를 갖추고 구매결정을 하지 않는다. 대부분의 경우 제한된 내 · 외적 정보나 지식에 토대해 브랜드를 선택하게 된다. 이럴 때 우리가 취하는 행위 중의 하나는 **신호**(sign)를 이용하는 것이다. 어떤 자동차 브랜드가 다른 브랜드에 비해 좀 더 장기간의 수리보증을 제시한다면 우리는 이를 보고 그 자동차가 품질 면에서 다른 어떤 브랜드보다 우수하다고 추론한다. 그만큼 품질에 자신이 있기 때문에 장기보증을 하는 것이라 생각한다. 세제의 경우에는 거품의 양을 보고 세척력을, 초콜릿의 경우에는 색을 보고 코코넛 함유량을, 그리고 전자제품의 경우에는 원산지(country of origin) 표기를 보고 품질을 추론하기도 한다. 광고의 양이나 광고 집행 매체와 같은 제품 외적인 단서를 통해 제품 질을 추론하기도 한다. 보증기간, 거품, 원산지, 광고 등이 바로 신호다. 브랜드는 신호 중에서 구매에 가장 강력한 영향을 미친다.

브랜드가 신호로 작용한다는 증거는 **브랜드 확장**(brand extension)에서 확장제품에 대한 소비자의 반응을 통해 쉽게 찾을 수 있다. 브랜드 확장이란 한 제품유목에 사용하는 브랜드를 타 제품유목에도 그대로 적용하는 것이다. 예컨대, 선키스트(Sunkist)는 비타민 제재에, 티파니(Tiffany)는 향수에, 크레욜라(Crayola)는 페인트에, 그리고 중장비 브랜드인 캐터필러(Caterpillar)는 캐주얼 의류에 동일한 브랜드를 적용한다. 브랜드 확장에서 소비자는 브랜드를 통해 확장한 제품의 다양한 측면에 대해 긍정적(또는 부정적)으로 추론하고 신념을 형성한다. 모 브랜드가 신호역할을 하기 때문이다. 신호는 경험의 누적에 의한 학습으로 인해 마침내 '상징(symbol)'으로 발전한다. **상징**이란 최초의 어떤 대상이 다른 것을 대체하는 것이다. 프랑스는 예술을 '상징'하고 붉은 악마는 축구에 대한 열정과 애국심을

'상징'한다. 나이키는 스포츠에 대한 열정을 '상징'한다. 브랜드는 신호에서 누적된 소비자와의 관계를 통해 마침내 상징이 된다.

광고와 브랜드

지금까지 살펴본 브랜드의 다양한 역할과 기능으로 인해 현대 광고의 가장 중요한 역할은 바로 강력한 브랜드를 구축하는 것이다. 강력한 브랜드를 구축하는 데 있어서 광고가 어떤 역할을 하는지 알아보자.

브랜드 인지

구매시점이나 또는 구매를 계획하는 시점에서 자사의 브랜드를 소비자가 기억하는 것은 매우 중요하다. 알지 못하면 구매할 확률도 낮아지기 때문이다. 브랜드를 기억한다거나 또는 안다는 것은 그리 단순한 현상은 아니다. 브랜드 인지(brand awareness)는 단순히 특정 브랜드를 안다거나 또는 이전에 본 적이 있다는 것 그 이상을 의미한다. 브랜드 인지에는 브랜드 명이나 브랜드의 상징, 로고 등을 기억에 저장된 그 브랜드에 관한 다른 다양한 지식과 연합하는 과정이 포함되기 때문이다. 브랜드 관리에서 브랜드 인지를 강화하는 데 있어서 광고가 하는 역할은 다음과 같이 정리해 볼 수 있다.

- 브랜드에 관한 다양한 지식을 형성하고 이들 지식이 브랜드를

중심으로 서로 연합되게 강화한다.

- 특정 브랜드가 어떤 상품이나 서비스의 유목에 속하는지 그리고 소비자의 어떤 욕구를 충족하는 것인지를 확인하게 하여 구매를 할 때 브랜드가 선택될 확률을 높인다.
- 낮은 구매동기에도 불구하고 구매 시에 자사 브랜드를 소비자의 구매리스트에 진입하도록 한다.

브랜드 지식

브랜드 지식의 유형은 다양하다. 지식의 유형은 소비자의 의사결정과정이나 선택행동 유형과 상호작용하여 구매에 영향을 미친다. 광고는 바로 브랜드 지식의 형성과 강화에서 중요한 역할을 한다. **브랜드 포지셔닝**(brand positioning)이라는 것도 결국은 브랜드 지식의 관리에 대한 것이다. 브랜드 지식의 형성과 강화에서 광고는 구체적으로 어떠한 역할을 하는가?

- 광고는 브랜드의 성능이나 수행에 대한 지식을 강화한다.
- 브랜드의 성능이나 수행을 구체적인 소비자의 욕구와 결합한다.
- 광고는 추상적인 무형의 브랜드 지식을 형성하고 강화한다. 무형의 브랜드 지식은 손으로 만지거나 눈으로 직접 확인할 수 없는 것으로 심리적이며 사회적인 욕구와 주로 관련된다.

브랜드 반응

브랜드에 대한 지식의 형성과 강화뿐만 아니라 광고는 브랜드에 대한 이성적, 정서적 반응에 영향을 미친다. 브랜드에 대한 의견이나 태도와 같은 이성적 반응에는 광고를 통해 지각하는 품질, 브랜드에 대한 신뢰 그리고 다른 브랜드와의 차별적인 우위점 등이 포함된다. 브랜드에 대한 정서적인 반응은 브랜드가 유발하는 분위기와 느낌이다. 브랜드는 명제적인 지식으로만 구성되는 것이 아니다. 다양한 감정도 브랜드에 연합된다. 이러한 이성적, 정서적인 반응 역시 구매에 지대한 영향을 미친다.

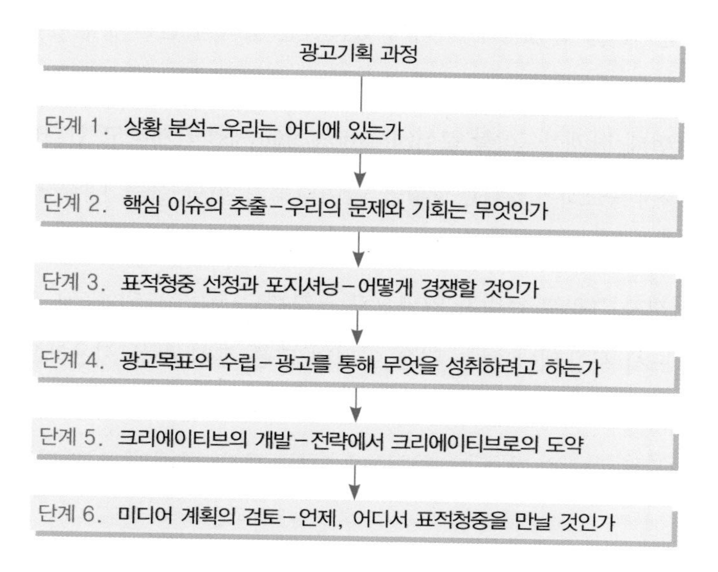

[그림 1-4] 광고계획 수립단계

광고기획과 심리학

지금부터는 광고를 기획하는 과정에서 심리학이 어떤 역할과 기여를 하는지 살펴본다. 마케팅 계획이 수립되어서 마케팅 목표와 전략이 추출되면 이제는 광고계획 수립에 착수하게 된다. 광고계획의 수립은 일련의 체계화된 단계로 진행된다([그림 1-4] 참조).[5] 광고의 역할을 이해하였기에 이제 광고계획 수립의 단계를 살펴보면서 심리학의 역할과 기능에 대해 알아보기로 한다.

광고계획 수립의 첫 번째 단계에서는 광고할 상품이나 서비스 브랜드가 처한 상황을 전반적으로 들여다봄으로써 '우리는 지금 어디에 있는가?'를 점검한다. 어디에 있는지를 정확히 알지 못한다면 왜 그러한 위치에 있게 되었는지 그 이유도 알 수 없다.

첫 번째 단계를 **'상황 분석**(situation analysis)'단계라고 한다(명칭은 그다지 중요하지 않다). 상황을 들여다보기 위한 틀은 다양하지만 범위가 넓기 때문에 빠트림 없이 체계적으로 분석을 하기 위해 자사, 경쟁자 그리고 소비자 영역으로 구분한다([그림 1-5] 참조). 이 틀을 반드시 사용해야 하는 것은 아니며 다른 분석 틀을 사용해도 무방하다.

자사 브랜드와 경쟁 브랜드들의 역사, 성장, 판매량, 시장점유율,

5) 그러나 실무 상황에서는 언제나 이 단계대로 진행되는 것은 아니다. 경우에 따라서는 광고목표가 먼저 결정되기도 한다. 광고계획 수립의 진행 단계는 상황에 따라 신축적으로 운영될 수 있음을 고려해야 한다.

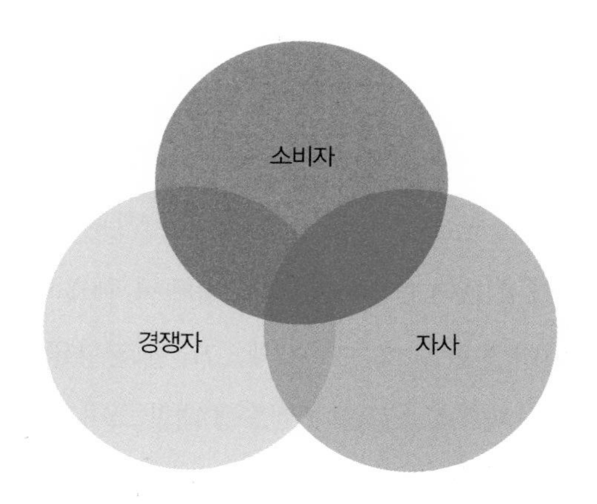

[그림 1-5] 상황 분석 틀

경쟁적 위치, 공급시장, 유통전략, 광고활동 그리고 현재와 잠재 소비자에 대한 정보, 자사 및 경쟁브랜드에 대한 소비자의 인식과 이미지 등이 분석에 포함된다. 상황 분석은 통상 광범한 자료의 탐색과 분석으로 인해 시간을 요하는 단계이지만 결코 기계적으로 진행되는 자료정리 작업은 아니다. 상황 분석은 광고기획을 위해 논리적인 동시에 통찰을 요하는 매우 중요한 출발점이다. 이 단계에서 심리학은 '왜'를 밝히는 데 기여한다. 특히 객관적인 현상과 차이를 보이는 것에 대한 분석에서 중요한 역할을 한다. 주요 기여 유목은 다음과 같다.

- 자사와 경쟁 브랜드(이하, 브랜드)에 대한 소비자의 지식, 연상 그리고 경험이 광고효과에 어떻게, 어떠한 영향을 미쳤는가?
- 자사와 경쟁 브랜드 광고(이하, 광고)에 대한 소비자 반응은 예상과 어떤 차이가 있으며, 왜 그러한 차이가 발생했는가?

- 광고는 브랜드에 대한 내적, 외적 행동에 영향을 미쳤는가? 왜, 영향을 미쳤는가?
- 광고 크리에이티브의 효과는 어떠한가? 왜, 그러한 효과가 있는가?
- 자사 및 경쟁 브랜드의 매체 계획(매체 비, 매체 전략)은 광고의 결과에 어떤 영향을 미쳤으며, 왜, 그러한 영향을 미쳤는가?
- 브랜드의 마케팅 요소들은 브랜드에 대한 소비자 지각과 광고반응에 영향을 미쳤는가? 어떤 요소가, 어떻게 영향을 미쳤는가?
- 기업의 외적 환경요인에는 어떤 변화가 있었으며, 이는 브랜드와 광고에 대한 소비자 반응에 어떻게 영향을 미쳤는가?

다음 단계에서는 상황 분석 결과를 토대로 광고할 상품이나 서비스 **브랜드의 핵심 이슈**, 즉 **핵심 문제**(problems)는 무엇이며 또한 기회(opportunities)는 무엇인지를 추출한다. 상황 분석이 '우리는 현재 어디에 있는가?'에 대한 것이라면 이 단계는 '왜, 우리는 여기에 있게 되었는가?'와 함께 '어디로 가야 하는가?'에 대한 통찰의 기회를 얻는 단계이다.

광고의 역할을 규정하기 위해 상황 분석의 결과를 체계적으로 정리하는 유용한 틀이 바로 **SWOT 분석**이다. 앞서 상황 분석에서도 자사, 소비자 그리고 경쟁자로 구성되는 분석 틀을 사용할 것을 권하였다. 상황 분석을 토대로 핵심 문제와 기회를 추출하는 단계에서도 SWOT라는 틀을 사용할 것을 권한다. SWOT은 자사 상품이나 서비스 브랜드의 강점(Strength)과 약점(Weakness) 그리고 기회(Opportunity)와 위협요인(Threat)을 나타낸다. SWOT라는 '틀' 역시 광고기획자가 뭔가를 빠트리지 않고 체계적으로 점검하도록 도움을 주는 도구이다.

SWOT 분석의 궁극적인 목적은 광고할 상품이나 서비스 브랜드의 강점과 약점, 기회와 위협요인 그 자체를 분류하기 위한 것이 아니다. 광고기획자도 바로 이 점을 자주 간과하는 경향이 있다. SWOT 분석은 광고할 상품이나 서비스 브랜드의 핵심 이슈, 즉 광고에 관련된 결정적인 해결요소 또는 활용요소를 들여다보기 위한 것이다. 따라서 SWOT 분석은 '그래서 자사 상품이나 서비스 브랜드가 당면한 **핵심 이슈**는 무엇인가?'를 추출하기 위해 결정적인 '문제'와 '기회'로 압축하는 것을 권한다.

핵심 문제와 기회를 중심으로 광고의 핵심 이슈를 찾았다면 다음으로 할 일은 광고의 표적청중을 선정하고 광고할 브랜드의 포지셔닝을 수립하는 것이다. 광고의 효과를 결정하는 주인공은 표적소비자이며, 광고 역시 투입할 재원은 제한되기 때문에 광고의 효과와 비용의 효율성을 최대화하도록 정밀하게 광고의 표적소비자에 초점을 맞추어야 한다.

포지셔닝은 선정된 표적청중의 자사 브랜드에 인식과 한바탕 전쟁을 치르는 단계이다. 포지셔닝은 장기적으로 경쟁 브랜드와 '어떻게 경쟁할 것인가?'를 결정하는 작업이다. 앞의 단계에서 도출된 주요 사항들(표적시장, 경쟁의 틀 그리고 핵심 역량 등)을 정리하면서 표적소비자의 마음속에 자사의 브랜드를 어떻게 인식시킬 것인가를 통해 시장에서 경쟁우위를 확보하는 과정이다. 이 단계에서는 선정된 표적소비자의 심리적 특성과 포지셔닝 전략이 가져올 결과에 대해 예측하는 데 심리학이 기여한다.

심리학은 과학으로서 인간으로서 소비자 행동을 기술하고 설명할 뿐만 아니라 이를 토대로 소비자 행동을 예측하고 통제하고자 한다. 우리가 이 책에서 살펴볼 광고에 대한 심리학의 지식들은 미래 광고 전략에 따른 소비자 반응을 예측하여 시나리오를 수립하는 데 유용한 역할을 한다.

다음 단계에서는 **광고목표**를 수립한다. 핵심 이슈를 추출하고 포지셔닝의 수립 과정에서 표적소비자와 자사 브랜드가 시장에서 승리할 핵심 경쟁 우위를 찾았다면 이제는 이를 토대로 광고가 '무엇을 해 주어야 하는지'를 구체화해야 한다. 다시 말해, '광고를 통해 무엇을 성취해야만 하는가?'를 설정하는 단계이다.

광고목표는 마케팅 목표를 성취하기 위한 것이므로 마케팅 전략과의 일관성 유지가 필수이다. 광고목표의 수립은 표적소비자와 밀접한 관계에 있음을 주지해야 한다. 광고의 표적소비자는 마케팅 시장표적과 같을 수도 있고 다를 수도 있다. 표적소비자는 광고목표를 달성하기 위해 커뮤니케이션으로 해결할 문제나 강화할 기회의 열쇠를 가진 자들이므로 광고의 표적소비자는 '누구를 통해 광고목표를 수립할 것인가?'에 대한 답을 제공하는 중요한 요소이다.

마지막 단계는 **크리에이티브 브리프의 작성**과 **크리에이티브 전략 수립** 단계로서 어떤 내용을, 어떻게 전달할 것인가를 결정하는 것이다. 이 단계는 구체적인 크리에이티브 제작과 직접적인 관련을 가지는 것으로 전략적 논리에서 창의적인 크리에이티브 아이디어로 도약이 일어나는 단계이다. 광고전략이나 목표가 잘 수립되었다 하여도 이를 적절히 '표현'하지 못한다면 아무런 소용이 없다. 표적청중은 전략을 보는 것이 아니라 표현물을 보는 것이다. 광고목표의 수

럽에 이르는 것이 '전략적 통찰'의 과정이라면 크리에이티브의 개발은 '창의적 통찰'의 과정이다.

창의적인 광고는 광고목표 달성을 위한 '핵심 주장과의 적합성'과 '표현의 독창성'이라는 두 가지 조건을 갖추어야 한다. 만약 표현이 새롭고 이전에 보지 못한 것이며 다른 광고에서도 시도하지 않은 것이라면 우리는 이것을 독창적인 표현이라 한다. 이처럼 '어떻게 표현할 것인가?'에 대한 빅 아이디어가 바로 **크리에이티브 콘셉트**(creative concept)이다. 크리에이티브 콘셉트는 표적청중에게 전달하고자 하는 광고의 핵심 주장을 표현하는 **빅 아이디어**이다. 크리에이티브 콘셉트는 비주얼과 같은 시각요소, 카피나 슬로건과 같은 언어요소 또는 두 요소 모두를 통해 구현된다. 크리에이티브 콘셉트는 광고의 핵심 주장을 경쟁광고와 차별되는 독특한 것으로 만들며 표적청중의 주의를 끌고 오래도록 기억에 남게 만드는 빅 아이디어이다.

이 단계에서는 광고의 내용과 표현을 표적소비자가 제대로 '이해하고 해석'하는지, 만약 그렇지 않다면 그 이유는 무엇인지를 밝히는 데 심리학적 지식이 기여한다. 아울러, 광고 크리에이티브는 글과 비주얼 이미지의 혼합이기 때문에 글 처리와 비주얼 이미지 처리에 대한 심리학적 지식 역시 중요한 역할을 한다.

최근 들어서는 과거와 달리 매체계획(media planning)은 광고 크리에이티브 개발과 별개로 다루어지지 않는다. 매체 아이디어가 곧 크리에이티브 아이디어와 관련된다는 인식 때문이다. 독특한 매체 아이디어가 있다면 그 매체를 중심으로 크리에이티브가 개발될 수도 있기 때문이다. 이렇든 저렇든 매체는 광고물의 노출(exposure)과 노출의 빈도에 대한 것이기 때문에 심리학적 이론 중에서도 특히

'주의(attention)'와 '기억(memory)' 분야의 지식이 기여한다.

광고효과의 피드백과 심리학[6)]

우리는 누구나 자신이 기울인 노력이나 지불한 비용의 대가로 무엇을 얼마만큼 얻었는지 알고자 한다. 기업도 예외는 아니다. 모든 광고주는 그들이 집행한 광고비의 대가로 과연 무엇을 얼마만큼 성취했는지 알고자 한다. 광고에 지출한 비용대비 효과를 알고자 하는 욕구는 최근 들어 점차 심화되고 있다. 경쟁 환경은 치열해져서 판매 신장률은 둔화되고 있고 광고 혼잡도의 증가와 매체의 폭발적 증가 등으로 인해 소비자를 움직이는 핵심 요인으로 믿고 있는 광고에 대한 소비자 반응은 시간이 지날수록 둔감해지고 있기 때문이다.

광고기획을 제대로 하고 창의적인 광고물을 제작하여 광고를 집행했다고 해서 모든 일이 끝난 것은 아니다. 한 가지가 남았다. 그것은 집행한 광고가 도대체 무엇을, 얼마만큼 달성했는지 평가하는 것이다. 즉, 광고효과를 측정해야 한다. 하지만 **광고효과의 측정**은 사실상 일련의 광고기획과 집행 사이클에서 최종단계가 아니다. 어찌 보면 광고효과의 측정은 시작이기도 하다. 광고효과의 측정은 다음 광고를 위한 학습의 기회를 제공하기 때문이다. 무엇을 달성했는가?

---

6) 여기서는 '모바일' 광고효과 측정에 대해서는 별도로 다루지 않는다. 모바일 광고효과의 측정에 대해서는 한국 인터넷 진흥원(KISA)의 「모바일광고 효과 조사」(2013) 보고서를 참고하기 바란다.

무엇이 잘되었는가? 무엇이 잘못되었는가? 이러한 의문에 대한 답은 모두 광고효과의 측정 결과에서 얻을 수 있으며 이를 거울삼아 다음 광고의 기획에 반영하여야 한다. 광고효과의 측정과 평가는 새로운 광고의 출발점이다.

앞서 '광고목표의 설정'을 다루면서 광고목표라는 것이 필요한 이유를 알아보았다. 그중 하나가 바로 광고효과를 측정하기 위함이다. 구체적인 광고목표가 있어야 광고효과에 대한 측정이나 평가도 가능하다. 광고효과를 측정하려면 구체적인 '기준'이 있어야 하며 이 기준은 바로 광고기획 단계에서 설정한 광고목표인 것이다. 광고목표가 '표적집단이 광고를 본 후에 전화로 문의하게 하는 것'이라면 광고효과의 측정과 평가기준은 광고를 본 소비자의 '문의 전화 횟수'가 되어야 한다. 광고목표가 '브랜드의 제조회사 인지를 높이는 것'이라면 광고효과의 기준은 브랜드와 기업명을 정확하게 연결한 비율이 될 것이다. 브랜드에 대한 인지도나 태도도 광고의 효과일 수 있지만 이것은 '집행한 바로 그 광고'에 대한 효과는 아닐 수도 있다. 브랜드에 대한 인지도나 태도 또는 이미지는 과거부터 집행해 온 광고의 누적효과이기 때문이다. 이러한 점도 염두에 둘 필요가 있다.[7)]

광고를 처음 집행한 신규 브랜드가 아닌 이상 통상 광고는 누적

7) 로젠그렌과 달렌(Rosengren & Dahlén, 2015)은 '광고 자산(advertising equity)' 개념을 제안하였다. 특정 브랜드가 과거로부터 집행해 온 광고효과는 누적되어 영향을 미치는데 이는 브랜드 자산과는 별개로 영향을 미친다고 주장한다. 자세한 내용에 관심이 있다면 'Exploring Advertising Equity: How a Brand's Past Advertising May Affect Consumer Willingness to Approach Its Future Ads. *Journal of Advertising* 44권 1호'를 읽기 바란다.

효과를 가지게 된다. 예컨대, 소비자를 대상으로 SK 텔레콤 광고에 대한 평가 조사를 실시하면 그 결과에는 그동안 보아 온 SK 텔레콤 전체 광고의 누적효과가 반영되기 마련이다. 특정 광고의 특정 요소가 특정 반응(인지, 태도, 감정 등)에 미치는 영향을 '**효과**(effects)'라 하고, 캠페인이나 다수 광고에 의한 장기적인 누적효과를 '**효과성**(effectiveness)'이라 하는데 효과성은 주로 판매와 같은 가시적인 기업 기여도를 기준으로 한다.

효과성은 효과에 비해 광고주의 주된 관심인 판매성과에 관련된다는 점에서 효과에 비해 상대적으로 중요하게 인식될 수 있다. 하지만 광고의 효과성을 측정한다는 것은 대단히 복잡하고 어려운 일이다.

첫째, '판매'는 광고에 의해서만 결정되는 것은 아니다. 판매성과는 광고 외 다른 마케팅 믹스 요소의 복합적인 작용의 결과이다. 물론 특정 기간 동안에 오로지 광고활동만 변화가 있었고 그 외의 마케팅 행위는 전혀 변화가 없었다면 판매성과에 대한 광고의 기여를 추정하기 용이할 수 있다. 하지만 이런 일이 실제 일어나기는 거의 불가능하다. 따라서 판매성과에 대해 광고가 어떻게, 어느 정도 기여했는지 알아낸다는 것은 그리 쉬운 일이 아니다.

둘째, 장기적인 광고의 효과성은 자사 광고행위는 물론 경쟁사의 장기적인 광고 행위에 의해서도 영향을 받는다. 이 또한 광고의 효과성 측정이 어려운 이유 중의 하나이다. 광고 크리에이티브를 개발하고 사전 조사에서 소비자로부터 좋은 평가를 받아 상당한 매체비를 투입하여 광고를 집행한다고 하자. 하지만 같은 시기에 시장 1위인 경쟁사 역시 새로운 광고 크리에이티브로 더 많은 매체비를 투입하여 광고를 집행한다면 기대한 광고효과를 거두지 못할 수 있다.

현재 광고대행사나 다국적 조사회사의 경우, 광고의 효과성을 측정하기 위한 모델을 보유하거나 개발 중이지만 만족할 만한 결과를 내놓지는 못하고 있다. 효과성의 측정이란 것이 그만큼 어렵다는 사실을 반증하는 것이다. 따라서 광고의 효과를 측정하려면 그 전에 '효과'와 '효과성'의 차이 및 특성에 대해 인식해야 하며, 측정 기법의 적용이나 결과의 해석에도 신중을 기해야 한다.

인지 측정

회상 측정

회상(recall) 측정은 구독률 측정과 마찬가지로 효과위계의 인지 수준에서 광고의 효과를 측정하는 것이다. 하지만 회상 측정은 앞서 살펴본 인지 측정법에 비해 좀 더 엄격한 인지 측정법이다. 이는 회상의 심리적 기제가 지니는 특징 때문이다. 인지심리학자는 우리가 기억 속에 있는 지식을 끄집어내는 과정을 두 가지 유형으로 구분한다. 한 가지는 회상이며 다른 한 가지는 **재인**(recognition)이다. 회상은 기억 속에 저장된 지식을 탐색하는 과정을 통해 끄집어내는 것이며, 재인은 내외적으로 주어진 자극을 기억 속의 지식과 대조하는 정신과정이다. '휴대폰 광고 하면 어떤 광고가 생각납니까?'라고 질문하게 되면 응답자는 기억 속에서 해당 제품유목에 속한 광고를 탐색하여 끄집어내어야 한다. 이것이 회상의 과정이다. 만약 특정 광고를 보여 주면서 '이 광고를 본 적 있습니까?'라고 질문한다면 응답자는 기억 속에서 눈앞에 제시된 광고를 기존 기억 속의 지식과 대조하는 과정을 거치게 된다. 이것이 재인이다. 앞서 살펴본 구독률 측정은 바로 재인 측정인 것이다. 회상의 특성상 재인과는 달리 왜곡이나 헷갈림과 같은 문제가 발생할 소지가 거의 없다는 점에서 회상 측정은 재인 측정에 비해 엄격하다.

회상을 이용한 대표적 조사 모형은 '**하루 경과 회상법**(Day-After Recall: DAR)'이다. 조사 대상에게 광고를 보여 준 뒤(평소 집에서 TV를 보는 것처럼 프로그램과 광고를 섞어서 보여 주며, 측정 대상인 광고는 다른 광고와 함께 제시된다) 24시간이 경과하고 나서 동일한 조사 대상에게 전화를 걸어 어제 보았던 프로그램의 광고 중에서 생각나는 광고를 물어본다. 하루 경과 회상법을 통해 '조사 대상의 몇 %가 특정 광고를 회상하는가?' '특정 광고를 회상한 조사 대상의 몇 %가 광고 브랜드를 정확히 회상하는가?'의 지표를 얻을 수 있다. 물론 회상한 광고의 내용에 대해 질문할 수도 있다. 하루 경과 회상법은 TV 광고에만 적용되는 것은 아니다. 잡지광고에도 적용할 수 있다. 예컨대, **갤럽 앤드 로빈슨**(Gallup & Robinson)은 'Magazine Impact Research Service'를 통해 잡지광고를 대상으로 하루 경과 회상 조사 서비스를 제공한다. 하루 경과 회상법은 주로 광고의 사후 평가에 사용된다. 조사를 하기 위해서는 완성된 광고물이 있어야 하기 때문이다. 사전 조사에 사용하는 것과 같은 덜 완성된 광고물을 이용해서는 실제 TV 프로그램이나 잡지 상태를 연출할 수는 없는 것이다. 하지만 만약 여러 개의 광고물을 완성한 다음 이 중에서 어떤 광고물을 집행하는 것이 효과적인지 판단하려 할 경우에는 사전 조사의 목적으로도 사용될 수 있다.

심리학 연구결과에 따르면, 음악이나 비주얼과 같은 비언어적 요소에 대한 기억효과가 말이나 글과 같은 언어적 요소에 대한 기억효과보다 우수한 경향이 있다. 이는 감성적 광고가 주로 말이나 글보다는 음악이나 비주얼을 많이 사용하기 때문에 이성적 광고에 비해 회상이 상대적으로 우수할 수 있음을 시사한다. 이 점을 염두에 두고 결과 해석 시 유의해야 한다. 구독률 측정과 같이 회상 측정 역시 효과위계의 출발이라 할 수 있는 인지수준의 측정에 그친다는 한계가 있다. 아울러 회상은 광고물의 임팩트 지표라고 볼 수 있지만 회상한 광고라고 하여 반드시 선호하는 광고라고 해석할 수 없다는 한계가 있다. 부정적이거나 혐오스러운, 또는 도덕적으로 금기시되는 광고표현은 기억 속에 강하게 자리 잡을 수 있고 회상도 더 잘될 수 있다. 또 다른 한계는 조사할 광고물의 노출 횟수이다. 하루 경과 회상법에서는 통상 광고를 1회만 보여 준다. 하지만 광고가 여러 회 노출될 때는 1회 노출될 때와는 다른 효과를 보일 수 있다. 특히 은유와 같은 수사학적 기법을 적용한 광고 크리에이티브에서는 광고의 유형과 노출 횟수가 상호작용하기 때문에 효과의 해석에 더욱 신중을 기해야 한다.

의식 측정

지금까지 살펴본 측정법은 특정의 단일 광고물을 대상으로 하는 것이다. 하지만 의식(awareness) 측정은 어떤 브랜드의 특정 단일 광고가 아니라 지금까지 실시해 온 누적 광고효과를 알고자 하는 것이다. 우리나라의 경우 광고대행사나 조사회사에서 실시하는 광고효과 측정은 앞서 살펴본 재인이나 회상 어느 하나에 초점을 맞추기보다는 대부분 특정 브랜드의 누적 광고효과 측정, 즉 의식 측정에 관심을 둔다.

의식 측정은 주로 표준화된 질문지를 이용한 일대일 개별면접으로 실시된다. 조사 대상은 성이나 연령 또는 제품 사용과 같은 다양한 변수를 중심으로 사전에 그 기준과 크기가 정해진다. 의식 측정에서 질문은 통상 브랜드 인지에서 광고인지로 진행된다. 브랜드 인지의 전형적인 질문은 먼저 브랜드 회상에서 출발한다. 예컨대, 라면의 경우 "라면이라고 하면 어떤 브랜드가 생각나십니까?" "그 밖에 생각나는 브랜드는 무엇입니까?"와 같다. 브랜드 회상 다음으로 브랜드 리스트를 보여 주면서 브랜드 재인 질문을 할 수도 있다. 브랜드 재인에서는 "다음에 보시는 브랜드 중에서 알거나 들어 본 적이 있는 것은 무엇입니까?"와 같이 질문한다. 브랜드 회상과 재인의 결과는 지금까지 집행한 광고의 누적효과로 본다. 브랜드 인지에서 그치지 않고 광고인지로 나아갈 수도 있다. 광고인지에서는 특정 브랜드에 대한 광고회상("던킨 도너츠의 광고 중에서 어떤 광고가 생각나십니까?")이나 구체적인 광고 메시지와 브랜드 결합("대한민국 1%라는 메시지는 어느 자동차 광고의 메시지입니까?")을 탐색한다.

의식 측정은 특정 브랜드의 누적 광고효과를 측정하려는 것이기 때문에 추적조사(tracking study)의 일환으로 사용된다. **추적조사**란 일정 기간마다 정기적으로 조사를 실시하여 그 결과를 이전 조사결과와 비교하는 것이다. 첫 회의 조사결과가 기준(benchmark)이 된다.

핵심적인 한계는 결과 해석의 어려움이다. 추적조사에 의한 인지 측정 결과는 추세만을 보여 줄 뿐이며 왜 그러한 추세가 나오게 되었는지, 원인이 무엇인지에 대한 정보는 제공하지 않는다. 예컨대, 추적조사의 결과 인지 측정치가 지속적으로 감소한다고 했을 때 여기에는 광고예산, 경쟁자의 광고활동, 광고 제작물의 요소 그리고 매체전략 등 다양한 요인이 영향을 미쳤을 수 있다. 하지만 의식 측정을 통해서는 구체적으로 어떤 요인이 영향을 어떤 식으로 미쳤는지에 대해서는 알 수 없다. 물론 추세에 영향을 미치는 요인은 광고나 광고매체만이 아니다. 공격적인 유통 침투나 철수, 제품의 개선이나 패키지 디자인의 변경, 해당 제품에 대한 소비자 욕구의 증가나 감소 등 다양한 광고 외적 요인이 추세 변화에 영향을 미칠 수 있다.

정서 측정

지금까지 살펴본 인지 차원의 측정은 효과위계의 첫 단계인 소비자의 기억 메커니즘을 중심으로 한 것이다. 정서의 측정은 효과위계에서 기억의 다음 단계인 '좋아함'이나 '호의' 단계에 관한 것이다. 정서 측정의 대표적인 측정치는 **태도**(attitude)이다. 태도를 단일 차원으로 볼 것인가 아니면 다차원으로 볼 것인가에 따라 견해차가 있지만 광고효과에서는 태도를 주로 단일 차원으로 다룬다. 태도란 어떤 대상에 대해 일관되게 좋다거나 또는 싫다거나 하는 식으로 반응하는 학습된 선유경향(predisposition) 또는 준비태세라 한다. 이러한 정의에서 태도의 세 가지 특성을 알 수 있다. 첫째, 태도는 특정 광고와 같은 어떤 대상에 대한 사전 경험을 토대로 '학습'되는 것이다. 둘째, 태도는 성향 또는 준비태세로 우리 마음속에 간직된다. 셋째, 태도는 비교적 일관된 반응을 야기한다. 즉, 행동에 선행하며 행동을 야기한다.

태도는 행동의 가치 있는 예측인으로 볼 수 있다. 예컨대, 어떤 브랜드에 대해 긍정적인 태도를 가지면 그 브랜드를 구입하는 행동이 일어날 가능성이 높을 것이며, 부정적인 태도를 가진다면 그 브랜드를 구입하는 행동이 일어날 가능성은 감소할 것이다. 만약 소비자가 특정 광고에 대해 긍정적인 태도를 가진다면 그 광고의 브랜드에 대해서도 긍정적으로 반응할 가능성이 증가할 것으로 예상할 수 있다.

의견 측정

광고에 대한 태도를 측정하는 방법 중 여러 개의 광고를 제시한 다음 어떤 기준에 대해 가장 적합한 광고를 고르게 하거나(선택과제) 또는 어떤 기준에 대해 여러 개 광고의 순위를 매기게 하는 것이다(순위과제). 선택과제에서는, 예컨대 다섯 개의 광고물을 제시한 다음 '가장 관심을 끄는 것' '가장 믿음을 주는 것' '가장 독특한 것'의 각 기준별로 가장 적합한 하나의 광고물을 선택하게 한다. 물론 선택과제에서 선택의 기준은 광고물의 어떤 면을 평가할 것인가에 따라 사전에 결정하면 된다. 순위과제에서는 특정 기준(예컨대, '관심을 끄는 것')에 대해 다섯 개의 광고를 1위부터 5위까지 순위를 매기게 하는 것이다.

의견 측정은 주로 광고물을 사전 평가할 때 사용된다. 광고물이 아니라 크리에이티브 콘셉트나 헤드라인의 사전 평가를 위해 사용할 수 있다. 머릿결을 촉촉하게 하는 기능을 가진 샴푸를 표현하기 위해 여섯 개의 아이디어를 개발했다고 하자. 그러면 여섯 개의 아이디어를 스토리 보드나 핵심 비주얼 또는 메시지 형태로 제시한 다음, 기준을 제시하고 각 기준에 대해 여섯 개 아이디어의 순위를 매기게 하는 것이다.

의견 측정은 실시하기 간편하고 조사비용도 많이 들지 않는다는 장점이 있다. 하지만 다수의 기준을 제시하는 의견 측정의 경우에는 질문 순서에 따라 '후광효과(halo effect)'나 '일관성 편향'이 광고 평가에 영향을 미칠 수 있다. 예컨대, '관심' '신뢰' '독특성'의 세 개 기준에 대해 평가하기 전에 전반적으로 가장 마음에 드는 것을 평가하게 되면 응답자는 최초 응답을 중심으로 나머지 기준에 대해서도 일관되게 호의적으로 응답하거나 또는 긍정적인 첫인상 때문에 세부적인 기준도 긍정적으로 평가할 가능성이 있다. 아울러 왜 특정 광고를 가장 선호하는지에 대한 구체적인 정보를 얻기 어렵다. 특정 광고를 전반적으로 가장 선호한다고 응답했더라도 그 이유를 파악할 수 있는 세부 기준(신뢰, 독특함 등)이 반드시 응답자가 선호하는 이유가 아닐 수도 있다. 이런 한계를 부분적으로나마 해결하기 위해서는 선택과제나 순위과제를 실시한 다음 왜 특정 광고를 선택했는지 또는 왜 특정 광고에 그러한 순위를 주었는지 개방형 질문을 보완 실시하는 것이 좋다.

태도 측정

태도 측정은 좋다거나 싫다와 같은 정서의 유형뿐만 아니라 정서의 강도(intensity)를 측정하기 때문에 의견 측정에 비해 더 정교한 정서 측정법이라 할 수 있다. 강도의 측정은 평가척도(rating scale)의 사용과 관계가 있다. 앞서 살펴본 의견 측정이 하나의 광고물에 대한 소비자 반응을 평가하는 것이라면 태도 측정은 주로 광고를 통해 광고 브랜드에 대한 소비자의 평가가 어떻게 변화했는지를 알려고 한다는 차이가 있다.

태도 측정을 위해 다양한 척도가 사용되는데 태도 평가척도는 특정 대상에 대해 느끼는 정서의 강도를 파악하는 도구로서 **리커트척도**와 **자기평정척도** 그리고 **의미변별척도**가 주로 사용된다. 리커트척도(Likert scale)는 특정 광고에 대한 의견 진술문을 5점 척도상에 평가하도록 하여 태도를 측정한다. 광고에 대한 의견진술문의 선정은 자사 광고나 특정 경쟁사 광고를 중심으로 핵심적으로 알아보고자 하는 측면을 사전에 선정하여 사용할 수도 있으며, 시장조사회사 등에서 개발한 표준화된 광고효과 측정항목을 사용할 수도 있다. 어떤 것을 적용하는지는 광고효과 측정의 목적에 따라 달라진다.

태도 측정의 한계는, 태도가 언제나 행동에 대한 신뢰로운 예측인이 아닐 경우가 있다는 것이다. 예컨대, 사회적으로 바람직하거나 또는 평가자의 기대에 부응하려는 경향은 실제 태도의 왜곡을 가져올 수 있고, 이를 토대로 미래 행동을 예측하는 것은 문제가 될 수 있다.

행동 측정

태도 측정은 광고나 광고 브랜드와 같은 특정 대상에 대한 소비자의 느낌 반응을 평가하는 것이지만 행동 차원의 측정은 광고의 결과로 소비자가 어떤 행위 반응을 하였는지 알고자 하는 것이다. 행위 반응의 측정은 실제 구매에 초점을 맞출 수도 있고 매장 방문하기, 전화로 문의하기, 제품 설명책자 문의하기 등과 같이 구매에 선행하는 행위에 초점을 맞추기도 한다. 모바일이나 In-App 광고의 경우는 '클릭률'과 '클릭 후의 행동'이 포함된다. 이제 두 가지 행동 측정법을 소개하려고 한다. 물론 다음과 같은 두 가지 측정법 이외에 더 많은 측정법이 있지만 우리 현실과는 많은 차이가 있어 다루지 않았다.

행동 차원의 광고효과 측정이라고 하면 특정 광고의 시청 전이나 후의 '구매의향' 측정을 떠올리기 쉽다. '귀하께서는 ○○○ 브랜드를 구입하실 의향이 어느 정도입니까?'와 같은 질문을 리커트나 자기평정척도를 통해 측정하는 것이다. 하지만 이는 엄격히 말해 행동 차원의 측정은 아니다. '구매에 대한 태도'의 측정이라 해야 옳다.

문의 측정

문의(inquiry) 측정은 주로 인쇄광고의 광고 사후평가를 위한 것이다. 신문이나 잡지에서 '제품설명 책자를 원하시면 하단의 요청서를 오려서 보내세요.'와 같은 문구가 있는 광고를 본 적이 있는가? 바로 이 같은 광고에 대한 문의 수를 광고효과의 평가지표로 본다. 주로 의약이나 사무기기 또는 생활용품이 문의 광고를 많이 이용한다. 광고의 쿠폰을 오려 보내면 샘플을 보내 준다든지, 제품 책자를 보내 준다든지 하는 것이다. 아예 광고에 가격할인 쿠폰을 첨부하여 그 쿠폰의 회수율을 토대로 광고효과를 측정할 수도 있다.

문의가 구매로 직접 연결된다는 보장은 없지만 잠정적인 판매추정치로 사용된다. 동일한 광고를 인쇄 매체나 비히클별로 집행하고 사후 측정하면 어떤 매체나 비히클이 좀 더 효과적인지도 알 수 있다. 우리나라의 경우 어떤 다이렉트 생명보험사는 두 개의 신문광고를 각각 집행하여 소비자의 문의전화 수를 토대로 더욱 효과적인 광고물을 선정하기도 하였다. 이 경우 문의 전화 역시 행동차원의 광고효과 측정이라 할 수 있다.

문의 측정은 의견이나 태도 측정에 비해 판매에 대한 광고의 효과를 더 직접적으로 평가한다는 장점이 있다. 하지만 문의 측정을 사용하려면 광고물 자체에 소비자 문의가 가능한 요소가 포함되어야 한다. 또 다른 한계는 광고목표와의 적합성 여부에서 비롯된다. 문의 측정을 통해 광고효과를 평가하려면 광고의 목표가 '소비자 문의'를 유발하는 것이어야 한다. 예컨대, 우유광고에서 자료 요청서를 보내면 '우유와 건강 상식'이라는 책자를 보내 준다고 했을 때 책자 문의 수를 통해 판매에 대한 광고효과를 평가하기란 어렵다. 광고 브랜드의 구매에 관심을 가지고 문의한 것인지 아니면 단지 우유가 건강에 미치는 효과에 대한 정보를 얻기 위해 문의한 것인지 구분하기 어렵기 때문이다.

소비자 성향도 문의 측정이 가지는 한계에 영향을 미친다. 일반적으로 전업주부나 노인과 같이 비교적 시간 여유가 있는 소비자가 문의 광고에 반응할 확률이 높다. 물론 이들이 광고의 표적 집단이라면 문제가 되지 않지만 그렇지 않다면 문의 수가 많다고 하여 이를 광고효과로 보기에는 한계가 있는 것이다. 이런 한계를 부분적으로 극복하려면 문의자의 인구통계 정보를 함께 얻어 분석하여야 한다.

극장 테스트

극장 테스트(theater test)는 주로 TV광고의 사전조사를 위한 것으로, 측정이 이루어지는 장소가 극장이기 때문에 붙여진 이름이다. 이와 유사한 형태의 사전조사로 백화점이나 대형 할인점 근처에 설치한 간이 테스트 시설이나 조사회사에 20명 내지 30명 정도의 피면접자를 동시에 수용하여 조사를 실시하는 **'갱 서베이**(gang survey)'가 있다. 전형적인 극장 테스트는 우리나라에서는 거의 사용되지 않고 있다. 하지만 갱 서베이를 활용한 TV광고의 사전조사는 매우 효과적이므로 간략히 소개하고자 한다.

먼저, 전화번호부를 이용하여 조사 참여자를 무선으로 표집한다. 만약 광고의 표적 집단이 30, 40대의 주부라면 전화번호부에서 무선으로 표집하면서 해당 연령과 프로필에 적합하지 않은 대상은 탈락시키고, 적절한 표본 수가 확보될 때까지 무선 표집을 시행하면 된다. 표집된 조사대상을 극장으로 초대하여 광고에 대한 테스트를 실시하기 전에 다양한 품목에 대해 선호 브랜드를 탐색한다. 그리고 일상적인 TV 시청과 동일한 조건으로 프로그램과 광고물을 편집하여 시청하도록 한다. 테스트할 광고의 수에 따라 프로그램과 테스트 광고의 제시 세션은 달라진다. 시청이 끝나고 나면 처음에 제시했던 것과 동일한 품목을 다시 제시하고 선호 브랜드를 탐색한다. 광고에 대한 핵심 평가는 3일 후에 이루어진다. 3일 후에 조사 참여자에게 전화를 걸어 세 가지 자료를 수집한다. 한 가지는 조사 당일 시청한 광고 중에서 기억나는 광고에 대한 회상이다. 다른 한 가지는 광고의 핵심 카피에 대한 기억이며, 나머지는 광고를 보기 전의 브랜드 선택과 광고를 보고 난 후의 브랜드 선택 간의 차이이다. 이 세 가지 지표를 통해 광고효과를 사전 평가한다.

가장 큰 문제는 비용이다. 사전 테스트를 하려면 실제 TV광고의 완성도를 갖춘 광고를 제작해야 하기 때문이다. 다른 한계는 광고시청 상황이 인위적이라는 것이다. 통상 가정에서 TV를 시청할 때에 비해 프로그램이나 광고에 대한 집중도가 매우 높다. 이는 기억에 지대한 영향을 미친다. 또한 피면접자는 어떤 형태로든 조사 참여에 대한 보상을 받기 때문에 잘하려고 하는 동기가 작용한다. 이 또한 광고평가에 영향을 미친다.

- 광고는 기업의 마케팅 전략을 지원하고 마케팅 목표를 달성하기 위해 기업이 행하는 마케팅 활동의 위계에서 고유한 역할과 위치를 가진다.
- 마케팅 계획이 구체화되고 그에 따라 촉진계획이 수립되면 광고계획 수립의 단계로 진행된다. 광고는 마케팅 전략을 지원하여 마케팅 목표를 달성하는 데 도움을 주는 역할을 한다. 마케팅 계획에 대해 명확히 이해할수록 마케팅 목표를 달성하기 위해 광고가 어떤 역할을 해야 하는지 구체화할 수 있다.
- 브랜드는 현대 마케팅의 핵심 요소로 자리 잡고 있다. 광고와 심리학에서 브랜드에 대한 이해가 필수인 이유는 동일한 제품이라 하더라도 브랜드에 따라 소비자의 심리학적인 현상은 같지 않기 때문이다. 광고효과를 높이려면 브랜드의 역할과 기능에 대해 이해해야만 한다.
- 광고기획은 상황 분석 – 핵심적인 광고 이슈의 추출 – 광고 표적소비자의 추출 – 광고 포지셔닝의 수립 – 광고목표의 설정 – 크리에이티브 전략의 수립, 매체계획의 수립 – 광고효과의 측정과 피드백에 이르는 체계적인 단계로 진행된다. 각 단계에서 심리학 지식이 어떻게 관련되며, 어떤 기여를 하는지 안다면 광고과정에서 심리학의 응용력을 높일 수 있다.

제2장

어떻게 광고를 ‘보게’ 할 것인가

제2장
어떻게 광고를 '보게' 할 것인가

광고의 목표가 무엇이건, 광고 크리에이티브가 어떠하건 간에 광고가 효과를 거두려면 일단 표적소비자는 의도적이든 또는 비의도적이든 광고를 '보아야' 한다(라디오 광고라면 '들어야' 한다). 소비자는 어떻게 광고를 보는 것이며, 소비자가 광고를 보게 하려면 어떻게 해야 하는지는 모든 광고담당자, 특히 광고매체 담당자의 최대 난제 중의 하나가 아닐 수 없다. 아무리 뛰어난 광고라도 표적청중이 보지 않는다면 무슨 소용인가! 그런데 '광고를 본다'는 것은 그리 단순한 현상이 아니다. 광고기획자와 제작자 그리고 매체기획자 등 광고 업무에 종사하는 사람은 바로 이 '본다'는 현상에 대해 명확하게 이해해야 한다.

소비자가 무언가를 보려면 대상인 자극이 있어야 한다. 그 대상이 광고물이라면 소비자 외부에는 광고물이라는 자극이 존재해야만 한다. 그런데 광고물은 그냥 존재해서는 안 되며 표적소비자의 감각기관(눈, 귀 등)이 보거나, 듣거나 할 수 있는 범위 내에 있어야 한다. 표적소비자가 출근할 때 항상 특정 호선의 지하철을 이용한다면 광고물은 표적소비자가 이용하는 바로 그 지하철의 역사 또는 표적소비자가 탄 차량 내부에 있어야 한다. 표적소비자가 승용차로 출근을 한다면 옥외 광고물은 표적소비자의 이동 경로에 정확히 위치해야 한다. 신문이건 인터넷 웹페이지이건 마찬가지이다. 매체전략가의 주 임무는 표적소비자의 주위에 광고를 효과적이며 비용 대비 효율적으로 배치하는 것이라 해도 과언이 아니다.

그런데 문제는 표적소비자의 감각기관이 수용할 수 있는 범위에 광고가 있다고 해서 과연 표적소비자가 그 광고의 존재를 알아차리느냐는 것이다. 우리가 아침에 일어나서 잠자리에 들기까지 아마도 수백 개의 광고가 우리의 감각기관의 수용 범위에 들어올 것이다. 하지만 정작 우리가 '보았다'고 알아차릴 수 있는 광고는 몇 개에 지나지 않는다. 아니 어쩌면 단 하나도 떠올릴 수 없을지 모른다. 이런 일은 광고주나 광고인에게는 정말 끔직한 일이 아닐 수 없다. 이는 광고매체 비용을 많이 쓴다고 해서 해결되는 일만도 아니다. 왜 이런 일이 생길까? 어떻게 하면 표적소비자가 우리 광고를 '보도록' 할 수 있을까?

존재하는 것과 알아차리는 것

지금 만약 당신이 친구를 만나기 위한 약속장소로 가기 위해 도심의 번화한 거리를 걷고 있다고 하자. 다행히 당신은 걷는 동안 스마트폰도 사용하지 않고 친구와 이야기도 하지 않은 채 단지 걷고 있을 뿐이다. 당신이 걷고 있는 길 양쪽으로는 점포의 간판과 브랜드

로고 그리고 옥외광고까지 수많은 시각적인 자극이 존재한다. 거리를 걷고 있는 동안 당신이 알아차리건 아니건 관계없이 당신의 시각기관, 구체적으로 말하면 당신 눈의 수정체를 통해 망막에 어떤 광고의 상이 맺혔을 때 이것을 **'노출(exposure)'**이 발생했다고 한다. 이는 시각에만 국한되는 것이 아니며 청각(광고음악 등), 후각(커피나 향수의 냄새 등) 등 우리의 5감 모두에 해당한다. 만약 당신이 지하철에 앉아 있을 때 10개의 광고가 당신의 시각 범위에 들어왔다면 10개의 광고가 당신에게 '노출'된 것이다. 하지만 당신은 많은 경우에 그 광고들이 마치 존재하지 않는 것처럼 느낀다.

인지심리학 교수인 크리스토퍼 차브리스(Christopher Chabris)와 대니얼 사이먼스(Daniel Simons)의 기발한 **'보이지 않는 고릴라(The invisible gorilla)' 실험**[1]은 인간이 무언가를 본다는 것의 실체를 극명하게 보여 준다. 이들은 학생을 두 팀으로 나누어서 농구공을 패스하며 놀도록 하였다. 한 팀은 흰 셔츠를 입고 다른 한 팀은 검은 셔츠를 입었다. 이들이 농구공을 패스하며 노는 장면은 약 1분 정도 길이의 동영상으로 제작되었다. 그런데 동영상 중간에는 약 9초 동안 고릴라 의상을 입은 학생이 패스놀이를 하는 학생들 중간에 서서 카메라를 향해 가슴을 치고는 걸어 나가는 장면이 담겼다([그림 2-1] 참조). 이 동영상을 캠퍼스를 돌아다니며 학생 참여자들에게 보여 주었다. 학생 참여자들에게 주어진 과제는 검은 셔츠 팀이 서로 공을 패스한 횟수는 무시하고 흰 셔츠를 입은 팀이 공을 패스한 횟수를 세라는 것이었다. 이 실험에서 보고자 한 것은 패스 횟수를 얼마나 정확히

1) 실험 동영상은 www.theinvisiblegorilla.com을 방문하면 볼 수 있다.

[그림 2-1] '보이지 않는 고릴라' 실험 장면

출처: http://www.datadeluge.com/2013/03/the-invisible-gorilla.html

세는지가 아니었다. 동영상 중간에 느닷없이 나타난 고릴라를 과연 보았는가였다. 결과는 어땠을까? 놀랍게도 실험 참여자의 약 절반이 동영상에서 고릴라를 보지 못했다고 했다! 차브리스와 대니얼은 이러한 현상을 **'무주의 맹시**(inattentional blindness)'라고 명명했다.

이 실험은 우리가 무언가를 '보기' 위해서는 외부 자극이 단지 우리 감각기관이 수용하는 범위 내에 들어오는 것만으로는 충분하지 않다는 것을 잘 보여 준다. 소비자가 주위에 있는 수많은 광고 중에서 특정 광고를 보기 위해서는 **'주의**(attention)'라는 정신과정이 개입해야만 한다. 이러한 현상은 우리가 외부의 자극을 알아차리는 것은 매우 능동적인 정신과정이 개입하는 것임을 보여 준다.

정신적 자원으로서의 주의

'주의(attention)'란 우리 주위에 있는 자극들 중에서 다른 자극들은 무시하면서 특정 자극에 '선택적으로' 집중하는 정신과정을 말한다. '선택적'이라 함은 우리가 특정 순간에 외부에 있는 자극정보를 처리하기 위해 사용할 수 있는 정신적인 자원은 무한이 아니라 매우 제한되어 있음을 말하는 것이다. 결국 주의는 특정 순간에 특정 자극에 정신적인 자원을 할당하는 정신과정이다(Anderson, 2004).

과연 그런가? 예를 들어 보자. 초보 운전자가 처음 가 보는 도로에서 운전을 하고 있다. 교통량이 많아서 차선 바꾸기도 쉽지가 않다. 긴장한 상태에서 운전을 하고 있다. 이때 출발할 때 켜 놓은 라디오에서 광고가 흘러나온다. 초보 운전자는 이 광고를 '듣고' 있을까? 분명 광고가 초보 운전자의 청각기관에 들어가기는 했을 것이다. 하지만 '듣지는' 못할 것이다. 초보 운전자가 특정 순간에 투입할 수 있는 정신적인 자원이 100이라고 하자. 라디오에서 광고가 흘러나올 때 초보 운전자의 정신 자원은 어떻게 될까? 아마 100 모두 운전하는 데 필요한 에너지로 사용될 것이다. 하지만 숙련된 운전자의 경우는 다르다. 운전에 능숙하기 때문에 100이라는 자원을 운전에 모두 사용할 필요가 없다. 그래서 운전을 하면서 라디오에서 흘러나오는 노래를 따라 흥얼거릴 수도 있고, 처음 듣는 광고가 흘러나오면 무슨 제품의 광고인지 관심을 기울일 수도 있다. 100이라는 자원을 운전하는 데에만 오롯이 투입하지 않아도 되기 때문에 가능한 일이다. 하지만 숙련된 운전자라도 운전 중에 만약 회사에서 매

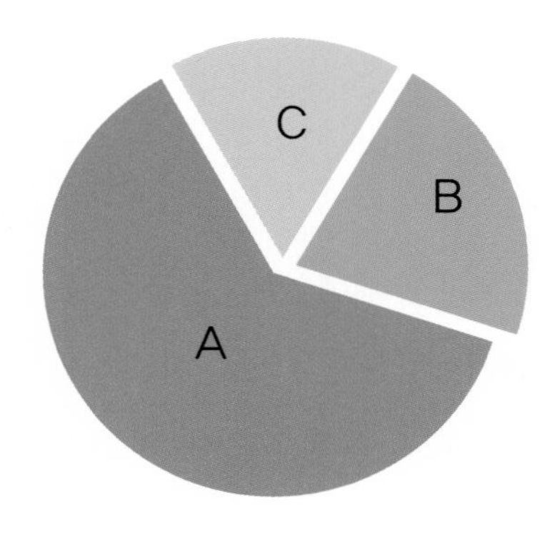

[그림 2-2] 제한된 주의 자원

특정 시점에 투입 가능한 정신적인 자원은 제한적이다.
만약 운전을 하는 데 모든 자원(A, B, C)을 투입한다면 라디오에서 흘러나오는 광고를 알아차리기는 힘들다. 하지만 숙련된 운전자여서 C만큼의 자원만 운전에 투입한다면 남아도는 자원으로 광고에도 주의를 기울일 수 있다.

우 중요한 의사결정을 해야 하는 긴급 전화가 걸려 온다면 어떻게 될까? 아마 도로 한쪽으로 정차를 하고 통화를 할 것이다. 내용의 중대성 때문에 100의 자원을 운전과 전화 통화에 분산할 수 없기 때문이다.

인간이 처리하는 대부분의 정보는 시각적인 것이므로 시각을 중심으로 이 과정을 좀 더 살펴보자. 심리학에는 시각적인 주의집중이 작동하는 방식에 대한 두 개의 모형이 있다. **시각적 주의집중**은 두 단계의 과정에 따라 작동한다고 본다(Jonides, 1983). 첫 번째 단계에서는 외부에 있는 시각 장면에 주의가 균등하게 분산된다. 그리고 시각 자극에 대한 정보의 처리도 병렬적으로 동시에 일어난다. 두 번째 단계에서는 시각 장면의 어느 한 부분에 주의가 집중되면서 정보처리는 순차적으로 일어난다. 이러한 과정에 관한 첫 번째 모형을 '**스포트라이트 모형**(spotlight model)'이라고 하는데 시각주의는 초점, 여백 그리고 주변부를 가진다(Eriksen & Hoffman, 1972). 초점은 주의가 향하는 시각자극의 중심부이며 매우 명확한 부분으로 여기서 정보를 얻게 된다. 주변부는 초점을 둘러싸고 있는 것으로 초점에 비해 불명확한 정보를 얻는다. 주변부는 여백으로 확장된다.

두 번째 모형은 '**줌렌즈 모형**(zoom-lens model)'이다(Eriksen & James, 1986). 줌렌즈 모형은 스포트라이트 모형과 많은 부분 겹치지만 '크기의 변화'라는 특징이 추가된다는 점에서 차이가 있다. 크기 변화의 메커니즘은 카메라의 줌 기능과 유사한 것으로 크기의 변화는 시각 초점의 크기와 그 초점을 처리하는 효율성 간의 역절충에 의해 결정된다. 주의에 필요한 정신적인 자원은 한정되기 때문에 초점이 크면 클수록 자원은 더 큰 영역으로 분산되어야 하므로 처리가 느려진다. 이들 모형의 중요한 가정 역시 주의라는 정신과정은 제한된 정신자원과 밀접하게 관련된다.

시각 광고와 선택적 주의

소비자의 시각적인 선택적 주의가 어떻게 수행되는지는 광고실무자에게는 특히 흥미로운 문제이다. 대부분의 광고는 주로 시각물이기 때문이다. '**시각적인 선택적 주의**'란 초점을 맞출 특정한 요소를 선택하고 동시에 다른 요소는 무시하는 과정이다(Tipper & Driver, 2000). 일단 자극에 초점이 맞추어지면 그 자극에 대한 인지적인 처리가 진행된다.

소비자가 어떤 환경에 놓이면 첫 번째로 하는 일은 시각적 탐색이다. 시각적 탐색은 특정한 표적을 찾으려는 욕구에 의해 유발된다. 욕구가 강하다면 시각적 탐색은 강력하고 오래 지속될 것이지만 욕구가 없거나 약하다면 시각적 탐색은 유지되지 않는다. 예컨대, 고기를 싸게 구입하기 위해 할인매장을 방문한 경우에는 매장 내의 고기 할인 광고포스터를 찾기 위한 시각적 탐색이 유지된다. 소비자가 시각적 탐색을 어떻게 수행하는지 이해하면 소비자의 주의를 어떻게 끌 수 있는지에 대해 통찰을 얻을 수 있다.

대부분의 경우에 시각적 탐색은 글을 읽는 것과 유사한 방식으로 진행된다. 애드버토리얼(advertorial)[2]의 경우에는 시각 탐색이 주로 좌측 상단 모서리에서 시작하여 오른쪽으로 진행된다(물론 이런 경향은 문화와도 관련성이 있다. 예컨대, 아랍 문화권에서는 오른쪽에서 왼쪽으로 읽어 나간다). 하지만 시각 탐색이 진행되기 전에 자극의 중심부에 먼저 주의를 기울이는 경향도 있다(Parasuraman, 1986).

피테르스와 웨델(Pieters & Wedel, 2004)은 3,600명의 소비자를 대상으로 1,363개의 잡지 광고물에 대해 **아이 트래커**(eye tracker)[3]를 사용하여 소비자의 주의를 끄는 데 어떤 요소가 효과적인지를 체계적으로 분석하였다. 상식에서 크게 벗어난 결과는 아니지만, 주의

---

2) 애드버타이즈먼트(advertisement: 광고)와 에디토리얼(editorial: 편집기사)의 합성어로, 기사형광고라고도 한다.

3) 광고효과를 측정하기 위해 과학적 측정 기술에 기반을 둔 심리생리학적 접근이 사용되고 있다. 심리생리학적 방법 중에서 광고자극에 대한 주의를 측정하기 위해 자주 사용되는 아이 트래킹(eye-tracking)은 광고효과를 측정할 수 있는 효과적인 대안으로 사용되고 있다. 아이 트래커(eye tracker)는 시각행동을 측정하는 도구이다. 광고의 경우, 광고물의 어느 요소를, 얼마나 오래, 얼마나 자주 응시하는지 그리고 시선의 이동 경로를 수치로 확인할 수 있다([그림 2-3] 참조).

를 끄는 데 가장 효과적인 요소는 그림이나 사진과 같은 광고의 비주얼이었다. 비주얼 요소가 주의를 끄는 효과는 비주얼의 크기에는 그다지 영향을 받지 않았다. 비주얼의 경우는 크기보다는 존재 유무가 더 중요하였다. 카피가 주의를 끄는 효과는 글자의 크기와 비례하는 것으로 나타났다. 글자가 클수록 주의를 끄는 효과는 더 컸다. 브랜드 요소(브랜드 심벌, 로고 등)는 주의를 비주얼이나 카피로 전환하는 역할을 하였다.

국내에서는 김태용(2005)이 아이 트래커를 사용하여 인쇄광고의 어떤 요소가 주의를 끌며 시선 운동이 어떻게 진행되는지 분석하였다. 이 연구에서도 중심 비주얼(제품, 모델, 중심에 위치한 헤드라인/카

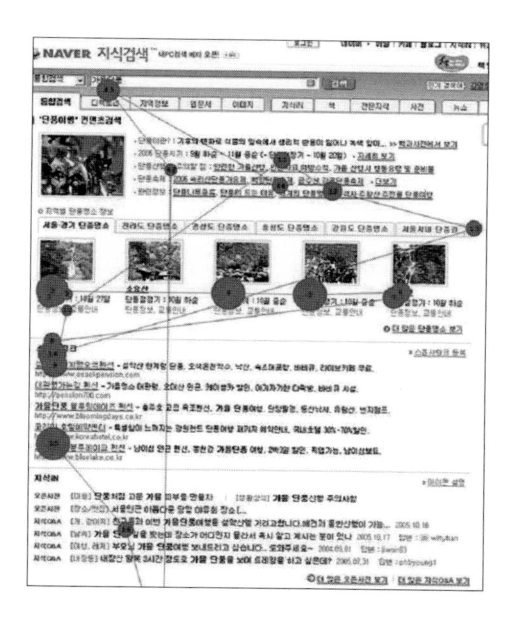

[그림 2-3] 웹페이지 아이 트래킹 결과자료

출처: http://story.nhncorp.com

피)의 주의획득력이 가장 컸고, 카피의 경우는 크기의 영향을 받는 것으로 나타났다. 김지호 등(2005)이 인터넷 배너광고에 대해 아이 트래커를 사용한 연구에서도 유사한 결과를 볼 수 있다. 인터넷 배너광고의 경우에 광고의 크기는 주의를 끄는 데 직접적인 영향을 미치는 것으로 나타났다.

광고에 대한 주의와 광고 선호도 간에 어떠한 관계가 있는지를 살핀 연구(Vito & Perrotta, 2006)는 광고제작자에게 상당한 실무적 시사점을 제공한다. 이들은 아이 트래커를 사용하여 사람들이 광고를 볼 때 주로 광고물의 어느 요소를 응시하는지 정밀하게 분석하였다. 그리고 응시 결과를 광고에 대한 선호도와 관련지어 보았다. 결과는 어땠을까? 응시 초점이 한 개 내지 두 개 정도에 집중되는 광고일수

[그림 2-4] 1959년 DDB가 제작한 폭스바겐의 'Think small' 광고
'Ad Age'는 이 광고를 20세기 최고의 광고로 평가했다.

록 그 광고에 대한 선호도는 더욱 높았다([그림 2-4]의 광고를 보라)! 반면, 여기저기 응시 초점이 분산되는 광고일수록 광고에 대한 선호도는 낮았다. 더욱 흥미로운 것은, 광고에 대한 선호로 이끄는 광고물의 초점 요소는 그것이 비주얼 이미지이건, 카피이건 또는 브랜드 로고이건 문제되지 않는다는 것이다. 이 결과는 현장 제작실무자들 사이에 널리 퍼져 있는 '욕심을 부리지 말라.'는 경구와도 일맥상통한다. 시각적인 광고에서는 요소가 적고 단순할수록, 복잡하기보다는 여백이 전략적으로 사용되고, 비주얼 이미지와 카피가 조화를 이룰수록 주의 효과가 크다(박광래, 2000).

변화하는 환경

주의는 광고효과를 위한 필수적인 요소이다. 광고에 의해 소비자가 영향을 받으려면 먼저 주의라는 관문을 반드시 통과해야만 한다. 그래서 광고주나 광고기획자는 '**광고혼잡도**(advertising clutter)'라는 용어에 민감하게 반응한다. 광고혼잡도란 소비자가 하루에 평균적으로 노출되는 광고 메시지의 양이다. 광고혼잡도가 높으면 소비자가 노출되는 광고가 매우 많다는 것이고, 노출을 극복하고 소비자의 주의를 차지하기 위한 경쟁도 그만큼 치열하다는 것을 의미한다.

하지만 소비자의 주의를 서로 차지하기 위한 광고 커뮤니케이션 환경은 점차 복잡해지고 있고 소비자는 과거에 비해 광고에 주의를 덜 기울인다. 왜 소비자는 광고에 점차 주의를 덜 기울이는 것일까?

- 첫째, 광고혼잡도의 증가 때문이다. 소비자가 하루에 노출되는 광고는 갈수록 증가하고 있다.
- 둘째, 소비자가 광고를 회피할 수 있는 수단이 점차 다양해지고 있다. 리모컨은 기본이고 스마트폰과 IPTV로 인해 원하는 이제는 특정 프로그램만 선별해서 볼 수 있다. 심지어 프로그램의 일부만 시청하는 비율도 높아지고 있다. 이로 인해 광고에 대한 소비자의 **'주의지속시간**(attention span)'[4]도 점차 짧아져서 이제는 광고 하나를 다 본다는 것은 힘들게 되었다.
- 셋째, 소비자가 선택할 수 있는 매체가 폭발적으로 증가하였다. 선택의 여지가 많다는 것은 매체 간의 이동이 빈번하다는 것이고, 이는 하나의 콘텐츠에 많은 시간을 투입하지 않는다는 것을 의미한다.
- 마지막으로, 광고 메시지에 대한 소비자의 신뢰가 예전 같지 않다. 인터넷을 통한 활발한 정보검색과 소셜 미디어의 활성화가 한몫하였다.

광고에 주의를 기울이게 하려면

지금까지 주의란 무엇인지, 주의는 어떻게 작동하는지 그리고 소비자 주의를 둘러싼 광고환경에 대해 알아보았다. 이제부터는 어떻

4) 학자에 따라 차이는 있지만 '일시적으로 기울이는 주의'의 경우는 약 5초 내지 8초, '초점주의'의 경우는 평균적으로 약 5분 정도이다.

게 하면 소비자가 광고에 주의를 기울이게 할 것이지, 즉 무엇이 광고에 대한 주의효과에 영향을 미치는지에 대해 알아보기로 한다. 그 전에 광고효과의 작동 과정에서 소비자 주의가 어떤 역할을 하는지 살펴보자.

제품이 무엇이건, 표적소비자가 누구이건 관계없이 광고효과에는 크게 세 가지 구성요소가 존재한다. 그것은 '광고내용' '주의' 그리고 '설득'이다([그림 2-5] 참조). 광고효과의 작동방식에 관한 3요인 모형은 다음과 같이 두 개의 전환 단계를 가정한다.

- 광고담당자는 광고내용을 개발한다. 광고내용은 소비자의 주의를 포착하는 데 필요한 요소이다.
- 일단 주의를 끄는 데 성공하면 다음 단계에서는 설득효과를 얻어야 한다. 설득효과는 광고의 목표에 따라 결정된다.

광고담당자가 직면하는 두 가지 과제는 어떻게 하면 효과적으로 표적소비자의 주의를 끌 것인가와 어떻게 포착한 주의를 설득으로 전환할 것인가이다. 대부분의 광고담당자는 설득단계에만 신경을 쓰지, 주의단계에는 그다지 관심을 기울이지 않는다. 현장에서도 기획회의나 제작회의에서 논의되는 내용들은 대부분이 표적소비자를 어떻게 설득할 것인가에 대한 것이지 주의효과에 관해서는 거의 신경 쓰지 않는다. 하지만 현실은 완전히 다르다. 정작 중요한 것은 주의라는 관문을 통과하는 것이다. 이 단계를 통과하지 않는다면 설득효과도 기대할 수 없다. 주의는 소비자가 통제권을 쥐고 있기 때문에 광고담당자는 어떻게 하면 표적소비자의 주의를 포착할 수 있는지

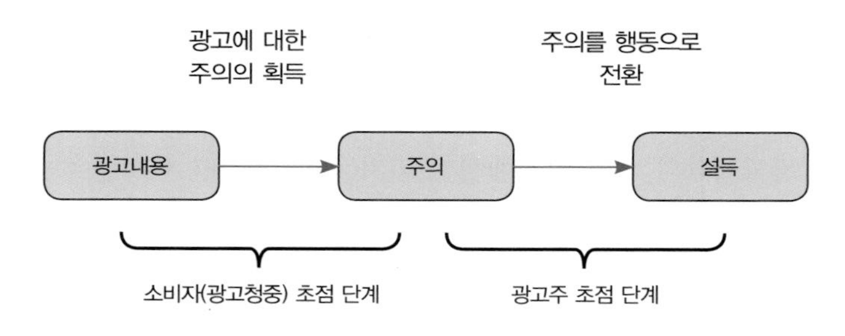

[그림 2-5] 광고효과 작동 모형

출처: Thales(2014).

에 대해 숙고해야 한다. 그래서 [그림 2-5]에서는 이 단계를 '광고주 초점'이 아닌 '소비자 초점' 단계로 명명한다.

광고에 대한 주의 관리: 전략적 접근

광고에 소비자가 주의를 기울이게 하는 방법에는 크게 두 가지가 있다. 첫 번째 방법은 매체 시간대나 광고지면 또는 광고공간을 돈을 주고 구입하는 것이다. 매체 담당자는 이에 관해 전문적인 경험과 지식을 가지고 있다. 하지만 매체 부서나 매체 회사(미디어렙)가 실질적으로는 '주의를 판매'하는 것은 아니라는 점을 기억해야 한다. 이들은 표적소비자에게 특정 광고가 '노출될 기회'를 제공할 뿐이다. 표적청중이 TV를 시청하는 동안 광고가 방영될 때 채널을 바꾼다든지 또는 신문이나 웹페이지를 보다가 광고를 잽싸게 넘겨 버린다면 이것은 매체의 입장에서는 그다지 심각한 문제가 아니다. 그럼에도 불구하고 비용을 청구할 수 있기 때문이다. 30초 광고에 대해 표적청중이 10초 정도만 광고를 보다가 채널을 바꾸어 버린다고 해서 10초의 비용만 받는 것은 아니지 않는가!

두 번째 방법은 첫 번째 방법과는 달리 직접적으로 표적청중에 접근하지 않고 주의를 포착하는 것이다. 광고주가 표적청중에게 다가가는 것이 아니라 표적청중이 광고에 '접근하도록' 하는 것이다. 예컨대, 검색 엔진에서 검색하게 하거나 유튜브와 같은 동영상 웹사이트에 업로드된 광고영상을 클릭하게 만드는 것과 같은 경우가 해당된다. 이 방법에서는 표적소비자가 능동적으로 스스로 찾을 수 있을 정도로 광고내용이 흥미로워야 한다. 물론 이 방법이라고 해서 돈이 들지 않는 것은 아니다. 최근 들어서는 인기 있는 웹사이트나 비디오 콘텐츠를 만들기 위해 많은 돈을 쓰고 있다. 어느 경우이든 표적소비자의 주의를 획득하기 위해서는 돈이 들기 마련이다. 하지만 중요한 것은 '좀 더 비용 효과적인' 주의획득 전략에 대한 고민이다. '비용'과 설득효과를 거두는 데 필요한 '주의' 간에 최적의 균형을 맞추어야 한다.

균형을 맞추는 최상의 방법은 광고전략을 수립할 때 어느 정도의 주의 수준이 요구되는지를 동시에 고려하는 것이다. 이를 위한 한 가지 모형은 '**주의 유관 광고전략**(attention-contingent advertising strategy: ACAS)'이다(Thales, 2014). ACAS 모형은 네 단계로 구성된다([그림 2-6] 참조).

- 단계 1: 광고의 커뮤니케이션 목표를 명확히 한다. 광고의 목표를 분명하게 함으로써 어느 정도의 '주의의 질(quality of attention)'이 요구되는지 판단할 수 있다.

- 단계 2: 표적청중의 특성과 매체의 특징을 토대로 이용 가능한 주의의 질을 결정한다. 만약, 필요한 주의의 질과 이용 가능한 주의의 질 간에 차이가 있으면 추가적인 주의 획득을 위한 예산을 확보하거나, 그렇지 않으면 예산을 덜 써도 되는 효과적인 광고내용을 개발해야 한다.
- 단계 3: 이용 가능한 주의의 질과 부합하는 적절한 광고전략을 선택한다.

이상의 세 단계는 광고의 주의관리(attention management)에 해당한다.

- 단계 4: 광고 콘텐츠를 개발한다. 하지만 광고 콘텐츠를 개발하기 전에 어떠한 주의상황이 예상되는지를 결정해야 한다. 네 가지 유형의 주의상황은 다음과 같다.
  - 유형 1: 분산되지 않고 충분한 주의가 기울여지는 상황으로, 이때는 오롯이 설득에 광고의 초점이 맞추어져야 한다.
  - 유형 2: 분산되고 부분적으로 주의가 기울여지는 상황으로, 특히 주요 매체에 주의가 분산되는 상황이다. 통상 표적청중은 주요 매체의 많은 광고에 노출된다. 이때는 표적청중의 주의를 빼앗기지 않는 것이 중요하다. 제품에는 초점을 덜 맞추는 대신 일차적으로 즉각적인 행위나 정서를 촉발하는 데 초점을 맞추어야 한다. 특히 표적청중이 주요 매체를 보는 동안 여러 가지 일(multi-tasking)로 주의가 분산되는 경우에는 더욱 그렇다.

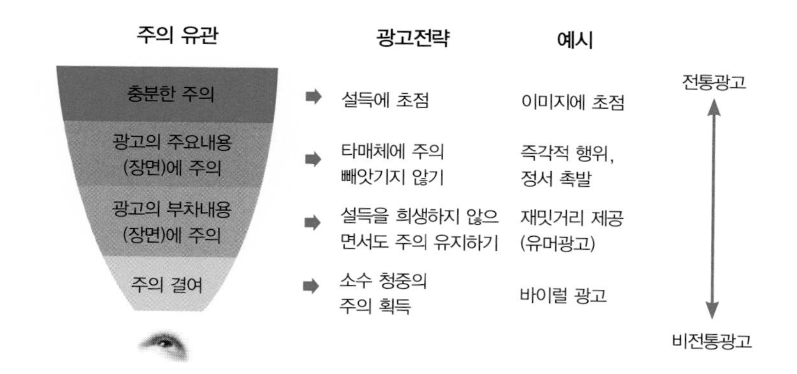

[그림 2-6] 주의 유관 광고전략

출처: Thales(2014).

- **유형 3**: 주요 매체에 주의가 분산되지만 부차적인 매체에 주의가 분산되는 경우에는 주의의 경합에서 주도권을 빼앗기지 않는 것이 가장 중요하다. 유머러스한 광고가 효과적이다.
- **유형 4**: 표적청중이 거의 주의를 기울이지 않는 경우이다. 이때 최상의 방법은 전체 표적청중을 대상으로 하기보다는 주의를 기울일 가능성이 있는 일부 표적청중의 주의를 포착해서 이들이 소셜 미디어나 구전을 통해 다른 사람들에게 광고내용을 퍼트리게 하는 것이다.

매체전략과 주의 관리

스마트폰을 중심으로 소비자가 광고에 노출될 수 있는 매체가 증가하면서 소비자는 '**멀티태스킹**(multi-tasking)'에 익숙해졌다. 디지털 마케팅효과 조사기관인 다이나믹 로직사(Dynamic Logic)의 조사

결과에 의하면, 소비자의 약 70%가 두 가지 이상의 매체를 동시에 사용한다고 한다. 이처럼 소비자가 멀티태스킹에 익숙해지면서 소비자의 광고에 대한 주의를 획득하는 것도 과거에 비해 더 어려워지고 있다. 노출이 분산되고 그에 따라 주의 역시 분산될 가능성이 더욱 높기 때문이다. 이러한 상황에서 주목을 받고 있는 것은 바로 '**크로스미디어 광고**(cross-media advertising)'이다.

크로스미디어 광고는 하나의 광고캠페인을 다양한 미디어에 결합하여 진행하는 것이다. 비슷하게 들리는 **미디어믹스**(media mix)라는 개념이 있는데, 미디어믹스는 연령이나 세대 등 인구통계학적 특성으로 소비자를 분류하는 데 비해, 크로스미디어는 소비자의 욕구나 가치, 미디어 행동 등 표적청중의 심리행동 특성을 중시한다. 미디어믹스처럼 인구통계자료에 기초한 도달률이나 빈도 중심이 아니라 표적청중의 메시지에 대한 욕구를 중심으로 미디어를 결정하는 것이다.

이러한 심리행동 특성을 중심으로 다양한 매체로 표적청중을 둘러싸고 최적의 접점 특성까지 고려하여 광고캠페인을 전개한다. 크로스미디어 광고는 동종매체 간 또는 이종매체 간에 집행되며 나아가 이벤트나 방송 등 특정 콘텐츠와 결합되기도 한다. 이러한 크로스미디어 광고의 장점 내지 특징은, 첫째, 표적청중을 기다리기보다는 '찾아가는 광고'라는 것이다. 둘째, 표적청중이 주의를 기울일 가능성이 가장 높은 순간과 장소에 광고를 노출한다는 것이다. 셋째, 하나의 광고캠페인 메시지를 조합함으로써 소비자의 광고에 대한 주의를 구매로 전환하는 힘이 매우 강하다.

광고에 대한 주의 관리: 전술적 접근

이상에서는 광고에 대한 주의를 관리하기 위한 전략 틀에 대해 알아보았다. 이제부터는 광고에 대한 주의를 높이는 데 도움이 되는 기법에 대해 알아보자.

메시지를 '개인화'하라

광고 메시지를 개인화하는 것은 다른 광고와 차별화하는 매우 강력한 수단이 된다. 이미 이메일이나 웹광고에서는 개인의 욕구에 맞춘 광고를 집행하고 있지 않은가. '**칵테일 파티효과**(cocktail party effect)'에 의하면 소란스러운 대화 장면에서도 자신의 이름이 누군가에 의해 언급되면 주의가 자동적으로 향하게 된다(Cherry, 1953). 개인 자신과 관련된 것은 그만큼 중요하기 때문이다.

코카콜라는 한동안 감소하는 매출로 애를 먹었다. 이후에 코카콜라는 '함께해요 코크(Share a Coke with)' 캠페인을 전개하였다. 기발한 캠페인의 아이디어는 코카콜라의 병/캔에 이름이나 가족, 친구, 또는 개인화 가능한 문구를 넣는 것이다. 이러한 아이디어는 개인적인 유대감을 유발하였고 그로 인해 다른 음료들과의 치열한 경쟁 속에서도 판매가 증가하였다([그림 2-7] 참조).

[그림 2-7] 'Share a Coke' 캠페인

출처: http://www.iab-community.be

간결하라

평균적으로 어떤 자극에 순간적으로 기울이는 주의의 지속 시간은 약 5초를 넘기지 않는다. 넘쳐나는 광고 속에서 경쟁하려면 바로 이 짧은 시간에 표적소비자의 주의를 획득해야 한다. 비싼 광고비를 지불하기 때문에 가능한 한 많은 메시지를 광고에 집어넣고 싶을 것이다. 광고주와 광고담당자 사이에 항상 갈등을 일으키는 이슈이기도 하다. 하지만 수많은 자극과 경쟁할 때 '복잡함'은 주의를 회피하게 만든다. 인터넷이 활성화되기 이전에는 소비자가 제품에 대한 정보를 얻는 주요 수단이 바로 광고였다. 하지만 이제는 더 이상 그렇지 않다. 이제 더 이상 광고는 정보 제공이나 구매 결정에 도움을 주는 수단이 아니라 회피의 대상이 되고 있다는 현실을 직시해야 한다.

어떤 제품을 꼭 구매할 필요가 있는 소비자가 의도적으로 관련 제품의 광고를 '찾아보는' 경우에는 메시지의 양이나 형태는 그다지 주의에 영향을 미치지 않는다. 하지만 대부분의 경우는 소비자가 광고에 목적을 가지고 노출되지 않는다는 점을 명심해야 한다.

광고에 대한 표적소비자의 주의가 낮을 때에는 문장보다는 비주얼, 바디카피보다는 캐치 프레이즈나 태그라인이 더욱 중요한 역할을 한다. '백 마디 말보다 하나의 그림'이 강력한 효과를 발휘하는 것이다. 물론 '간결함을 위한 간결함'이 되어서는 안 된다. 간결하되 그 안에는 표적소비자의 욕구, 표적소비자와의 관련성을 정확히 표현하는 힘이 있어야 한다.

하고 싶은 말보다는 듣고 싶어 하는 말을 하라

우리는 자신과 관련이 있거나 또는 자신의 결핍된 욕구를 충족하는 자극에 자연스레 주의를 기울인다. 배가 고플 때는 음식점의 간판이 눈에 더 잘 들어오고 심지어 간판이 평소보다 더 크게 보인다. 하버드 대학교의 마케팅 교수인 레빗(Theodore Levitt)은 "소비자는 드릴이 아니라 구멍을 원한다."는 멋진 말을 남겼다. 하지만 많은 경우에 광고주는 자신의 주장을 일방적으로 전하고 싶어 한다. 광고 역시 표적소비자와 관련이 있거나 그들이 원하는 것을 정확히 자극함으로써 광고에 대한 주의를 획득할 수 있다. 이를 위해서는 소비자의 욕구를 세분화하고 특정 세분시장을 광고의 표적소비자로 정하는 것에서 나아가 광고담당자는 소비자의 욕구를 '소비자 언어화' 하는 데 고심해야 주의효과를 거둘 수 있다.

새롭게, 독특하게 하라

정위반응 또는 정위반사(orienting reflex)는 환경에서 어떤 변화가 있을 때 즉각적으로 그 변화에 주의를 기울이는 현상이다. 이 현상은 러시아의 심리학자인 이반 세체노프(Ivan Sechenov)에 의해 1863년에 처음 소개되었고 이후에 파블로프(Pavlov)에 의해 정위반사라는 용어로 명명되었다. **정위반사**는 환경의 새로운 자극에 대한 반사행동으로 진화적으로도 유기체의 생존을 위해 매우 가치 있는 기제이다. 환경변화에 적절하게 반응하지 못하면 생존확률도 그만큼 떨어지지 않겠는가. 정위반사는 주의상태가 낮은 상황에서 광고에 대한 주의를 포착하는 데 매우 효과적으로 이용될 수 있다. 특히 정위반사는 환경에 새로운 자극이 있을 때 잘 나타나며 정위반사는 거의 자동적으로 일어난다.

일반적으로 우리는 친숙한 자극에 대해서는 그다지 주의를 기울이지 않는다. 친숙함에는 자극 자체의 특성이나 기대 또는 신념과 같은 인지적인 내용도 포함된다. 자주 만나는 친구가 언제나 비슷한 옷차림새를 하고 있으면 그다지 주의를 기울이지 않는다. 하지만 어느 날 전혀 생각지도 못한 옷을 입고 나오면 한참 동안 눈을 떼지 못한다. 평소 윗몸 일으키기가 허리 건강에 도움이 된다는 신념을 가지고 있는데 누군가 허리 건강에 오히려 해가 된다고 하면 그 말에 주의를 기울이게 된다.

[그림 2-8]의 헤드라인은 불완전한 문장으로 되어 있다. 완전한 형태는 'Jingle Bells'이다. 우리는 통상 광고의 헤드라인은 소비자가 이해하기 쉬운 완전한 형태로 되어 있다고 생각한다. 하지만

[그림 2-8] 크리스마스 시즌에 집행한 'J&B' 광고

출처: http://onceuponadvertising.tumblr.com

'J&B'의 광고는 이러한 신념 또는 기대와는 일치하지 않는다. 이 광고에 소비자가 주의를 기울일 확률은 매우 높다. 만약, 크리스마스 시즌에 집행한 이 광고에 'Jingle Bell'이 그대로 쓰여 있었다면 과연 소비자가 주의를 기울였을까?

다이어트 음료광고라고 하면 어떤 비주얼이 떠오르는가? 아마도 날씬한 몸매의 여성이 떠오를 것이다. 대부분의 소비자는 다이어트 음료광고에서는 날씬한 몸매의 여성이 등장하기를 '기대'한다. 하지만 [그림 2-9]의 광고를 보라. 다이어트 음료에 대한 당신의 기대와 일치하는가? 아마 아닐 것이다. 주의를 끌 수밖에 없지 않겠는가!

광고매체 자체의 새로움이나 기대불일치성도 주의를 포착하는 데 효과적이다. 전혀 예상하지 못한 곳에 위치한 광고는 거의 자동적으로 주의를 끈다([그림 2-10] 참조).

[그림 2-9] 다이어트 펩시 광고

출처: http://adsoftheworld.com

[그림 2-10] 벤치를 활용한 나이키 광고

정서를 자극하라

인간은 정서에 재빨리 반응하도록 진화되어 왔다. 위협적인 자극에 얼마나 신속하게 대응하느냐에 따라 생명 유지 여부가 결정되기 때문인데 위협적인 자극은 거의 대부분이 정서를 동반한다. 물론 자신에게 유익한 자극도 마찬가지다. 배고플 때 음식은 기분 좋은 정서를 유발할 것이다. 자신이 놓인 환경에서 위험하거나 또는 도움이 되는 자극이 있을 때 바로 그 자극에 선택적으로 주의를 집중하는 것은 적응적인 가치가 매우 크다(Jonides, 1981).

정서를 유발하는 외부 자극에 선택적으로 주의를 기울이는 것과 관련해서 심리학자들은 '능동적 주의'와 '수동적 주의'를 구분한다(Ohman, Flykt, & Esteves, 2001). **능동적인 주의**는 구체적인 목표를 달성하기 위해서 관련되는 자극을 찾아서 자발적으로 주의를 기울이는 것이다. 배고플 때 음식점을 찾거나 재미를 위해 오락영화를 탐색하는 것은 능동적인 주의에 해당한다. 반면에, **수동적인 주의**는 자극의 특성 때문에 일어나는 것이다. 소비자가 광고를 볼 때의 상황은 대부분 수동적인 주의에 해당한다. 이럴 경우, 정서를 유발하는 광고는 제품의 기능이나 특징을 이성적으로 전달하는 광고에 비해 표적청중이 광고에 주의를 기울일 가능성은 증가한다. 정서를 유발하는 강도가 높으면 높을수록 광고에 주의를 기울일 가능성은 당연히 더 높아진다.

주의를 기울이지 않은 광고

출퇴근 때 도로에서 또는 버스나 지하철에서 우리는 얼마나 많은 광고에 노출되는가? 그리고 TV 드라마나 다양한 프로그램을 시청할 때 그리고 최근에는 웹게임에서도 얼마나 많은 PPL[5]에 노출되는가? 대부분의 소비자는 광고에 의식적인 노력을 기울이지 않는다는 것을 광고주나 광고전략가는 잘 알기 때문에 '소비자가 의식적인 주의를 기울이지 않는 경우', 광고에 대해 무슨 일이 일어나는지를 이해하는 것은 중요하다.

1960년대에 자이언스(Robert Zajonc)라는 심리학자는 흥미로운 연구결과를 보고했다. 실험참여자에게 어떤 자극을 단지 '노출'했을 뿐인데 이후에 실험참여자는 그 자극을 더 긍정적으로 평가하였다(Zajonc, 1968). 자이언스는 한자, 무의미 철자, 도형 그리고 기호나 상표 등 다양한 자극을 실험참여자가 알아차리지 못하는 수준에서

5) PPL(product placement)은 간접광고의 한 형태이다. 협의의 PPL은 방송 프로그램 속의 소품으로 등장하는 상품을 말한다. 광의의 PPL은 협찬을 제외한 대부분의 간접광고를 포괄하는 개념이다. 광의의 PPL은 브랜드 이름이 보이는 상품뿐만 아니라, 협찬 업체의 이미지나 명칭, 특정 장소(점포) 등을 노출시켜 무의식 중에 관객들에게 알리는 마케팅 커뮤니케이션 전략을 일컫는다.
PPL의 유형은 브랜드의 현출성에 따라 온 셋 배치(on-set placement)와 크리에이티브 배치(creative placement)로 구분된다. 온 셋 배치는 의도적인 연출을 통해 단서를 제공하는 소품으로 브랜드를 등장시키거나, 연기자의 멘트 또는 극중 사용으로 브랜드를 노출시키는 것이다. 크리에이티브 배치는 의도적으로 두드러지게 제품이나 브랜드를 노출시키는 것이 아니라, 화면의 자연스러운 구성요소로서 비교적 짧은 시간 노출하는 것이다. 최근에는 PPL 대신 BPL(brand placement)이 많이 사용된다.

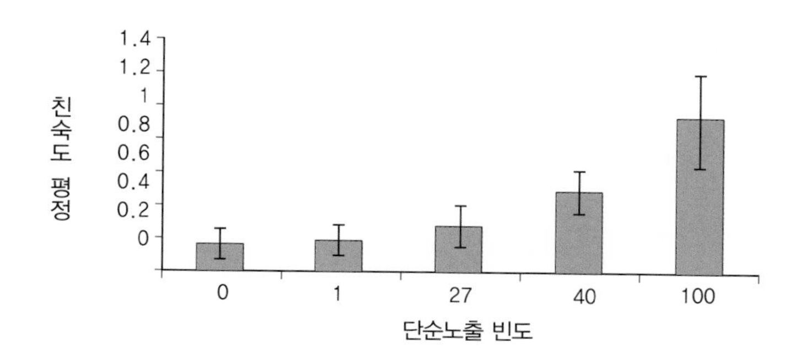

[그림 2-11] 단순노출 효과 실험 결과

출처: Zajonc(1968).

빈번하게 노출시켜 실험하였고 역시 유사한 결과를 얻었다. 어떤 대상에 주의를 기울이지 않고 단지 노출되는 것만으로도 그 대상을 선호하게 되는 것을 '**단순노출 효과**(mere-exposure effect)'라 한다.

대부분의 광고와 마케팅 커뮤니케이션이 소비자가 주의를 기울이지 않은 상태에서 '단순노출'된다는 점을 고려하면 자이언스의 연구는 광고효과의 관리에 시사하는 바가 크다. 하지만 '자주' 또는 '빈번하게'를 제대로 이해해야 한다. 광고를 더 자주 소비자에게 노출하면 소비자는 그 광고를 더 좋아할까? 이는 단순노출 효과를 발휘할까? 반드시 그렇지는 않다!

단순노출은 자극을 알아채지 못하거나 또는 자극이 반복적으로 경험된다는 사실 자체를 알아채지 못할 때 효과를 발휘한다(Bornstein, 1989). 만약 소비자가 어떤 광고의 존재를 알아차린다면 무엇이 일어나고 있는지 알기 때문에 단순노출 효과는 절감된다. 단순노출 효과가 작동하는 이유는 대상을 알아채지 못하는 상태에서 발생하는 **'자극 유창성**(stimulus fluency)' 때문이다. 사람들은 일반적으로 용이하게 그리고 빨리 처리할 수 있는 자극, 즉 유창성이 높은 자극을 더 선호하는 경향이 있다. 강조하건대, 소비자가 광고가 반복된다는 것을 알아채지 못할 때 단순노출 효과는 더 잘 나타난다. 특히 단순노출 효과는 이미 친숙한 자극일 때보다는 새로운 자극에 대해 더 잘 나타난다(Hekkerta, Thurgoodb, & Whitfieldb, 2013).

- 소비자가 광고를 '보기' 위해서는 외부의 광고가 단지 소비자의 감각기관이 수용하는 범위 내에 들어오는 것만으로는 불가능하다. 소비자가 주위에 있는 수많은 광고 중에서 특정 광고를 보기 위해서는 '주의'라는 정신과정이 개입해야 한다.
- '주의(attention)'란 우리 주위에 있는 자극들 중에서 다른 자극들은 무시하면서 특정 자극에 '선택적으로' 집중하는 정신과정을 말한다. '선택적' 이라 함은 우리가 특정 순간에 외부에 있는 자극정보를 처리하기 위해 사용할 수 있는 정신적인 자원은 무한이 아니라 매우 제한되어 있음을 말하는 것이다. 주의는 특정 순간에 특정 자극에 정신적인 자원을 할당하는 정신과정이다.
- 광고담당자가 직면하는 두 가지 과제는 어떻게 하면 효과적으로 표적소비자의 주의를 끌 것인가와 어떻게 포착한 주의를 설득으로 전환할 것인가이다. 대부분의 광고담당자는 설득단계에

만 신경을 쓰지, 주의단계에는 그다지 관심을 기울이지 않는다. 현장에서도 기획회의나 제작회의에서 논의되는 내용은 대부분이 표적소비자를 어떻게 설득할 것인가에 대한 것이지, 주의효과에 관해서는 거의 신경 쓰지 않는다. 하지만 현실은 완전히 다르다. 정작 중요한 것은 주의라는 관문을 통과하는 것이다. 이 단계를 통과하지 않는다면 설득효과도 기대할 수 없다. 주의는 소비자가 통제권을 쥐고 있기 때문에 광고담당자는 어떻게 하면 표적소비자의 주의를 포착할 수 있는지에 대해 숙고해야 한다.

- 광고에 소비자가 주의를 기울이게 하는 방법에는 크게 두 가지가 있다. 첫 번째 방법은 매체 시간대나 광고지면 또는 광고공간을 돈을 주고 구입하는 것이다. 두 번째 방법은 직접적으로 표적청중에 접근하지 않고 주의를 포착하는 것이다. 광고주가 표적청중에게 다가가는 것이 아니라 표적청중이 광고에 '접근하도록' 하는 것이다.
- '주의 유관 광고전략(attention-contingent advertising strategy: ACAS)' 모형은 네 단계로 구성된다.

• 단계 1: 광고의 커뮤니케이션 목표를 명확히 한다. 광고의 목표를 분명하게 함으로써 어느 정도의 '주의의 질(quality of attention)'이 요구되는지 판단할 수 있다.

• 단계 2: 표적청중의 특성과 매체의 특징을 토대로 이용 가능한 주의의 질을 결정한다. 만약, 필요한 주의의 질과 이용 가능한

주의의 질 간에 차이가 있으면 추가적인 주의 획득을 위한 예산을 확보하거나, 그렇지 않으면 예산을 덜 써도 되는 효과적인 광고내용을 개발해야 한다.

- 단계 3: 이용 가능한 주의의 질과 부합하는 적절한 광고전략을 선택한다.

이상의 세 단계는 광고의 주의관리(attention management)에 해당한다.

- 단계 4: 광고 콘텐츠를 개발한다. 하지만 광고 콘텐츠를 개발하기 전에 어떠한 주의상황이 예상되는지를 결정해야 한다. 네 가지 유형의 주의상황은 다음과 같다.
  - 유형1: 분산되지 않고 충분한 주의가 기울여지는 상황으로, 이때는 오롯이 설득에 광고의 초점이 맞추어져야 한다.
  - 유형2: 분산되고 부분적으로 주의가 기울여지는 상황으로, 특히 주요 매체에 주의가 분산되는 상황이다. 통상 표적청중은 주요 매체의 많은 광고에 노출된다. 이때는 표적청중의 주의를 빼앗기지 않는 것이 중요하다. 제품에는 초점을 덜 맞추는 대신 일차적으로 즉각적인 행위나 정서를 촉발하는 데 초점을 맞추어야 한다. 특히 표적청중이 주요 매체를 보는 동안 여러 가지 일(multi-tasking)로 주의가 분산되는 경우에는 더욱 그렇다.

- **유형3:** 주요 매체에 주의가 분산되지만 부차적인 매체에 주의가 분산되는 경우에는 주의의 경합에서 주도권을 빼앗기지 않는 것이 가장 중요하다. 유머러스한 광고가 효과적이다.
- **유형4:** 표적청중이 거의 주의를 기울이지 않는 경우이다. 이때 최상의 방법은 전체 표적청중을 대상으로 하기보다는 주의를 기울일 가능성이 있는 일부 표적청중의 주의를 포착해서 이들이 소셜 미디어나 구전을 통해 다른 사람들에게 광고 내용을 퍼트릴 수 있게 하는 것이다.

■ 광고에 대한 주의를 높이는 데 도움이 되는 기법

- 메시지를 '개인화'하라
- 간결하라
- 하고 싶은 말보다는 듣고 싶어 하는 말을 하라
- 새롭게, 독특하게 하라
- 정서를 자극하라

제3장

왜 메시지는 의도한 대로 전달되지 않는가

제3장

왜 메시지는 의도한 대로 전달되지 않는가

우리가 세상을 바라보는 방식은 매우 유연하여 환경에 대해 적응적이다. **가역성 도형**(reversible figure)으로 알려진 도형은 우리가 외부 자극을 얼마나 유연하게 보는지 극명하게 보여 준다. [그림 3-1]을 보자. 당신은 무엇을 보는가? 색소폰을 연주하는 사람이 보이는가, 아니면 여자의 얼굴이 보이는가? 두 개의 그림이 다 포함되어 있다는 것을 이제 알 것이다. 더 놀라운 것은 어느 하나의 그림을 보

[그림 3-1] 전경-배경 가역성 도형

게 되면 그 순간 다른 그림은 보이지 않는다는 것이다. 색소폰을 연주하는 사람을 보게 되면 여자의 얼굴은 배경으로 사라지며, 여자의 얼굴을 볼 때는 색소폰 연주자가 배경으로 물러난다. 이는, 우리가 어떤 관점을 취하는가에 따라 같은 대상이라도 인식이 달라질 수 있음을 말한다.

다른 예를 보자. 만약 아파트에 살고 있다면 당신이 살고 있는 아파트는 언제나 '바로 그 아파트'이다. 정면에서 보든, 옆에서 보든, 아니면 위에서 보든 당신이 살고 있는 아파트임을 즉각적으로 알 수 있다. 방의 문도 마찬가지이다. 문이 반 쯤 열려 있든 아니면 닫혀 있든 당신은 그 문이 항상 직사각형의 문임을 안다. 하지만 실체는 그렇지 않다. 대상은 우리가 어느 각도에서 보는가에 따라 그 대상이 우리의 망막(retina)에 맺히는 상은 전혀 다르다. 그럼에도 불구하고 우리는 항상 같은 대상으로 '본다'.

우리가 세상을 유연하게 바라보는 현상은 광고에서도 예외가 아니다. 동일한 다이어트 아이스크림 광고에 대해 어떤 소비자는 그 광고를 보고 '맛이 없는 아이스크림'으로 생각할 수도 있고 또 어떤 소비자는 '다이어트용으로 좋은 아이스크림'으로 생각할 수도 있다. 이와 같은 심리학적 현상은 광고전략의 수립과정과 광고효과의 관리에서 매우 중요한 역할을 한다. 지금부터 이에 대해 알아보자.

렌즈를 통해 보는 세상

우리는 아침에 눈을 뜨는 순간부터 폭주하는 시각 자극에 둘러싸인다. 물론, 청각이나 다른 감각적인 자극까지 포함하면 그 양은 엄청나다. 그럼에도 불구하고 별다른 어려움 없이 일상을 보낸다. 당신이 어제 하루 동안 '보았던' 광고는 몇 개인가? 기억이 나건 기억이 나지 않건 아마 그다지 많지는 않을 것이다. 하지만 실상은 그렇지 않다. 한 명의 소비자가 하루 동안 그가 알아차릴 수 있는 범위 내에 놓이는 광고는 수 백 개에 이른다. 이런 현상은 광고주들에게는 심각한 고민거리이다. 대부분의 광고실무자는 소비자가 광고를 '본다'는 것이 그리 간단한 현상이 아니라는 것을 아는 듯하다(광고회의에서는 이런 현상을 무시해 버리는 게 문제이기는 하다).

소비자가 광고를 '본다는 것'은 복잡한 과정에 의존한다.[1] 어떤 과정을 거칠까? [그림 3-2]를 보자. 광고를 '본다는 것'은 세 과정을 거쳐 일어난다.

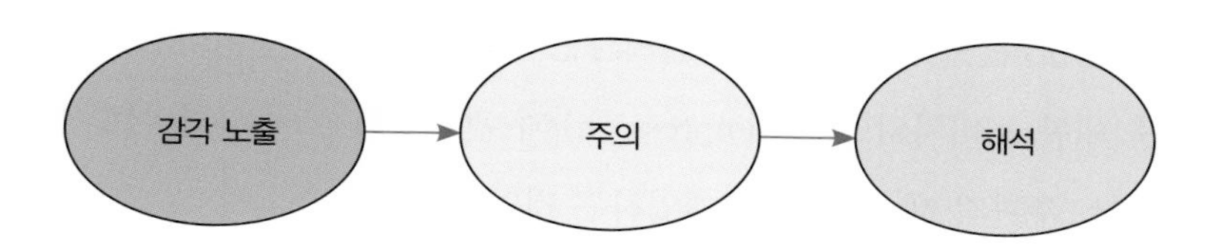

[그림 3-2] 광고를 '보는' 과정

- 먼저, 광고는 시각이나 청각 등의 감각기관에 의해 '**수용**'되어야 한다. 수용된다는 것은 우리의 감각기관이 처리할 수 있는

1) 여기서는 '시각적 광고'를 중심으로 알아본다. 소비자가 경험하는 광고정보의 약 75%는 시각적인 것이다.

범위 내에 광고가 놓이는 것이다. 고속도로나 또는 시내도로를 주행할 때 전방에는 도로를 따라 광고물이 연속적으로 설치되어 있다. 이들은 모두 우리의 시각이 처리할 수 있는 범위 내에 들어온다.

- 감각기관이 처리할 수 있는 범위 내에 광고가 놓인다고 해서 그 광고를 모두 '보는' 것은 아니다. 소비자가 광고를 보려면 시각기관의 범위 내에 놓인 수많은 광고 중에서 특정 광고에 정신적인 에너지를 투입해야만 한다. 즉, '**주의**(attention)'를 기울여야만 한다.
- 주의를 기울인 광고는 마침내 대뇌로 전달되는데, 이때 광고에는 의미가 부여되고 '**주관적인**' **해석**이 일어난다.

결국 광고를 '본다'는 것은 광고를 '주관적으로 해석'하는 과정이다. 광고라는 것은 객관적인 실체와는 별개로 어떤 제품이나 브랜드에 대한 소비자의 '인상(impression)'과 관련된다. 그렇다면 어떻게 해서 '주관적 해석' 과정이 개입하는 것일까?

소비자는 결코 광고를 '백지상태'에서 받아들이지 않는다. 해석과정은 거의 자동적으로 일어난다. 심리학에서 널리 입증된 현상 중의 하나는 '**사전기대**(prior expectation)'가 세상을 보는 방식에 영향을 미친다는 것이다. 20세기 초에 독일의 형태주의 심리학자들에 의해 널리 알려진 '**게슈탈트 조직화의 법칙**'에 의하면, 우리는 불완전한 부분으로부터 완전한 전체를 형성하며, 유사한 것들은 동질 집단으로 묶고, 복잡한 자극은 가능한 한 단순한 형태로 줄이려 하며, 서로 근접한 것들 역시 하나로 묶어서 보려는 타고난 경향성을 가진다([그림

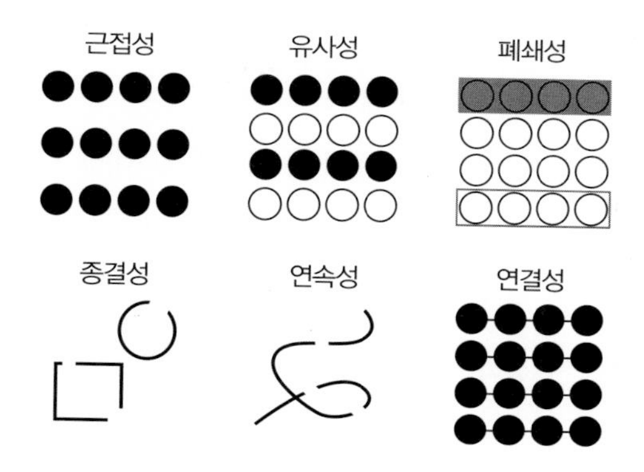

[그림 3-3] 게슈탈트 조직화 법칙

3-3] 참조).

게슈탈트 심리학자들은 '**마음의 틀**(frame of mind)'에 따라 다르게 보일 수 있는 [그림 3-1]과 같은 가역성 이미지상을 개발한 것으로도 잘 알려져 있다. 또한 '전경-배경' 착시 그림으로도 잘 알려져 있다. 이들에 의하면, 만약 우리가 아무런 과거 경험이 없다면 그 어떤 것에 대해서도 미리 판단하는 편향을 가지지 않는다. 하지만 우리의 뇌는 과거의 경험을 토대로 기대를 형성하는 능력을 갖는다. 기대는 입력되는 정보 처리에 책임이 있는 감각과정조차도 변화시킨다. 소비자는 순수하게 광고물 그 자체를 있는 그대로 받아들이지 않는다는 것을 의미한다. 소비자는 기존 지식과 기대라는 렌즈를 통해 광고를 보는 것이다.

'믿음' 역시 현상을 인식하는 데 영향을 미친다. 어떤 기업을 신뢰하는 소비자와 신뢰하지 않는 소비자를 대상으로 그 기업에서 출시하는 신제품의 성능에 대한 소비자의 반응 결과를 적은 보고서를 보여 준다고 하자. 한 보고서는 긍정적인 결과로 그리고 다른 보고서는 부정적인 결과로 작성되었다. 이 경우, 기업을 신뢰하는 소비자는 긍정적인 결과의 보고서에 대해서는 '역시 신뢰할 기업이군.'이라고 반응할 것이지만 부정적인 결과의 보고서에 대해서는 조사대상의 표집이 편파적이라든지 또는 조사문항의 선정이 편향되었다든지 등의 이유를 들어서 비판적으로 반응할 것이다. 우리는 자신의 기존 신념이나 생각을 수정하기보다는 강화하는 방식으로 현상을 인식한다(Lord, Ross, & Lepper, 1979).

최근에는 기업들이 고정관념화된 방식에서 벗어난 독특한 광고 크리에이티브를 구사하는 사례가 증가하고 있다. 이 경우에도 소비자의 신념은 광고에 대한 반응에 영향을 미칠 수 있다. 예컨대, 두 기업이 동일한 제품에 대해 유사한 크리에이티브 전략의 광고를 집행한다고 하자. 이때, 특정 기업이 더욱 혁신적이고 창의적이라는 믿음을 가지는 소비자는 비록 두 기업의 광고 크리에이티브가 유사하더라도 자신이 혁신적이고 창의적이라는 믿음을 가진 기업의 광고를 더욱 기발하고 독특하다고 평가한다.

기존의 기대나 신념이 세상을 바라보는 데 영향을 미친다는 것에 대해 **생리학적 증거**를 제공하는 연구도 있다. 캐드우드 등(Catherwood et al., 2014)은 흥미로운 연구를 수행하였다. 이들은 **뇌전도**(Electroencephalography: EEG)[2]를 사용하여 우리가 외부 자극에 대해 판단을 할 때 과연 과거경험에 대한 기억을 사용하는지 알

---

2) 뇌전도 또는 뇌파는 신경계에서 뇌신경 사이에 신호가 전달될 때 생기는 전기의 흐름이다. 심신의 상태에 따라 각각 다르게 나타나며 뇌의 활동 상황을 측정하는 지표이다. 뇌의 전기적 활동에 대한 신경생리학적 측정방법으로 두피에 부착한 전극을 통해 기록한다.

아보았다. 이들은 상황인지, 즉 눈앞에서 진행되는 현상을 가지고 연구하였다. 외부환경과 효과적으로 상호작용하려면 상황 인식을 잘해야만 한다. 이들은 실험참여자들에게 계속적으로 움직이는 표적을 제시하여 판단을 할 때 기억에 얼마나 많이 의존하는지 알아내는 데 관심이 있었다. 움직이는 표적을 지각하는 데 실수하거나 또는 상황을 제대로 인식하지 못하게 되면 실험참여자는 기대를 이용해 이 갭(gap)을 메우려고 할 것으로 가정하였다. 실제 연구결과는 예상대로 나타났다.

이러한 현상은 당신이 익숙한 도로에서 차를 몰고 있는 상황에서 갑작스러운 변화를 탐지하는 데 실패했을 때에도 발생한다. 당신은 그 도로에서 과거에 그러한 변화(일)가 없었기 때문에 위험을 보지 못하는 것이다. 인지에 과부하가 걸린 상태일 때(상황에 많은 요인이 동시에 존재할 때)는 판단을 할 때 과거경험이나 기대에 의존하는 **'하향식 처리'**에 더 많이 의존한다. 상황이 불확실하면 할수록 우리는 기대(기억)에 더 많이 의존한다.

의도한 효과와 의도하지 않은 효과

과거 우리나라에 '드라이(Dry)' 맥주가 처음 출시되었을 때 한 맥주회사 광고주와 광고대행사는 깔끔한 맛의 프리미엄 맥주로 소비자에게 인식되기를 원했다. 그래서 말끔하게 파티 정장을 차려입은 유명 남자모델이 드라이 맥주를 품위 있게 마시는 장면의 광고를 하였다. 몇 달 후에 광고에 대한 소비자 반응조사를 하였다. 그런데 전혀 예상하지 못했던 반응이 나타났다. 구매욕구와 맛에 대한 기대가 너무나 낮게 나타난 것이다. 왜 그러한 반응이 나타나게 되었는지 확인하는 조사를 하였다. 잠재 소비자의 맥주 음용 상황과 맥주라는 제품에 대한 기대가 광고의 내용과는 큰 차이가 있었기 때문이다. 이러한 인식상의 차이에 대한 소비자의 혼란 때문에 애초 기대했던 맛과 이미지에 대한 평가도 그리 높지 않았다.

예를 하나 더 들어 보자. 국내에 콤팩트(compact) 세제라는 것이 처음 출시되었을 때, 해당 기업에서는 제품의 핵심 편익을 '적게 쓰고 효과는 더 좋은' 것으로 정하고 광고를 제작 · 집행하였다. 그런데 시장의 반응은 신통치 않았다. 핵심 이유는 바로 '거품' 때문이었다. 그 제품은 기술적인 우위에도 불구하고 '거품 = 세척력'이라는 소비자의 고정관념을 극복하지 못한 것이다. 결국 그 제품은 당시 시장에서 철수하였다(지금은 콤팩트 세제가 보편화되었다). 광고에서 거품이 적어서 더 경제적이라는 부수적인 메시지가 오히려 부정적인 결과를 가져온 것이다. 이와 유사한 국내외의 사례는 많다. 만약, 맥주나 세제에 대한 소비자의 기존지식이나 신념 그리고 기대를 제대로 파악했더라면 더 좋은 결과를 얻을 수 있지 않았을까.

이러한 예들은 광고에 대한 소비자의 심리기제를 이해하지 못할 때는 의도치 않았던 결과로 곤혹스러움을 당할 수도 있다는 것을 보여 준다. 이제부터 광고효과에 영향을 미칠 수도 있는 소비자의 경험, 기대 그리고 신념의 역할을 좀 더 구체적으로 살펴보자.

처음이 중요하다

우리가 어떤 대상에 대해 이미 가지고 있는 신념이나 기대는 매우 끈질기게 유지되면서 영향을 미친다. 사회심리학에서 널리 알려진 현상 중의 하나는 '**첫인상 효과**'이다. 첫인상 효과란 어떤 대상에 대해 최초에 형성된 인상이 지속적으로 영향을 미치는 현상이다. 연구에 따르면 대인관계에서 타인에 대해 형성된 첫인상의 영향은 매우 클 뿐만 아니라 지속되는 경향이 있다(Mackie & Smith, 2007). 이는 '**초두 효과**(primacy effect)'의 작용 때문이다. 초두 효과란 우리가 어떤 정보를 기억할 때 나중에 제시된 것보다는 처음에 제시된 것을 더 잘 기억하는 현상이다. 소비자에게 광고물 20개를 연속적으로 보여 준 다음, 기억나는 광고가 무엇인지 물으면 대체로 처음에 보았던 광고를 더 잘 기억한다. 초기에 접한 정보에 대한 우월한 기억은 기억 그 자체로 끝나는 것이 아니라, 뒤이어 주어지는 정보를 해석하는 데 영향을 미친다는 점이 더욱 중요하다.

타인을 만나면 그 사람에 대해 처음으로 접하는 정보(외모나 출신 지역, 말투 등)가 인상 형성에 많은 영향을 미친다. 인상 형성에서 첫인상의 효과에 관한 고전적인 연구(Anderson & Barrios, 1961)에서는 어떤 사람의 특성을 나타내는 형용사 목록을 두 집단에 제시하였다. 목록의 전체 형용사들은 동일하였지만 집단에 따라 형용사를 제시하는 순서를 바꾸었다. 한 집단에는 긍정적 특성의 형용사를 먼저 제시하였고, 다른 한 집단에는 부정적 특성의 형용사를 먼저 제시하였다. 그런데 긍정적, 부정적 형용사 중에서 어떤 형용사를 먼저 제시했느냐에 따라 대상에 대한 평가는 달랐다. 긍정적 형용사를 먼저 제시한 집단이 부정적 형용사를 먼저 제시한 집단에 비해 대상을 더 호의적으로 평가한 것이다. 이는 먼저 제시한 정보(형용사)가 뒤따르는 관련 정보(형용사)를 해석하는 데 영향을 미쳤기 때문이다. 흥미로운 결과가 아닌가.

'주의감소 가설'에 의하면, 소비자가 어떤 브랜드에 대해 최초 정보나 단서(광고나 제품 특징 등)를 토대로 첫인상을 형성하면 그 브랜드의 후속적인 정보의 영향력은 상대적으로 약화된다. 후속 정보에는 주의를 덜 기울이기 때문이다. 이로 인해 브랜드에 대한 첫인상 효과는 지속된다. 특히 소비자에게 개인적으로 중요하지 않다면 제품이나 브랜드에 대한 정보에 계속해서 주의를 기울이지 않는 경향은 더욱 커진다([그림 3-4] 참조).

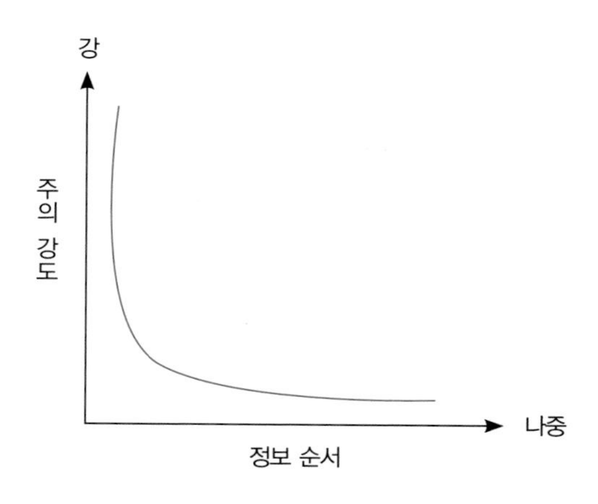

[그림 3-4] 첫인상 효과와 주의

또 한 가지의 기제는 '**동화 효과**(assimilation effect)'이다. 처음 접한 정보에 뒤따르는 정보는 첫인상에 동화되고 재해석된다. 동화 효과로 첫인상은 유지된다. 처음 접한 정보가 뒤따르는 정보를 해석하는 '맥락'으로 작용하기 때문이다. 예컨대, 소비자가 어떤 브랜드에 대해 '성능에 문제가 있다.'는 첫인상을 가질 경우에 그 브랜드가 '24시간 애프터서비스 시행'을 알리는 광고를 한다면 소비자는 그 광고를 '고객 서비스 향상'으로 받아들이기보다는 '정말 제품성능에 문제가 많다.'라고 해석할 가능성이 크다. 동일한 정보라도 그 정보가 어떤 맥락(기존 지식이나 신념 또는 기대)에서 제시되느냐에 따라 해석은 얼마든지 달라질 수 있는 것이다. 어떤 제품이나 브랜드가 환경 문제나 인종차별 등과 같은 부정적인 이슈에 처하면 그 제품이나 브랜드의 광고를 중단하는 것이 낫다. 이 역시 부정적인 이슈가 광고를 부정적으로 해석하는 맥락으로 작용하기를 원하지 않기 때문이다.

게슈탈트 심리학적 관점에서 첫인상 효과를 생각해 보자. 브랜드에 대한 소비자의 인상 형성을 게슈탈트 관점에서 보자면, 어떤 브랜드에 대한 인상은 그 브랜드에 관한 여러 정보의 총화(harmonious whole)이다. 총화는 '조화롭고 의미 있는' 방식으로 대상에 대한 인상을 형성하려는 경향성이다. 따라서 이미 가지고 있는 첫인상 정보는 후속 정보를 흡수하여 조화를 이루려는 데 영향을 미친다(Hamilton & Sherman, 1996). 소비자가 어떤 제품이나 브랜드에 대해서 다양한 정보와 마주치다 보면 서로 일관성이 없는 정보를 얻기도 한다. 이럴 경우에는 초기 정보와 불일치하는 후속 정보들은 어떤 형태로든 초기 정보를 토대로 재해석되거나 의미가 부여되어서

조화를 이루게 된다. 실례로, 이름이 잘 알려지지 않은 기업의 화장품 광고에 우리나라 톱 연예인이 모델로 나온 적이 있다. 광고를 본 많은 사람은 "저 연예인이 모델로 나올 정도면 저 화장품은 분명 뭔가 이유가 있을 거야."라는 반응을 보였다. 이럴 경우, 소비자들은 그 화장품에 대한 후속 정보들에 더 주의를 기울이고 보다 호의적으로 그 정보를 해석함으로써 조화를 추구할 가능성이 높다.

지금까지 살펴본 첫인상 효과는 특히 구매주기가 빠르고 구매에 뒤따르는 위험이 낮은 일상용품이나 또는 식품과 같이 소비자의 관여도가 낮을 때 더 잘 나타난다. 이들 제품의 광고에는 첫인상 효과가 더 잘 작용한다. 첫인상 효과와 광고효과 간의 관계는 분명해 보인다. 광고전략을 수립할 때는 광고하려는 브랜드에 대한 표적소비자의 기존 인상은 어떠하며, 이러저러한 인상을 가지게 된 원인은 무엇인지를 구체적으로 규명하고 이해해야 한다. 소비자가 자사 광고를 어떤 식으로 해석할 가능성이 있다는 것을 아는 것만으로도 효과적인 광고에 한 걸음 다가간 것이다.

브랜드 도식

이제 첫인상에서 한 걸음 더 나아가 좀 더 규모가 크고 광범위한 기존 지식의 영향에 대해 생각해 보자. 만약 당신이 어떤 사람을 소개받았는데 그 사람이 '광고인'임을 알게 된다면 어떨까? 개방적이며 얽매이기 싫어하고 새로운 것을 추구하는 등의 특성을 떠올릴 것이다. 이처럼 우리는 세상의 다양한 대상에 대해 비교적 잘 구조화된 '지식의 네트워크'를 가지는데 이를 **'도식'**이라 한다(Fiske & Taylor, 1991). 도식(스키마, schema)은 정보유목과 정보들 간의 관계를 조직화하는 생각이나 행동의 체계화된 패턴으로(Dimaggio, 1997), 고정관념, 편견 등도 도식에 해당한다.

제품이나 브랜드 역시 예외 없이 도식의 대상이다. 제품이나 브랜드도 네트워크로 된 지식의 덩어리로 구성된다는 것이다. 광고인을 생각할 때와 마찬가지로 소비자는 제품이나 브랜드에 대해 지식이나 사례를 떠올린다. '스마트 워치'라고 하면 무엇이 떠오르는가? '나이키'라고 하면 어떤 것들이 생각나는가? 브랜드와 제품에 대한 도식의 영향이 얼마나 강력한지 사례 하나를 살펴보자. 1992년에 펩시(Pepsi)는 맛 테스트를 거쳐 야심차게 신제품을 출시했다. 신제품은 '크리스탈 펩시(Crystal Pepsi)'였다. 크리스탈 펩시는 '투명한 콜라'였다. 투명한 콜라? 이 제품은 성공했을까? 출시 1년도 되지 않아 시장에서 결국은 철수했다. 왜 실패했을까? '펩시=콜라=검은색 탄산음료'의 도식과는 너무나 동떨어졌기 때문이다.

브랜드 도식에 포함되는 지식의 유형은 〈표 3-1〉과 같다. 물론 지식유형은 제품이나 브랜드에 따라 다를 것이며, 떠올리는 강도(strength)에서도 차이가 있다. 탄산음료라 하더라도 '코크'와 '펩시'의 브랜드 도식은 같지 않다. 연령이나 직업, 라이프스타일 등 세분시장에 따라서도 동일한 브랜드에 대한 도식은 다르다. 특히 박카스나 새우깡 등과 같은 '장수 브랜드'의 경우에는 연령이나 구매빈도에 따른 세분시장별로 브랜드 도식이 다를 가능성은 더욱 크다.

〈표 3-1〉 **브랜드 지식의 유형**

- 브랜드의 제품속성: 성능, 특징, 원료, 소재 등
- 브랜드의 비 제품속성: 가격, 사용자, 개성, 체험 등
- 브랜드의 편익: 기능적, 상징적 또는 사회적, 심리적 편익 등
- 브랜드에 대한 느낌, 이미지, 정서, 태도 등

브랜드 도식과 광고

브랜드 도식에 의한 정보의 처리는 의식적인 노력 없이 거의 자동적으로 이루어진다는 특징이 있다. 또한 직접 경험하지 않은 정보나 누락된 정보에 대해서는 **'채워 넣기' 현상**이 발생한다. 예컨대, 누군가를 만났을 때 그 사람의 출신지역만 들어도 '지역 도식'이 활성화되어서 관련 정보들이 자동적으로 떠오른다.

소비자가 어떤 브랜드에 대한 도식을 가질 경우에 만약 그 브랜드에서 출시되는 신제품 광고를 본다면 광고내용에 대한 해석은 물론이고 광고에서 언급되지 않은 정보에 대해서도 추론한다. 또한 브랜드 도식은 소비자가 브랜드에 대한 정보를 처리하는 시간을 절약하게 하는 기능을 한다. 브랜드 도식에 부합하는 정보에 대한 처리는 빠르지만 도식에 부합하지 않는 정보의 처리에는 저항이 걸린다(Markus, 1977).

하지만 도식과 일치하지 않더라도 '불일치 정도'에 따라 효과가 달라질 수 있다는 점도 염두에 두어야 한다. 전통적인 **도식이론**의 관점에서 본다면 광고내용(메시지나 크리에이티브 전략)이 브랜드에 대한 도식과 일치할수록 광고효과는 크다. 그렇다면 브랜드 도식과 광

고내용이 불일치하면 광고효과는 의심의 여지없이 부정적일까? 경험으로 보더라도, 어떤 경우에는 광고가 당신이 가진 도식과 불일치할 때 오히려 더 주의를 끌 때가 있다. 예컨대, 당신이 보수적인 이미지를 가진 브랜드가 어느 날 키치(kitsch) 광고를 한다면 의아하게 생각하여 '이게 뭐지?' 하고는 광고에 주의를 기울일 것이다.

브랜드 도식과 광고의 불일치 정도가 광고반응에 어떤 영향을 미치는지를 다룬 흥미로운 연구(Halkias & Kokkinaki, 2010)가 있다. 이 연구에서는 실험광고를 세 가지 유형으로 제작하였다. 첫 번째 광고는 브랜드 도식과 일치하는 것, 두 번째 광고는 '보통 수준'으로 불일치하는 것, 그리고 세 번째 광고는 '많이' 불일치하는 것이었다. 또한 각 광고에 대한 실험참여자들의 반응이 어떤지를 분석했다. 가장 호의적인 반응을 보인 광고는 어떤 광고였을까? 바로 두 번째 광고, 즉 브랜드 도식과 보통 수준의 불일치 광고였다. 광고에 대한 주목도, 광고 메시지에 대한 더 깊이 있는 처리 그리고 광고에 대한 호의적인 태도 모두에서 브랜드 도식과 적당히 불일치하는 광고가 도식과 일치하거나 또는 많이 불일치하는 광고에 비해 더욱 효과적이었다.

이 연구는 **'창의적인 광고'의 효과기제**에 대해서도 시사하는 바가 크다. 소비자는 브랜드뿐만 아니라 '광고 그 자체'에 대해서도 도식을 가진다(우석봉, 성영신, 2005). 예컨대, '맥주광고'는 '거품 가득한 잔' '황금색' '거침없이 들이키기' '친구 또는 동료' '활기참' 등으로 구성된 **광고도식**(advertising schema)을 가진다. 대부분의 맥주광고에는 이러한 장면이 등장한다. 이러한 도식과 일치하는 맥주광고는 사실 소비자의 주목을 끄는 데는 한계가 있다. '독특함'이 없기 때문이다. 독특하지 않다는 것은 도식과 잘 일치한다는 것이다. 이제 [그

[그림 3-5] DDB Chicago가 제작한 버드와이저 광고

림 3-5]의 맥주광고를 보자(이 광고는 DDB Chicago가 제작한 것으로 1995년 칸 광고제에서 수상했다). 개미들이 힘들게 버드와이저를 집으로 옮겨 흥겹게 파티를 한다는 내용이다. 이 광고는 당신이 가진 맥주광고의 도식과 일치하는가? 아마 아닐 것이다. 그렇기 때문에 더 주의를 기울이지 않을까? 그리고 광고를 이해하는 순간 이해에 뒤따르는 즐거움이 도식과 불일치하는 광고와 브랜드에 대한 긍정적인 반응으로 전환된다.

이제 광고효과 측면에서 브랜드 도식은 단점으로도 작용할 수 있음이 분명해졌다. 특히 '변신'이나 '새로움'을 전하려고 의도하는 광고의 경우에는 브랜드 도식이 광고효과의 걸림돌이 된다. 도식은 거의 자동으로 촉발되며, 특히 소비자가 그다지 광고에 주의를 기울이지 않을 때는 광고내용을 **'과잉 단순화'**하거나 또는 기존 도식에 맞추어 **'왜곡'**이 일어난다. 이는 긍정적 지식으로 구성된 도식의 브랜드에는 유리하게 작용하지만 부정적 지식으로 구성된 도식을 가진 브랜드에는 분명 불리하게 작용한다. 소비자는 구체적이고 세세한 정보에 주의를 기울이기보다는 기존 도식을 적용해 일반화하는 경향이 있기 때문이다. 소비자가 어떤 의류 브랜드에 대해 '착용감 불편' '세탁 후 변형'이라는 도식을 가질 경우, 그 브랜드에서 신제품 청바지 광고를 한다 해도, '이 제품도 착용감과 세탁 후 변형의 문제가 있을 것'이라고 일반화할 수 있다. **'후광효과**(halo effect)'라는 것도 도식에 의한 과잉일반화의 산물이다.

도식이 일으키는 왜곡으로 인한 부작용은 도식과 일치하는 방식으로 정보를 추론하려는 경향 때문에 발생한다. 가구 목록을 보여준 뒤 일정 시간이 경과하고 나서 목록에 있었던 가구가 무엇인지 물어본다고 하자. 만약 목록의 가구들은 기업의 CEO방에 있는 것들이라는 단서를 주면 우리는 CEO방의 도식을 적용하여 실제 목록에는 없었지만 도식에 들어맞는 가구가 있었던 것으로 답하는 경향이 있다. 정보의 왜곡은 없는 정보를 있는 것으로 간주하고 부족한 정보를 채워 넣음으로써 일어난다. 도식에 의한 정보의 왜곡은 긍정적 도식을 가진 브랜드에는 선순환을, 부정적 도식을 가진 브랜드에는 악순환을 일으킨다(우석봉, 2016).

무엇을 생각하게 할 것인가–포지셔닝

1968년, '세븐 업(7-Up)'은 탄산음료 시장에서 엄청난 일을 했다. 맛 테스트와 각종 소비자 조사는 세븐 업이 콜라의 훌륭한 대항마라는 결과를 내놓았다. 경영진은 세븐 업을 콜라의 대안 음료로 마케팅하기로 결정했다. 당시 세븐 업이 한 일이라고는 탄산음료 소비자들의 생각을 전략적으로 전환한 것이었다. 당시 세븐 업의 광고대행사였던 제이 월터 톰슨(J. Walter Thompson)은 역사에 길이 남을 단지 두 단어의 세븐 업 슬로건을 개발했다. 바로 'The UnCola'였다. 그 캠페인으로 세븐 업은 당시 탄산음료의 가장 큰 시장이었던 젊은 소비자층을 성공적으로 파고들었고 코카콜라, 펩시와 함께 탄산음료 시장을 주도하는 브랜드로 성장했다. 세븐 업은 경쟁자를 직접 공격하지도 않았다. 제품이나 가격에도 손을 대지 않았다. 당시 기성세대에 저항정신을 가진 젊은이들은 'UnCola'를 통해 세븐 업을 기성세대에 대한 저항의 상징으로 받아들인 것이다. 세븐 업이 한 것이라고는 소비자의 '기존 마음'을 전략적으로 잘 활용한 것뿐이었다.

1962년, 렌터카 기업인 에이비스(Avis)는 새로운 광고 캠페인을 고심하고 있었다. 에이비스는 당시 시장리더인 헤르츠(Hertz)에 이은 만년 2위를 탈피하지 못하고 있었고 시장점유율 격차도 컸다. 새

[그림 3-6] Avis의 'We try harder' 캠페인

로운 광고캠페인 작업을 맡은 광고대행사는 디디비(DDB)였다. 디디비는 2위라는 에이비스의 시장위치를 전략적으로 활용하기로 결정했다. 당시 디디비의 크리에이티브 디렉트 폴라 그린(Paula Green)은 단지 세 단어의 기발한 슬로건을 개발했다. 그것은 바로 'We try harder'였다. '우리는 2등이기 때문에 더 열심히 한다.' '그래서 당신은 에이비스를 이용하면 더 좋은 서비스를 누릴 수 있다.' '헤르츠는 일등이기 때문에 안주한다.'는 생각의 연합을 만들기에 충분한 슬로건이었다. 당시 11%이던 시장점유율은 캠페인 이후에 34%까지 치솟았다([그림 3-6] 참조).

세븐 업과 에이비스의 사례가 흥미롭지 않은가? 우리는 지금부터 '포지셔닝(positioning)'이라는 전략에 대해 살펴볼 것이다. 포지셔닝은 광고효과와 관련해 지금까지 이 장에서 살펴본 내용들을 잘 요약해 준다.

1969년, 제너럴 일렉트릭(General Electric)사의 광고부서 출신인 잭 트라우트(Jack Trout)는 *Industrial Marketing* 잡지에 **'포지셔닝(positioning)'**이라는 개념을 처음으로 소개한 인물이다(광고에 관심이 있는 사람이라면 잭 트라우트와 알 리스(Al Ries)가 쓴 *Positioning: The battle for your mind*라는 책을 한 번쯤 읽었을 것이다). 소비자는 제품이나 브랜드의 객관적 실체가 아니라 '주관적인 인식'을 토대로 제품이나 브랜드에 대한 신념이나 의견을 형성하며, 표적소비자의 마음에 '경쟁자와는 뚜렷이 구분되는 인식'을 창출하는 것이 광고전략가의 임무라는 것이 핵심 주장이다.

포지셔닝은 표적소비자의 마음속에 일어나는 '그 무엇'이다. 이는 무엇을 말하는 것일까? 포지셔닝은 제품에 물리적인 변화를 주는 것이 아니다. 가격에 변화를 주는 것도 아니다. 품질에 변화를 가하는 것도 아니다. 포지셔닝은 표적소비자가 제품이나 브랜드에 대한 정보를 선택하고, 조직하며, 해석하는 방식에 뭔가를 하는 행위이다. 앞에서 예를 든 세븐 업과 에이비스의 사례를 보면 알 것이다.

포지셔닝은 '브랜드를 안다(aware)'는 것과도 명백히 다르다. 포지셔닝은 '아는 것'과 '인식'의 차이를 전략적으로 메우는 행위이다. 미국에서 하이네켄(Heineken) 맥주를 모르는 사람은 없었다. 하지만 하이네켄은 나이 든 사람들이 마시는 고루하고 보수적인 맥주로 인식된 적이 있다. 『롤링 스톤즈(Rolling Stones)』 잡지는 잘 알려졌지만 '구닥다리' 잡지로 인식된 적이 있다. '아는 것'과 '인식의 차이', 더 정확히는 '기업이 원하는 인식과의 차이'를 메우는 것이 포지셔닝의 역할이다.

제품유목 원형

이제 **포지셔닝의 심리학적인 기제**에 대해 알아보자. 포지셔닝은 원형(prototype)이라는 개념과 관련성이 높다. 유목 원형(category prototype)이란 무엇인가? 참새, 제비, 오리, 독수리, 펭귄, 타조는 모두 같은 유목에 속하며 이들을 모두 새라고 부른다. 하지만 같은 유목에 속한다고 하여 '심리적으로도' 모두 같지는 않다. 참새나 제비는 좀 더 '새 같은 새'이지만, 펭귄이나 타조는 '덜 새 같은 새'이다. 어떤 대상은 그 대상이 속한 유목의 중심에 있지만 어떤 대상은 중심에서 멀어져 있다.

어떤 한 유목에서 중심부에 자리 잡고 있어서 그 유목을 가장 잘 대표하는 대상을 **원형**(prototype)이라고 한다(Rosch, Mervis, Gray, Johnsen, & Boyes-Braem, 1976). 원형은 해당 유목의 가장 전형적인 사례인 것이다. 소비자 역시 제품이나 브랜드에 대해 '원형'을 가진다. 탄산음료의 경우 '코카콜라'가 탄산음료 제품유목의 원형일 가능성이 높다. '호치키스'나 '대일밴드'는 스테이플러와 상처를 묶는 것의 원형화된 브랜드들이다. 대개의 경우에는 유목을 창출한 브랜드가 그 유목의 원형이 되며, 어떤 제품유목에서는 시장점유율이 가장 높은 브랜드가 원형이 되기도 한다(Dillon, Domzal, & Madden, 1986). 소비자에게 어떤 제품유목에 대해 브랜드 목록을 만들어 보라고 하면 통상 목록의 첫 번째를 차지하는 브랜드가 원형이다.

포지셔닝의 목표 중의 하나는 바로 표적소비자가 당신의 브랜드를 유목의 원형으로 인식하게 만드는 것이다. 즉, 유목의 인식 사다리에서 당신의 브랜드가 꼭대기를 차지하게 하는 것이다. 물론 모든 브랜드가 유목원형 브랜드의 조건을 갖추지는 않는다. 이때는 어떻게 해야 할까?

유목의 창출

제품유목의 원형 브랜드를 제외한 나머지 브랜드는 '**추종 브랜드**'이다. 이들은 원형 브랜드로부터 자신을 차별화해야만 시장에서 생존할 수 있다. 차별화를 위해서는 제품 속성이건 또는 편익이건 차별화를 위한 어떤 재료가 필요하다. 자사의 브랜드가 원형 브랜드가 아닐 경우에 차별적인 위치를 창출할 수 있는 전략은 '유목을 창출하여 거기에서 원형이 되는 것'이다. '만일 어떤 유목에서 1위가 될 수 없다면 자신만의 영역을 만들라.'는 조언도 결국 유목을 분화하여 거기에서 원형이 되라는 것이다. 자신만의 유목을 창출하기 위한 재료는 다양하다. 제품 특징으로 유목을 만들 수도 있고 소비자 편익으로 유목을 만들 수도 있다.

인간은 성장하면서 학습을 통해 유목을 정교하게 분화한다. 에스키모인은 눈(snow)을 다른 민족에 비해 더욱 미세하게 분화한다. 우리가 눈을 분류하는 데 사용하는 명칭은 서너 가지에 지나지 않지만, 에스키모인의 눈에 대한 명칭은 십여 가지가 넘는다. 브랜드의 경우에 유목의 분화 정도는 시장의 진화와도 관계가 깊다. 브랜드가 넘쳐날수록 자신만의 유목을 개척하고 그 유목에서 원형이 되는 것은 브랜드 포지션을 정립하는 데 매우 중요하다. 현재 우리나라 발효유 시장에는 많은 브랜드가 경쟁한다. '윌'은 유산균 발효유 유목에서는 원형이 아닐 수 있다. 하지만 기능성 발효유로 분화했을 때는 거기에서는 원형일 수 있다. 한 단계 더 분화한다면 '위 건강'을 위한 발효유에서는 독보적 원형이다. 원형 브랜드는 강력한 브랜드 포지션 정립을 넘어 통상 판매에서도 항상 리더 자리를 지킨다(우석봉, 2016).

단절과 연합

광고 포지셔닝 전략을 수립할 때는 두 가지 사항을 염두에 두어야 한다.

- 포지셔닝은 '객관적 사실'이 아니라 표적소비자의 '주관적 해석'에 영향을 미치는 행위이다. 표적소비자는 제품이나 브랜드에 대해 다양한 지식으로 구성된 도식 또는 지식 네트워크를 가진다. 네트워크는 광고주가 원하는 바람직한 지식과 그렇지 않은 지식으로 구성된다. 또한 새로이 형성해야 할 지식도 있을 것이다. 포지셔닝은 네트워크에서 바람직하지 않은 지식은 약화 또는 제거하고, 필요한 지식을 연합하는 행위이다(Keller & Lehmann, 2006).
- 브랜드는 결코 시장에 홀로 존재하지 않는다. 언제나 경쟁자가 존재하기 마련이다. 포지셔닝은 경쟁자와의 '상대적인 싸움'이다. 소비자는 '비교'를 통해 학습한다. 새로운 지식을 얻고 사용하는 것은 기존 지식과의 비교를 통해서 이루어진다(Sujan, & Bettman, 1989). 효과적인 포지셔닝은 반드시 경쟁자와의 상대적인 관점에서 진행되어야 한다. '에이비스'의 사례를 다시 보라([그림 3-7] 참조).

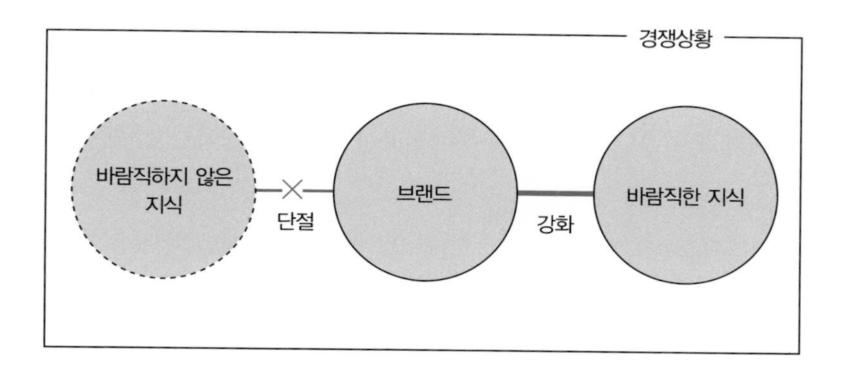

[그림 3-7] 포지셔닝 기능의 심리기제

이러한 포지셔닝의 핵심 특징들은 포지셔닝 전략을 수립하기 위한 핵심적인 검토사항에서도 잘 드러난다(〈표 3-2〉 참조).

〈표 3-2〉 **광고 포지셔닝 전략 수립을 위한 검토사항**

- 소비자는 당신의 브랜드를 현재 어떻게 인식(해석)하고 있는가?
- 당신의 (직접적인) 경쟁자는 누구인가?
- 소비자는 경쟁자를(들을) 어떻게 인식(해석)하고 있는가?
- 당신 브랜드의 인식과 경쟁자의 인식을 비교해 보라. 당신 브랜드만의 독특한 그 무엇이 있는가? 있다면 무엇인가?
- 당신 브랜드만의 독특한 차별적인 그 무엇은 소비자가 원하는 것인가?
- 당신 브랜드의 표적소비자는 누구여야 하는가?
- 표적소비자는 당신의 브랜드를 어떻게 인식해 주기를 바라는가?

포지셔닝의 전략적 선택사항

포지셔닝을 위해 고려할 수 있는 전략적 선택사항들은 다음과 같다.

- 제품에 초점을 맞춘 포지셔닝[3]

대다수의 브랜드는 제품을 통해 자신을 포지셔닝하는 전략을 추

3) 시장의 분화와 제품 초점의 포지셔닝과 관련하여 '틈새(niche)' 마케팅과 포지셔닝은 구별해야 한다. 예컨대, 캐딜락(Cadillac)은 럭셔리 자동차 틈새시장에 초점을 맞추기로 결정하고 그러한 목적을 위한 자동차를 제조할 수 있다. 하지만 캐딜락이 그렇게 한다고 해서 소비자도 그렇게 인식한다는 것을 의미하지는 않는다. BMW나 Audi가 소비자 마음속에서 이미 그 위치를 차지하고 있다면 캐딜락은 어려움을 겪게 된다.

구한다. 어떤 제품 특징이나 그러한 제품 특징이 제공하는 편익을 포지셔닝의 소재로 사용한다. 그리고 우리 제품은 그러한 편익을 제공한다는 것을 표적소비자에게 강조한다. 물론 제품에 초점을 맞춘다고 해서 소비자를 배제해서는 안 된다. 상대적으로 소비자보다는 제품 그 자체에 대해 더 비중을 두고 제품을 사용하는 소비자 특징보다는 제품의 특징을 직접적으로 전달한다는 점에서 차이가 있다.

- 사용자에 초점을 맞춘 포지셔닝

이 전략에서는 제품이 아니라 소비자가 포지셔닝 준거의 중심이 된다. 제품이나 브랜드를 사용함으로써 소비자가 무엇을 누리는지를 강조한다. 물론, 이 전략에서도 제품이 배제되지는 않는다. 제품은 소비자 초점을 강조하는 도구의 역할을 한다. 어떤 제품이나 브랜드를 사용함으로써 소비자가 자신을 어떻게 보게 되는지에 초점을 맞춘다.

- 경쟁자에 초점을 맞춘 포지셔닝

직접적으로 또는 간접적이거나 암시적으로 경쟁자를 포지셔닝의 준거로 사용하는 전략이다. **비교 광고**(comparative advertising)가 전술적으로 사용된다.[4] 포지셔닝의 모든 노력은 소비자가 자사와 경쟁 브랜드의 차이를 '추론'하도록 하는 데 집중된다. 앞서 살펴본

4) 우리나라에서 비교 광고는 2001년 8월 공정위의 '비교 표시광고에 관한 심사지침'이 나오면서 본격화되었다. 이후 지침을 개정해 2002년 7월 1일부터 객관적으로 측정 가능하거나 결과물을 인용한 비교 광고만 허용하게 되었다.

'에이비스' 광고 역시 이 전략에 해당한다. 얼마 전 미국에서는 로날드(Ronald, 맥도날드의 캐릭터)가 버거킹을 먹으며 벤치에서 쉬고 있는 광고가 방영되었다. 친구들이 맥도날드 감자튀김에 눈독을 들이자 감자튀김을 버거킹 봉투에 담아서 위기를 모면하는 광고도 방영되었다. 각각 버거킹과 맥도날드 광고이다. 과거, 우리나라의 한 탄산음료 브랜드는 검은색 음료가 든 컵에 시든 꽃이 들어 있는 신문광고를 집행한 적이 있다. 소비자가 무엇인가를 비교하게 하는 것은 매우 효과적인 포지셔닝이 될 수 있다.

대체로 소비재 광고주는 제품에 초점을 맞춘 포지셔닝을 선호한다. 자사 제품의 이점에 대한 표적소비자의 주의를 끌기에 용이하기 때문이다. 제품에 초점을 맞춘 포지셔닝에서도 자사 브랜드를 경쟁자와 '차별화'하는 것은 전략의 핵심이어야 한다. 사용자에 초점을 맞춘 포지셔닝은 표적소비자가 자신이 타인에게 어떻게 보일지 관심을 가질 때 효과적인 전략이다. 제품이나 사용자에 비록 초점을 맞춘다 하더라도 **'상대적인 관점'**은 여전히 유지되어야 한다.

경쟁자에 초점을 맞춘 포지셔닝은 치열한 경쟁상황이 존재할 때 효과를 발휘할 수 있다. 하지만 치열한 경쟁상황 자체만으로 경쟁자에 초점을 맞춘 포지셔닝 전략을 구사할 필요는 없다. 이미 경쟁자가 주장한 특징이나 편익을 비교우위로 전환하기 위해 사용되기도 한다. 한 연구(Pechmann & Ratneshwar, 1991)에 의하면, 경쟁자에 초점을 맞춘 포지셔닝의 성공여부는 두 가지 요인의 영향을 받는다.

- 차별적 우위를 주장하기 위해 어떤 제품속성을 사용할 것인가?

- 포지셔닝할 브랜드는 소비자에게 어느 정도 친숙한가?

브랜드가 소비자에게 잘 알려지고, 제품유목에서 전형적인 제품속성을 비교 광고를 통해 경쟁자와 차별화하는 포지셔닝을 구사하면 경쟁자와 더욱 효과적으로 차별화할 수 있다. "비자카드는 아메리칸 익스프레스 카드보다 더 많은 지역에서 사용 가능하다."는 포지셔닝은 비자카드(소비자에게 잘 알려진 브랜드)가 제품유목의 중심적인 속성(많은 지역에서 사용 가능)에서 경쟁자에 대한 소비자의 지각에 부정적인 영향을 미친다. 하지만 주변적인 제품속성을 사용하면 차별화의 목적을 달성할 수 없다. 소비자는 중심적인 제품속성에서 뿐만 아니라 주변적인 속성에서도 두 브랜드가 유사하다고 지각할 가능성이 있기 때문이다. 차별화를 하려다 오히려 경쟁 브랜드가 소비자 인식에서 강화되는 역효과가 일어날 수 있다.

소비자가 잘 알지 못하는 새로운 브랜드가 제품유목의 중심 속성을 사용하여 시장 선도자와 차별화하는 광고 포지셔닝을 전개하면 어떻게 될까? 이 경우에는 '연합(association)'과 '차별화(differentiation)'의 두 가지 목적을 동시에 달성해야 한다. **'연합'**은 새로운 브랜드가 소비자의 구매 리스트에 진입하는 것이며, **'차별화'**는 경쟁자에 대한 새로운 브랜드의 선호를 강화하는 것이다. 연구결과에 의하면, 새로운 브랜드가 중심적인 제품속성을 사용하여 포지셔닝을 하면 연합과 차별화의 목적을 달성할 수 있다. 하지만 새로운 브랜드가 비전형적인 속성을 사용하여 차별화의 목적을 달성하기에는 한계가 있다. 예컨대, 아이스크림 시장에 진입하는 새로운 브랜드가 '저 콜레스테롤'(아이스크림에서 주변적인 제품속성)을 사용해 경쟁자와 차별화하려고 하면 연합과 차별화의 두 가지 목적을 달성하기 어렵다.

중심적인 속성이든 아니면 주변적인 속성이든 후발 주자가 강력한 시장 선도자를 비교대상으로 끌어들이는 광고전략을 구사할 때 시장 선도자는 매우 신중하게 대응해야 한다. 과거 미국 진통제 시장의 지배자는 아스피린이었다. 후발 주자인 타이레놀은 시장에 성공적으로 침투하기 위해 아스피린을 끌어들이는 광고를 집행하였다. 타이레놀은 "아스피린은 위벽을 자극하고, 천식이나 알레르기 반응을 유발하며 위장에 출혈을 일으키기도 한다."는 메시지로 광고를 하였다. 타이레놀은 이 광고로 당시 그렇게 큰 재미를 보지는 못하였다. 그런데 아스피린이 "타이레놀은 아스피린보다 안전하지 않다. 어떤 정부기관의 발표도 타이레놀의 주장의 근거를 제공하지 않는다."는 내용의 광고를 시작하였다. 아스피린의 이 같은 대응 광고는 오히려 타이레놀의 포지션을 강화하는 결과를 낳았다.

소비자 인식 바꾸기

시장, 소비자 그리고 경쟁자는 정태적이지 않다. 끊임없이 변화한다. 제품에 따른 정도의 차이가 있을 뿐이다. 예컨대, 1980년대 초반에 경제적으로 풍족해지고 자신을 특별하다고 여기는 베이비붐 세대가 시장의 핵심 소비자로 부상하자 할리-데이비슨(Harley-Davidson)은 이들을 표적소비자로 '할리 데이비슨=전통적인 스타일의 대형 모터사이클'로 브랜드의 포지션에 변화를 주었다.

환경의 변화가 어떤 제품이나 브랜드에는 긍정적으로 작용하지만 다 그런 것은 아니다. 만약, 부정적인 영향을 받으면 기업은 이를 돌파할 전략을 고심하게 된다. 한 가지는 환경 변화에 대응하기 위해 신제품을 출시하는 것이고 다른 한 가지는 기존의 제품이나 브랜드에 대한 소비자 인식에 변화를 주는 것이다. 신제품을 출시하는 것이나 기존 제품이나 브랜드의 인식을 변화하는 것 모두는 위험부담이 따르지만 기업이 처한 상황에 따라 신제품을 출시하기보다는 기존 제품이나 브랜드의 인식을 변화하는 시도를 하게 된다. 기존 제품이나 브랜드에 대한 소비자의 인식에 주요한 변화를 일으키는 과정을 '**리포지셔닝**(repositioning)'이라 한다.

구체적으로 보자면, 리포지셔닝은 자사 브랜드를 표적소비자에게 더욱 의미 있는 것으로 만들기 위해 현재의 브랜드 위치에 변화를 주는 것이며(Vashisht, 2005), 경쟁 브랜드에 대한 자사 브랜드의 상대적인 소비자 지각을 바꾸는 것이다(Lamb, Hair, & McDaniel, 2009). 리포지셔닝의 핵심은 '변화'이며, 변화는 기존 고객을 대상으로 할 수도 있고 새로운 소비자층을 대상으로 할 수도 있다. 리포지셔닝이 성공적이려면 리포지셔닝에 관여하는 두 가지 심리기제를 알아야 한다.

- 새로운 포지셔닝의 학습
- 과거 포지셔닝의 억제

리포지셔닝이 성공하려면 먼저 새로운 포지셔닝을 표적소비자가 '학습'해야 한다. 하지만 이미 머릿속에 심어져 있는 기존의 포지셔닝이 떠오르는 것은 '억제'되어야 한다. 이 두 가지를 달성해야만 리포지셔닝에 성공할 수 있다.

- 광고를 '본다'는 것은 광고를 '주관적으로 해석'하는 과정이다. 광고라는 것은 객관적인 실체와는 별개로 어떤 제품이나 브랜드에 대한 소비자의 '인상(impression)'과 관련된다.
- 소비자는 결코 광고를 '백지상태'에서 받아들이지 않는다. 해석과정은 거의 자동적으로 일어난다.
- 첫인상 효과란 어떤 대상에 대해 최초에 형성된 인상이 지속적으로 영향을 미치는 현상이다. 이는 '초두 효과(primacy effect)'의 작용 때문이다. 초두 효과란 우리가 어떤 정보를 기억할 때 나중에 제시된 것보다는 처음에 제시된 것을 더 잘 기억하는 현상이다. 첫인상 효과는 특히 구매주기가 빠르고 구매에 뒤따르는 위험이 낮은 일상용품이나 또는 식품과 같이 소비자의 관여도가 낮을 때 더 잘 나타난다.
- 우리는 세상의 다양한 대상에 대해 비교적 잘 구조화된 '지식의 네트워크'를 가지는데 이를 '도식'이라 한다. 도식(스키마, schema)은 정보유목과 정보들 간의 관계를 조직화하는 생각이나 행동의 체계화된 패턴으로, 고정관념, 편견 등도 도식에 해당한다. 제품이나 브랜드도 네트워크로 된 지식의 덩어리로 구성된다.

- 소비자는 브랜드뿐만 아니라 '광고 그 자체'에 대해서도 도식을 가진다. 도식과 일치하는 광고가 소비자의 주목을 끄는 데는 한계가 있다.
- 포지셔닝은 표적소비자의 마음속에 일어나는 '그 무엇'이다. 포지셔닝은 표적소비자가 제품이나 브랜드에 대한 정보를 선택하고, 조직하며, 해석하는 방식에 가하는 행위이다. 기존 제품이나 브랜드에 대한 소비자의 인식에 주요한 변화를 일으키는 과정을 '리포지셔닝(repositioning)'이라 한다.

제4장

의식의 통제를 벗어난 광고효과

제4장

의식의 통제를 벗어난 광고효과

당신이 웹페이지를 방문할 때 무엇을 볼 것인지, 얼마나 오래 볼 것인지, 다음 페이지로 넘길 것인지와 같은 모든 행동은 철저히 당신 자신의 의식적인 통제하에 있다고 믿는가? 한 흥미로운 연구결과로 이 장을 시작할까 한다.

'클릭테일(ClickTail)'이라는 웹커뮤니케이션 컨설팅사는 웹페이지의 모델이 남성일 때와 여성일 때 방문자의 탐색 행동은 어떤 영향을 받을지 궁금했다. 클릭테일사는 주인공 모델이 각각 남성과 여성인 웹페이지를 제작했다(모델의 성을 제외한 내용과 구성은 모두 동일했다). 그리고 남성과 여성 참여자를 대상으로 웹페이지를 자유롭게 검색하게 하고는 정교한 기법을 사용하여 이들의 검색행동을 분석했다. 결과는 어땠을까? 웹페이지의 모델이 남성일 때는 참여자의 성별에 관계없이 능동적이며 직접적으로 웹의 콘텐츠와 상호작용을 통제하려는 행동을 보였다. 반면에, 웹페이지의 모델이 여성일 때에는 수동적이며 더 많은 정보를 얻으려 하고 웹사이트의 가이드 지시문에 더 많이 의존하였다. 이런 행동 차이는 참여자의 성별과는 무관했다. 연구자는 실험이 종료된 후에 왜 능동적으로 또는 수동적으로 웹페이지의 내용을 탐색했는지 질문하였다. 참여자들은 자신이 한 행동은 웹페이지의 모델과는 아무런 관련이 없다고 대답했다! 이런 일은 가능할까? 가능하다면 왜 그럴까?

머릿속의 네트워크

콜린스와 로프투스(Collins & Loftus, 1975)는 우리 머릿속의 지식이 어떻게 구조화되어 있는가에 대해 흥미로운 모형을 제시했다. 이들은 우리 머릿속의 지식은 위계적이기보다는 그물망과 같은 네트워크로 구조화된다고 주장한다. 네트워크는 수많은 노드(node)와 링크(link)로 구성된다([그림 4-1] 참조).

그런데 네트워크를 구성하는 노드들이 링크에 의해 서로 연결되는 강도(strength)는 같지 않다. 예컨대, 햄버거는 우유보다는 콜라와 더 강력하게 연결된다. 영화와 비스킷과의 링크보다는 영화와 팝콘과의 링크가 더 강하다. '강력하게 연결된다.'는 것은 링크로 서로 연결된 노드 중에서 어느 한 노드가 자극되면 연결이 느슨한 링크의 노드(영화와 비스킷)보다는 연결이 강한 링크의 노드(영화와 팝콘)가 동시에 자극될 가능성이 높아진다. 머릿속에 저장되어 있는 지식들이 네트워크로 떠오르는 이러한 현상을 **'활성화 확산**(spreading activation)'이라 한다(Anderson, 1983). 한 노드의 활성화('여름')는 연결이 강한 노드('바다')로 '확산'되는 것이다.

이 과정을 신경생리학적으로 말하자면, 인간의 뇌는 **뉴런**(neuron)

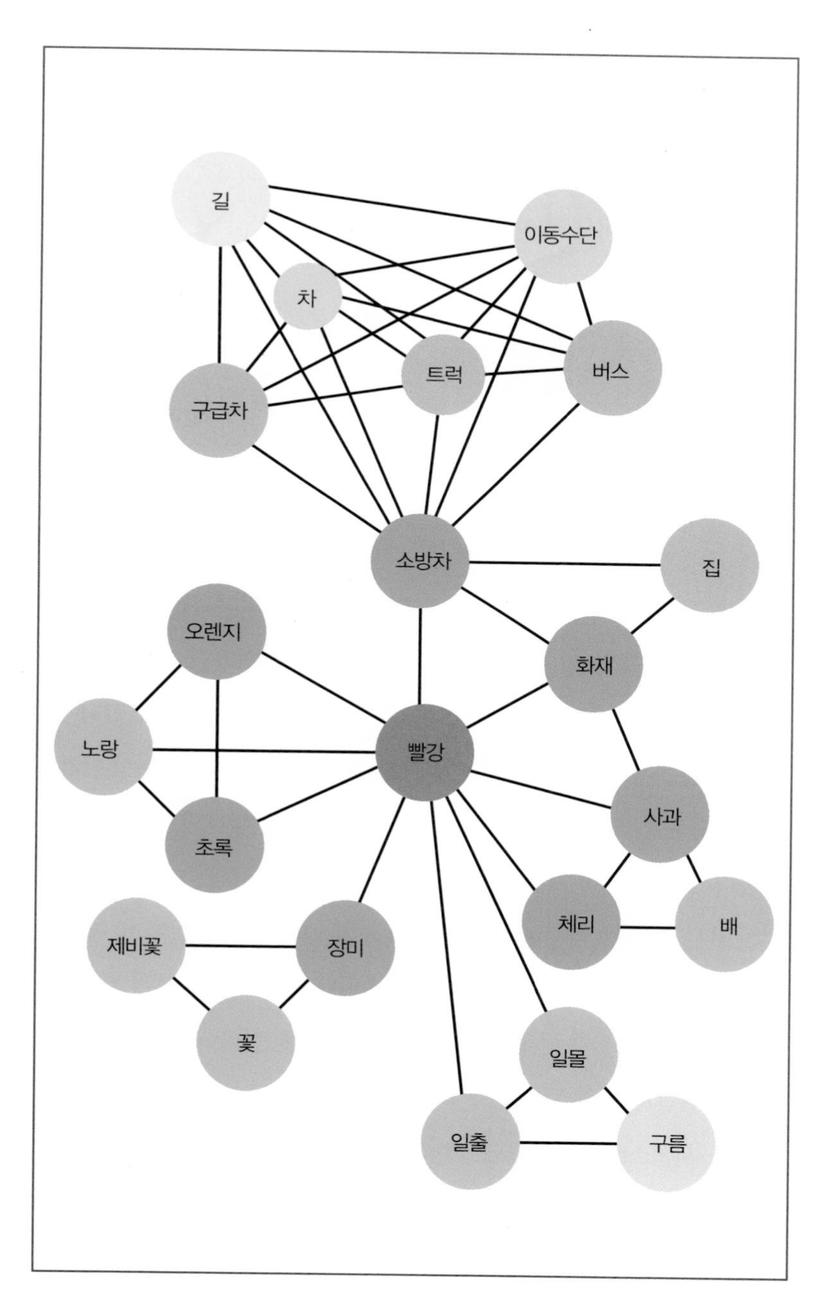

[그림 4-1] 활성화 네트워크(노드, 링크) 모형

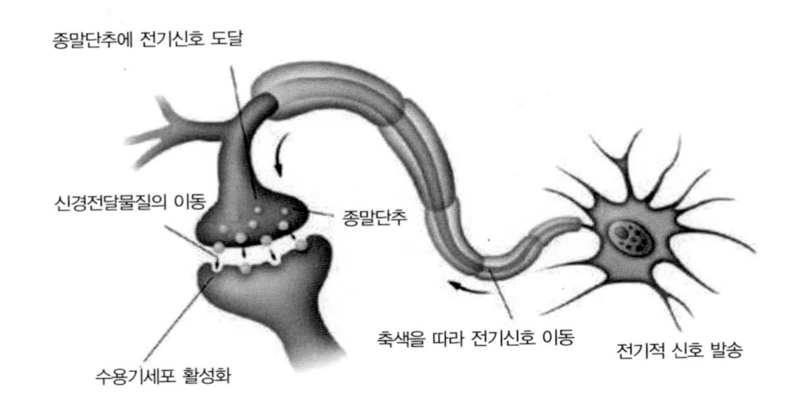

[그림 4-2] 뉴런 전달과정

이라는 신경계를 이루는 기본 세포단위로 구성된다. 정확한 뉴런의 수는 아직 알려져 있지 않지만, 인간의 뇌와 척수(spiral cord)의 중추신경계에는 엄청난 수의 뉴런이 존재하는 것으로 알려져 있다. 그리고 수많은 뉴런은 서로 네트워크를 이룬다(링크는 상상을 초월하리만큼 복잡하게 얽혀 있다). 우리의 지식은 바로 이 네트워크에 의해 소통한다.

뉴런은 정보가 저장된 세포체(cell body)와 다른 뉴런에서 정보를 받아들이는 역할을 하는 수상돌기(dendrite), 그리고 정보를 다른 뉴런으로 내보내는 축색(axon)으로 이루어지며, 한 뉴런과 다른 뉴런(엄밀히 말하자면, 한 뉴런의 축색과 인접한 뉴런의 수상돌기)을 연결하는 부위를 **시냅스**(synapse)라고 한다([그림 4-2] 참조). 한 뉴런의 축색을 따라 전달된 신호는 시냅스를 거쳐 다른 뉴런으로 전달된다.

뉴런은 전기, 화학적(electro-chemical) 과정에 의해 다른 뉴런과 정보를 주고받는다. 뉴런의 세포막은 특정 화학물질만을 선택적으로 통과시킨다. 이 때문에 세포의 안과 밖은 화학물질의 분포가 달라지는데, 이로 인해 세포 안쪽은 음극, 세포 바깥쪽은 양극이 되어 세포막 바깥쪽의 물질이 음전하를 띠는 세포 안쪽으로 유입되려는 전기적인 힘을 가진 상태가 된다. 이 상태일 때 세포막 바깥쪽에는 나트륨이온(Na+)이 많이 분포한다. 그런데 세포막 사이의 전위에 변화가 일어나면 나트륨양이온은 갑자기 세포막 안으로 쏟아져 들어온다. 나트륨양이온이 세포막 안으로 들어오는 순간에 전위(potential) 변화가 일어나고 전위변화는 인접해 있는 뉴런의 축색 세포막에 또다시 전위변화를 일으킨다. 이런 변화과정을 '뉴런의 발화'라고 한다. 하나의 뉴런에 전기적 폭발이 일어나면 그로 인한 불이 화학적 과정에 의해 다른 뉴런으로 '확산'된다.

노드에는 특정 브랜드, 브랜드의 제품속성이나 특징 또는 브랜드의 편익 그리고 광고 슬로건이나 모델 등과 같은 다양한 지식이 포함된다. 소비자의 머릿속에는 제품이나 브랜드에 대한 다양한 지식과 지식의 네트워크가 있다. 제품이나 브랜드에 대한 소비자의 지식 역시 네트워크상의 연결강도에서 차이가 있다. 연결강도의 차이는 주로 '경험의 빈도'나 '경험의 질'에 의해 결정된다. '영화'와 '팝콘'의 연결강도가 강한 것, 즉 '영화'를 생각하면 '팝콘'이 함께 떠오르는 것은 이 두 가지가 함께 '자주' 경험되었기 때문이다.[1)]

1) 광고전략가라면 자신이 담당하는 제품이나 브랜드에 대한 소비자의 '지식 네트워크'가 어떠한지를 당연히 알아야 한다. '브랜드 인지도' '브랜드 구매 경험' 등의 자료만으로 효과적인 광고를 기획하는 것은 분명 한계가 있다.

자동성이 중요하다

정말 우리의 지식은 활성화 확산모형처럼 작동할까? 1970년대 초에 메이어와 쉬반벨트(Meyer & Schvaneveldt, 1971)는 흥미로운 실험을 하였다. 이들은 실험에서 글자의 나열이 단어인지 아닌지를 판단하는 속도를 알아보기로 했다. 어떤 단어가 연합적으로 그리고 의미론적으로 관련된 단어에 뒤따를 때는 그렇지 않을 때에 비해 단어를 판단하는 속도가 더 빠르다는 것을 발견했다. 예컨대, '간호사(nurse)'는 '빵(bread)'에 비해 '의사(doctor)'에 뒤따를 때 단어(간호사)를 알아차리는 속도가 더 빨랐다. 이들의 실험은 활성화 확산이 우리들 머릿속의 지식들이 작동하는 방식을 보여 주는 훌륭한 모형임을 실증적으로 입증한 것이다.

'**점화**(priming)'는 머릿속의 지식이 활성화 확산에 의해 작동되는 것임을 잘 보여 주는 현상이다. 점화란 어떤 자극에 대한 노출이 다른 자극에 대한 반응에 영향을 미치는 암묵적 기억효과이다(Tulving, Schacter, & Stark, 1982). '**암묵적 기억**(implicit memory)'이란, 과거의 경험이 작용하는지 의식하지 않는 상태에서 이 경험들이 현재 임무를 수행하는 데 있어 영향을 미치는 것이다.

점화효과에서는 생각이나 행동의 차이는 표적자극에 대한 점화자극의 효과로 설명된다. 결국 점화는 우리가 의식하지 못하는 상태에서 영향을 미치는 것이다.[2] 예컨대, 백화점 식품 매장을 거닐 때 풍

2) 잘츠만(Zaltzman, 1997)은 점화효과를 이용하여 브랜드 파워를 측정하였다. 그

기는 버터향의 빵 굽는 냄새는 빵을 사게 할 확률을 확실히 높인다. 어떤 표적자극(예: '간호사')은 상이한 점화자극(예: '의사' 또는 '빵')과 함께 제시될 수 있기 때문에 점화현상은 의식의 통제 밖에서 일어날 수 있는 다양한 소비자행동과 광고효과에 대해 탁월한 통찰을 제공한다.[3)]

점화는 지각적, 의미론적 또는 개념적인 자극 등 다양한 자극에 대해 일어날 수 있다. 예컨대, 'table'을 포함하는 단어 목록을 읽고 뒤이어 'tab'로 시작하는 단어를 완성하도록 하면 table이라고 답할 가능성은 table을 목록에 포함시키지 않았을 때에 비해 더욱 커진다([그림 4-3] 참조). 만약 표적자극과 점화자극 두 자극의 감각양상(그림 또는 문장 등)이 유사하면 점화효과는 더 잘 작동한다. 비주얼 이미지 점화는 비주얼 이미지 단서일 때, 그리고 언어점화는 언어단서일 때, 더 잘 작동한다. 그렇다고 다른 종류의 자극에서 점화가 일어나지 않는 것은 아니다. 점화는 다른 감각양상(시각 또는 청각) 간에도 일어난다.

는 제품유목(예: 패스트푸드)을 점화자극으로 제시하고 그 제품유목에 속한 브랜드를 순간노출기를 통해 제시한 뒤, 그 브랜드가 무엇인지 인식하는 데 소요된 반응시간을 측정하였다. 패스트푸드라는 유목을 프라임으로 제시한 뒤 일단의 소비자에게 '맥도날드'와 '웬디스'를 표적자극으로 보여 주었다. 그 결과 '웬디스'보다 '맥도날드'를 인식하는 반응시간이 훨씬 빨랐다. 이는 점화효과 때문이다. 패스트푸드는 자동적으로 웬디스보다 맥도날드가 더 빨리 활성화하였기 때문이다.

3) 말콤 글레드웰(Malcolm Gladwell)의 책 *Blink*에서는 인간의 뇌에 의한 비인지적인 정보처리(글레드웰은 이를 'rapid cognition'이라 명명한다)에 관한 다양한 주제를 다루고 있다. 때로는 통찰과 숙련된 판단이 의식적이고 세부적인 분석에 의한 것보다 더 나은 결론에 이르게 할 때도 있다. 이 중의 하나가 바로 '점화'이다.

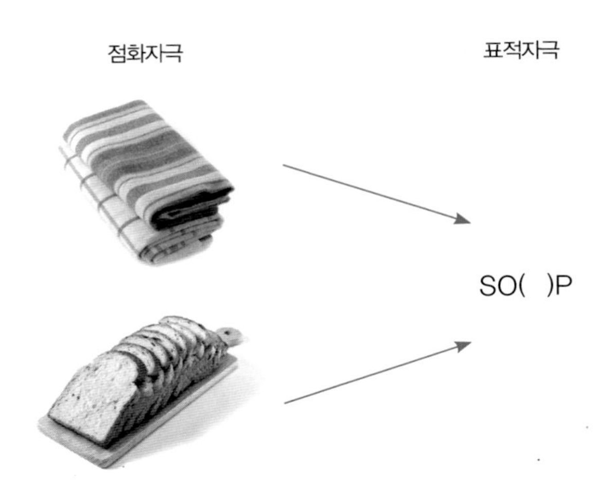

[그림 4-3] 점화와 활성화 확산

SO( )P의 ( )에 어떤 알파벳을 떠올리기 쉬운지는 점화자극이 무엇이냐에 영향을 받는다. 그리고 그 영향은 우리의 의식적인 통제를 벗어나 있다. '타올'이 점화자극일 경우 A를, '식빵'이 점화자극일 경우에는 U를 떠올릴 가능성이 높다.

플로리다 효과

광고효과에서 **고정관념**(stereotype)은 매우 중요한 역할을 한다. 고정관념이란 우리가 어떤 대상에 대해 가지는 비교적 지속적인 일반화된 생각이다. 광고모델, 장면 등은 소비자의 고정관념을 잘 이용한다. 고정관념은 매우 경제적으로 의미를 전달하는 기능을 한다.

점화는 우리들이 다양한 대상에 대해 가지는 '고정관념'에서 중요한 역할을 한다. 어떤 반응에 주의를 기울이면 비록 주의를 기울인 반응이 바람직하지 않은 것이라고 해도 그 행동에 대한 반응을 '자동적'으로 점화한다. 예컨대, '세련된'이나 '예의 바른'과 같은 특질 묘사가 특정 유형의 사람과 자주 결합되어 사용되면 이러한 묘사는 어떤 사람의 행동을 해석할 때 자동적으로 사용될 수 있다(성별, 직업 그리고 지역, 심지어는 특정 브랜드의 제품을 애용하는 소비자 유형에 대해서도 우리는 특정한 특질들을 더 자주 사용하는 경향이 분명히 있다). 이런 현상은 브랜드에서 잘 나타난다. A라는 브랜드가 '혁신적'이나 '미래지향적'인 단어와 자주 결합되면 A브랜드는 혁신이나 미래지향과 관련되는 생각이나 행동에 영향을 미칠 수 있다.

사람들은 이를 알아차리지 못하며 때로는 개인의 신념과는 일치하지 않는 행동으로 이끌기도 한다. 심지어 개인이 점화자극을 의식하지 않아도 점화는 일어날 수 있다(Bargh & Williams, 2006). 1996년에 바그(Bargh) 등은 흥미로운 연구를 수행하였다(Bargh, Chen, & Burrows, 1996). 이들은 연구에 참여한 사람들에게 단어들을 사용하여서 문장을 만들도록 했다. 한 집단의 참여자들에게는 무작위로 선정한 단어들을 제공했다. 다른 한 집단의 참여자들에게는 '노인'과 관련되는 단어들을 제공했다. 노인과 관련되는 단어들은 '망각' '주름' 등이었으며 '플로리다'[4]도 그중 한 단어였다. 단어를 사용한 문장 작업이 끝난 후, 복도를 걸어서 다른 연구실로 간 다음, 다른 연구에 참여해 줄 것을 요청했다. 연구자들은 실험 참여자들이 복도를 걸어갈 때 걸음의 속도를 측정하였다. 놀랍게도 '노인'과 관련된 단어들로 문장 작업을 한 참여자들의 걸음걸이가 무작위 단어로 문장 작업을 한 참여자들의 걸음걸이에 비해 유의하게 더 느렸다. 하지만 참여자 자신은 이런 사실을 전혀 몰랐다! '**플로리다 효**

4) 미국의 플로리다는 노인들이 노후를 보내기에 가장 선호되는 지역으로 노인과 함께 자주 사용되는 지역명이다.

과(Florida effect)'가 탄생한 순간이다.

실험에 참여한 사람들 중 노인과 관련된 단어들에 노출된 사람들은 자신도 의식하지 못한 채 노인의 고정관념과 관련된 단어들(주름, 망각, 플로리다 등)에 의해 점화된 것이다. 연구에 사용된 노인과 관련된 점화 단어들은 걸음걸이나 걸음 속도에 대해 직접적으로 언급하지 않았지만 이러한 단어는 '노인=느린 걸음'을 점화하였다. 노인과 같은 사회적 유목의 점화가 자동적으로 노인에 대한 고정관념과 일치하는 행동(느리게 걷기)을 유발한 것이다. 고정관념 점화의 또 다른 예로는 주의집중을 높이고 분석적이며 체계적인 사고를 하게 하는 '교수 점화', 그리고 과격한 행동을 유발하는 '훌리건(hooligan) 점화'도 있다(Dijksterhuis & Knippenberg, 1998).

플로리다 효과와 유사한 현상은 다른 연구에서도 나타났다. '무례한 행위'와 관련된 단어로 점화된 실험 참여자는 연구 과정에서 연구자를 더 많이 괴롭히고 방해하였다. 그리고 '공손한 행위'와 관련된 단어들로 점화된 피험자는 연구자를 덜 방해하고 협조적이었다. 예일 대학교에서 수행된 한 연구에서는 단어가 아닌 신체적인 자극도 점화효과를 일으킨다는 놀라운 결과가 나타났다. 인터뷰 전에 어떤 참여자에게는 뜨거운 음료를 주었고 어떤 참여자에게는 차가운 음료를 주었는데 온도의 음료에 따라서 면접과정에서 면접자에 대해 호의적이거나 부정적으로 대하는 행위를 보였다(Williams & Bargh, 2008).

소비자 자신도 의식하지 못하는 선택행동

최근에 와인을 구입한 적이 있는가? 구입한 적이 있다면 그때 왜 특정 브랜드를 구입하였는가? 맛? 향? 당도? 가격? 아마 모두 아닐지 모른다. 당신이 알지 못하는 다른 '뭔가'의 영향 때문에 특정 브랜드의 와인을 구입했을 수 있다!

노스(North) 등은 실제 그러한 일이 일어날 수 있는지 알아보기로 했다(North, Hargreaves, & McKendrick, 1999). 이들은 프랑스산 와인과 독일산 와인을 매장에 진열하였다. 물론, 가격과 당도 그리고 차지하는 공간과 진열 위치 등에서는 두 제품 간에 차이가 없도록 정교하게 조작하였다. 하지만 매장의 배경음악만은 달리하였다. 하루는 프랑스 음악을 그리고 다른 날은 독일 음악을 내보냈다. 이들은 과연 매장의 배경음악이 와인을 선택하는 데 영향을 미치는지 알고 싶었다. 놀랍게도 와인 구매는 배경음악의 영향을 받는다는 결과가 나타났다. 프랑스 음악을 내보낸 날은 독일산 와인보다 프랑스산 와인이 더 많이 팔렸고, 독일 음악을 내보낸 날은 독일산 와인이 더 많이 팔렸다(물론, 통계적으로 유의한 차이였다). 더욱 놀라운 것은, 실제 구매자를 대상으로 구매 이유에 대해 질문했더니 매장음악의 영향을 받았다고 응답한 구매자는 단지 6%에 불과했다. 94%의 구매자는 음악의 존재와 영향에 대해 전혀 알지 못했다.

청각자극인 음악이 구매에 '알아채지 못하는' 영향을 미친다면 후각자극인 '냄새'는 어떨까? 허쉬(Hirsch, 1995)는 라스베이거스의 카지노를 세 개의 구역으로 나누어서 두 개의 구역에는 각기 다른 냄새가 나게 하고 나머지 한 구역은 아무런 냄새도 나지 않게 하였다. 그리고 각 구역별로 카지노 게임에 얼마나 많은 돈을 썼는지 알아보았다. 냄새 외에 다른 조건은 동일했음에도 불구하고 냄새에 따라(구역에 따라) 게임에 쓴 돈은 냄새가 나지 않은 구역과 비교해 통계적으로 유의하게 많았다.

감각자극이 아니라 단순한 타인의 존재 자체도 의식하지 못하는 영향을 미칠 수 있다. 예컨대, 놀이공원이나 매장에 줄을 서서 음식을 살 때 앞 사람의 구매행동은 다음 사람의 구매에도 영향을 미친다. 만약 당신이 놀이공원에서 매장을 운영한다면 맥퍼런 등의 연구(McFerran, Dahl, Fitzsimons, & Morales, 2010)에 관심을 가지기를 권한다. 이들의 연구에서는 실험 참여자에게 연구의 목적은 영화에 대한 반응을 알기 위한 것이라고 하고는, 영화를 보는 동안에 먹을 간식거리로 사탕을 준비했으니 집어 가도록 했다. 줄을 서서 사탕을 집어 가야 했는데 실험 참여자의 바로 앞에는 실험 협조자를 배치하였다. 실험 협조자는 날씬한 사람과 뚱뚱한 사람 그리고 사탕 조금 가져가기와 사탕 많이 가져가기의 조건별로 신체와 사탕의 양을 조합하고 각 조건별로 실험 참여자가 과연 사탕을 얼마나 가져가는지 보았다. 예컨대, 앞 사람이 뚱뚱하면서 소량의 사탕을 가져갔을 때 실험참여자는 오히려 사탕을 많이 가져갔다. 하지만 앞 사람이 뚱뚱하면서 많은 사탕을 가져간 경우에는 사탕을 적게 가져갔다. 왜 그랬을까? 앞 사람의 체형이 '다이어트'와 관련된 행동을 점화하였기 때문이다.

웹사이트의 디자인이 무엇을 살지 결정한다

우리는 온라인을 통해 물건을 자주 구입한다. 온라인에는 셀 수 없이 다양한 판매 사이트와 제품 그리고 브랜드들이 있다. 이런 환경에서 소비자는 무엇을 살지 어떻게 결정하는 것일까? 우리는 인터넷을 서핑하면서 스스로가 합리적이며 이성적인 존재라고 확신한다. 이것저것 비교하고 따져서 마침내 결정하고 뿌듯해한다. 하지만 항상 그런 것은 아니다. 방문하는 웹사이트의 컬러체계나 디자인과 같이 제품과는 직접적인 관련이 없는 요소가 방문자의 구매행동에 영향을 미칠 수 있다. 웹사이트의 디자인은 방문자가 무엇을 구입할 것인지에도 영향을 미칠 수 있다. 웹사이트의 디자인은 **'숨어 있는 설득자'**의 역할을 한다.

한 연구에서는 웹페이지의 디자인이 소비자의 제품 선택에 과연 영향을 미치는지 알아보기 위해 웹페이지의 배경 색상과 디자인을 조작했다(Mandel & Johnson, 2002). 먼저, 사용자에게 동일한 유목의 두 개 제품 중에서 하나를 선택하라고 하면서 웹사이트의 디자인이 '돈(초록색 바탕에 페니 동전의 무늬)'을 점화했을 때 방문자들은 웹페이지의 다른 정보에 비해 가격 정보에 더 오래 주시했다. 한편, '안락함'으로 점화된 방문자들은 다른 정보에 비해 '안락함'에 관련된 정보를 더 오래 주시했다. 더 놀라운 것은 이러한 효과는 방문자가 제품의 전문가이더라도 예외가 아니라는 것이다.

적절한 배경 이미지를 이용해 방문자를 점화함으로써 그들의 검색 행동과 제품 선택에 영향을 미칠 수 있다면 이것이 온라인 비즈

니스에서 차지하는 함의는 엄청나다. 예컨대, 어떤 회사가 에너지 소비량에서는 낮은 평가를 받지만 모터 속도가 빠른 세탁기를 팔고 있다면 방문자를 속도로 점화해서 다른 세탁기의 속도와 비교하게 만들 수 있다. 속도에 주의를 집중하게 함으로써 판매를 증진할 수 있는 것이다. 웹페이지의 디자인은 단지 눈길을 끌거나 예술적인 장치 그 이상의 역할을 할 수 있는 것이다. 온라인 쇼핑은 소비자가 더 쉽게 제품을 탐색하고 또 소비자 스스로 자율적인 결정을 하도록 함에도 불구하고 구매행동은 소비자가 의식적으로 알아채지 못하는 미미한 변화에 의해 영향을 받을 수 있다.

맥락이 중요하다

1997년 7월 4일, 나사(NASA)의 화성 탐사선 패스파인더(Pathfinder)가 화성에 성공적으로 착륙했음을 알리는 언론 보도가 대대적으로 있었고 많은 사람의 관심이 집중되었다. 그런데 이 기간 동안에 캔디 제조기업인 마스(Mars) 매출이 이례적으로 급신장했다. 왜 이런 결과가 나타났을까? 실제 마스는 창립자 이름과 관련된 것이지 화성과는 아무런 관련이 없다. 그럼에도 불구하고 단지 마스라는 단어의 존재만으로 매출에 영향을 받은 것이다.

표적(제품이나 브랜드)은 통상 특정한 점화자극(소비, 구매환경 그리고 구매대상)과 함께 나타날 가능성이 높다. 이러한 현상은 표적과 점화자극의 연합을 강화하여 '**연합점화**(associative priming)'로 작용한다. 예컨대, 개는 고양이에 대한 연합점화를 일으킨다. 햄버거는 콜라의 연합점화 자극이다. 두 사물은 동시에 함께 자주 사용되기 때문이다(Matsukawa, Snodgrass, & Doniger, 2005). 스포츠 장면이나 스포츠인은 이온음료의 연합점화 자극이 된다. 한때, 어떤 도너츠 브랜드는 도너츠를 커피의 연합점화 자극으로 만들고자 상당 기간 광고를 집행한 적이 있다.

이러한 현상은 '**맥락점화**(contextual priming)'로 작용한다. 맥락점화는 특정 맥락에서 함께 발생할 가능성이 높은 자극의 처리를 가속화한다. 맥락이 정보처리를 자동적으로 가속화하는 것이다. 우리가 독서를 하는 것도 결국 맥락점화 때문에 가능한 것이다. 글을 읽을 때 문장의 문법과 어휘는 그 문장에서 곧 등장할 단어에 대한 맥락으로 작용한다. 어떤 단어는 그것이 독립적으로 제시될 때보다는 문장 속에서 제시되면 더 빨리 처리된다(Stanovich & West, 1983).

어떤 구매나 소비상황 그리고 특정 환경이나 제품 또는 브랜드를 빈번하게 함께 경험하면 그러한 상황이나 환경이 나타날 때 제품이나 브랜드에 대한 처리가 더 쉽게 일어난다. 나아가 이는 제품이나 브랜드에 대한 평가와 선택 행동에도 긍정적인 영향을 미친다(Nedungadi, 1990). 한 연구에서는 참여자들에게 케첩 제품을 평가하게 했다. 한 집단에는 케첩을 패스트푸드점의 맥락에서 소개했고 다른 집단에는 슈퍼마켓 맥락에서 소개했다. 케첩에 대한 평가는 '패스트푸드점 맥락'에서 제시되었을 때 더 긍정적이었다. 일반적으로 케첩은 패스트푸드점과 더 밀접하게 연합이 되기 때문에 제품에 대한 정보처리가 더 쉽게 이루어지고 이는 긍정적인 평가로 연결된다(Lee & Labroo, 2004).

당신은 누군가 설문 작성을 부탁해서 응해 준 적이 있을 것이다.

한 연구에서는 참여자들에게 설문 작성을 요청하면서 어떤 사람에게는 오렌지색 펜을 주고 또 어떤 사람에게는 푸른색 펜을 주었다. 설문지는 제품 선택에 관한 것이었다. 그런데 설문에 제시한 제품들은 세 부류로 구성되었다. 어떤 제품들은 오렌지색과 관련된 것이었고(예: 환타), 어떤 제품은 푸른색(예: 스프라이트) 그리고 어떤 제품은 펜의 색과는 무관한 것이었다. 설문에 응한 사람들은 어떤 제품을 더 많이 선택했을까? 놀랍게도 사람들이 선택한 제품은 그들이 설문 작성에 사용한 펜의 색과 관련이 있는 것들이었다!

'**생일 효과**(birthday effect)'라고 들어 보았는가? 프랑스 심리학자들은 생일과 같이 개인과 관련된 좋은 날이 개인의 판단에 영향을 미친다는 선행 연구결과가 소비맥락에서도 작동하는지 알아보고자 했다(Guéguena & Jacoba, 2013). 연구자들은 악기가게를 방문한 소비자들에게 다시 전화를 걸어서 방문했던 가게에 대한 평가 질문에 응해 줄 것을 요청하였다. 그런데 전화를 거는 시점을 '생일 하루 전' '생일 당일' 그리고 '생일 하루 후'의 세 가지로 구분하였다. 놀랍게도 전화 요청에 대한 수락률은 전화를 언제 걸어서 부탁을 했느냐에 따라 유의하게 차이가 있었다. 생일 당일에 전화를 했을 때 수락률이 가장 높았다([그림 4-4] 참조). 다음은 생일 하루 전 그리고 생일 다음 날 순이었다. 생일에 수락률이 가장 높은 것은 긍정적인 기분 때문이었다. 물론, 이 연구에서도 응답자들은 자신의 수락 행동이 생일과 직접적인 연관이 있다는 것은 인식하지 못하였다.

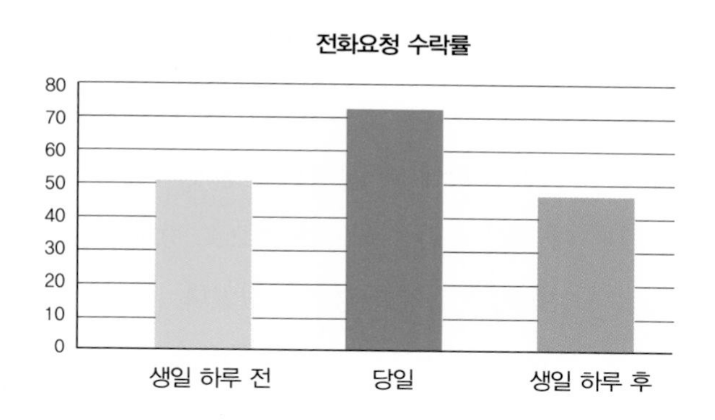

[그림 4-4] 생일 효과

옆에서 일어나는 일이 중요하다

한 대상에 의해 유발된 정서가 다른 대상에 대한 정서에도 의식하지 못하는 영향을 미칠까? 최근 한 연구에 의하면 이 질문에 대한 답은 '그렇다'이다. 카펜티어 등(Carpentier, Northup, & Parrott, 2014)은 어떤 자극에 의해 유발된 감정이 그것과는 '무관한' 대상에 대한 감정에도 영향을 미치는지에 관심을 가졌다. 이들 연구자들은 연구에 참여한 사람들에게 온라인 게임을 하게 했다. 게임을 하는 동안에 컴퓨터 화면의 주변부에 배너광고를 노출하였다. 배너광고는 두 가지로 조작하였는데 한 가지 광고는 남녀가 키스를 하는 낭만적인 장면이었고, 다른 한 가지 광고는 감정과는 무관한 중립적인 장면이었다. 광고를 본 후, 참여자들에게 어떤 낯선 사람을 보여 주고 그 사람이 얼마나 매력적인지 판단하도록 하였다. 어떤 결과가 나타났을까? 낭만적인 장면이 담긴 배너광고에 노출된 참여자들은 중립적인 장면의 광고에 노출된 참여자들에 비해서 낯선 사람을 더 매력적으로 평가하였다. 배너광고에 의해 유발된 정서가 배너광고와는 직접적인 관련이 없는 낯선 사람에 대한 정서 반응에 영향을 미친 것이다. 참여자들에게 왜 낯선 사람을 더 매력적으로 평가했는지를 물었을 때 배너광고의 영향이라고 답한 경우는 없었다.

유사한 연구를 하나 더 살펴보자. 참여자들에게 '단어 찾기 과제'를 하도록 했다. 단어들은 두 유목으로 구성되었는데 한 부류는 매력이나 선정성을 암시하는 '사랑' '짝' '마음'과 같은 단어들로, 그리고 다른 한 유목은 '논리' '정상'과 같은 정서 중립적인 단어들로 이루어졌다. 과제를 마친 다음에 독립적인 연구라고 말한 다음에 낯선 사람을 제시하고 그 사람이 얼마나 매력적인지 평가하도록 했다. 결과는 당신이 짐작하는 대로 나타났다. 매력이나 선정성을 암시하는 단어들로 과제를 수행한 참여자들은 중립적인 단어로 과제를 수행한 참여자들에 비해 낯선 사람을 더 매력적으로 평가했다. 물론 이 연구에서도 참여자들은 앞서 수행한 과제가 낯선 사람에 대한 평가에는 아무런 영향을 미치지 않았다고 응답했다(Carpentier et al., 2014). 이 연구는 배너광고의 연구 결과보다 더 극적이다. 환경에 존재하는 매우 단순한 자극에 노출되는 것으로도 다른 대상에 대한 정서에 영향을 미칠 수 있다는 것을 보여 준다.

구글 효과

매체는 저마다 다르지만 여러 면에서 수렴되고 있다. 모든 매체는 진화 중이며 서로 유사해지고 있다. 과거나 지금이나 방송연구 분야에서 일차적인 관심사는 어떻게 하면 청중이 광고를 보게 할 것인가이다. 프로그램의 전후에 방영되는 광고라고 해도 방영 위치에 따라 그 효과는 같지 않다. 관여도가 높은 프로그램의 광고 시청률은 그렇지 않은 광고 시청률보다 높다. 인쇄와 온라인 매체에서는 광고주가 광고 배치를 이용할 수 있다. 바로 이 점을 방송광고에도 적용하는 것이 현실화되고 있다.

구글(Google)은 디지털 세계에서 '**맥락광고**(contextual ad.)'를 선도해 왔다. 이제 방송도 그간 인쇄매체가 해 왔던 방식에 주의를 돌려야 한다고 소리치는 것은 무슨 의미일까? 바로 콘텐츠를 이용하는 것이다. 이미 인쇄매체 광고들은 콘텐츠를 이용하지 않았는가. 독자는 선행뉴스를 항상 요구한다. 독자는 뉴스와 (그리고 일부는) 광고를 위해 신문을 본다. 신문은 가지고 다닐 수 있으며, 독자는 그들의 일정에 맞춰서 읽을 수 있다. 인쇄나 디지털매체는 광고를 콘텐츠에 인접시켜서 독자가 다른 개념을 생각하도록 함으로써 무의식적인 수준에서 연합학습을 강화할 수 있다. 이는 '**맥락배치**(contextual placement)'이다. 콘텐츠는 관련 뉴스일 수도 있고 표적 섹션 또는 특정 페이지 그리고 특별 증보판이나 애드버토리얼일 수도 있다. 콘텐츠로 광고를 점화하는 것은 시청자나 독자가 광고주가 원하는 생각을 하도록 함으로써 무의식적인 수준에서 작동한다. 맥락광고 배

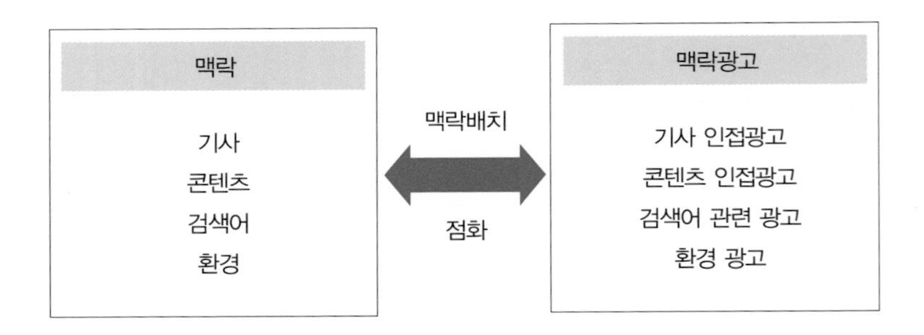

[그림 4-5] 맥락광고의 유형과 효과기제

치는 아마도 그러한 발견과 관련된다. 적절한 광고 배치는 독자가 이해하게 함으로써 커뮤니케이션의 효과를 향상할 수 있다. 적절한 광고 배치는 신문의 다양한 콘텐츠와 통합될 수 있다.

신문은 콘텐츠로 독자를 끌어들인다. 콘텐츠는 광고의 효과에 힘을 실을 수 있다. 우리들이 내리는 결정의 약 85%는 의식 하 수준에서 이루어지기 때문에 신문에 출판되는 모든 것은 독자에게 영향을 미친다고 할 수 있다. 신문은 콘텐츠를 어떻게 제공하느냐에 따라 광고 메시지의 임팩트를 결정할 수 있다. 그리고 이는 구독률과 광고주 사업에도 영향을 준다. 하지만 커뮤니케이션의 성공 여부를 측정하는 것은 결코 쉽지 않다. 학자들은 일반적으로 의식적 사고에 접근해야 답할 수 있는 것을 측정하려고 하며, 통상 질문하는 내용은 브랜드 인지이다. 그러나 최근에 들어서 광고주들은 실제 판매 자료나 구매 의도 자료가 광고효과의 더욱 훌륭한 측정치임을 알게 되었다. 이런 자료가 브랜드 인지와 같은 표준 측정치보다 더 유용하다는 것을 알게 된 것이다.

점화는 광고 메시지에 대한 소비자의 해석에서 매우 중요한 역할을 한다. TV나 라디오의 프로그램, 잡지나 신문의 기사 그리고 매체에 등장하는 제품이나 브랜드 등 다양한 자극이 자사 광고 메시지 해석에 영향을 미치는 점화자극이 될 수 있다. 광고에 대한 점화자극의 효과는 잘 정리되어 있다. 몇 가지 사례를 살펴보자. TV프로그램에 의해 유발된 분위기는 광고에 전이된다. 일반적으로, 유쾌한 프로그램에 뒤따르는 광고는 더 설득력이 있으며 소비자 평가도 더 긍정적인 경향이 있다. 잡지 브랜드가 지닌 권위는 광고 브랜드에도 전이될 수 있다. 권위 있는 잡지에 게재되는 광고는 광고 브랜드에 대한 지각을 향상할 수 있다. PPL(product placement) 역시 맥락효과의 영향을 받는다. PPL의 경우 맥락은 협찬 프로그램이다.

매체점화

맥락점화 효과는 인접한 기사나 광고에 의해서만 일어나는 것이 아니다. 매체(medium) 그 자체가 맥락점화를 유발하기도 한다. 광고 매체의 선택은 제품의 특정 편익이나 이점의 커뮤니케이션 효과를 창의적으로 제고할 수 있다. 에너지 음료는 신문보다는 엘리베이터에 광고를 집행하면 더 많은 관심을 유발할 수 있다. 엘리베이터는 행복감, 넘치는 힘 그리고 빠름을 점화하는 점화자극이기 때문이다.

점화는 어떤 생각이나 느낌을 활성화할 뿐만 아니라 광고의 정보가 해석되는 방식에도 영향을 미친다. 마케터나 광고인은 점화를 잘 활용함으로써 커뮤니케이션 설득효과를 극대화할 수 있다. 물론 점화만이 성공을 결정하는 것은 아니다. 브랜드가 점화에 관련되는 의미와 소비자에 대한 관련성이 있어야 한다.

최근 들어 TV, 라디오, 신문, 잡지의 전통적인 4대 매체만 이용하여 표적 집단에 효과적으로 브랜드를 노출하는 것이 한계에 부딪히면서 브랜드 메시지를 전달하기 위해 동원되는 매체 유형은 급속도로 다양해지고 있다. 재떨이, 컵 받침대, 에스컬레이터, 골프장의 홀, 심지어 빌딩 외벽 등 브랜드를 노출하기 위해 이용되는 매체 아이디어는 계속 개발되고 있다. 이 경우 미디어 플래너의 관심사는 표적 집단의 **매체 망**(표적소비자의 하루 시간대별로 이동경로에서 부딪히게 되는 매체 구성)을 중심으로 하여 다양한 매체를 통해 브랜드 네임이나 로고 또는 핵심적인 브랜드 콘셉트를 좀 더 비용 효율적으로 노출하는 것이다. 그런데 대부분의 미디어 플래너는 노출의 극대화에 주로 신경을 쓰는데, 그보다는 이용하는 **매체 그 자체가 유발하는 점화의 효과**를 알아야 한다.

매체의 맥락점화는 매체 자체가 활성화하는 지식에 의해 유발된다. KTX는 빠르다는 것을, 체중계는 다이어트나 비만을 활성화할 수 있다. 아울러 브랜드는 통상 브랜드 고유의 콘셉트를 가진다. 예

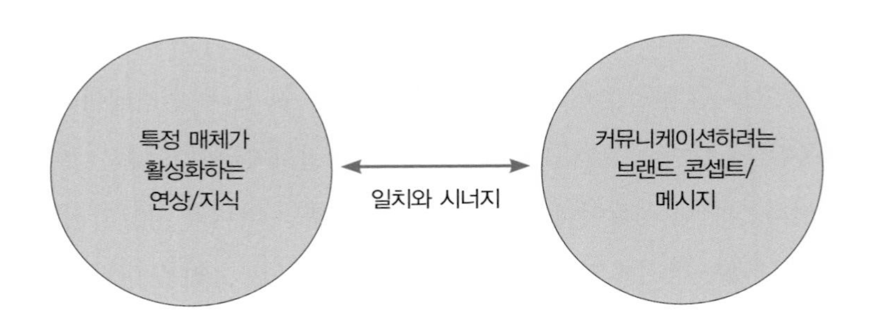

[그림 4-6] 매체점화 효과

컨대, 캐논 프린터는 색상의 선명도를, 휴렛팩커드는 인쇄 속도나 경제성을 주장할 수 있다. 이는 브랜드에 따라 활성화하는 정보가 다를 수 있음을 말한다.

그렇다면 매체가 활성화하는 정보가 브랜드 콘셉트와 일치할 때 시너지 효과를 얻을 수 있을 것이다. 휴렛팩커드 프린터가 빠른 인쇄 속도를 주장한다면 자동차 경주대회 협찬을 통해 레이싱 카에 광고를 하는 것이 축구장 펜스에 광고를 하는 것보다 효과적일 것이다. 달렌(Dahlén, 2005)은 이러한 매체의 맥락점화 효과를 실증적으로 연구하였다. 그는 '돌봄'을 주장하는 생명보험 브랜드 광고를 계란, 엘리베이터 승강기 내 번호판 그리고 신문의 세 개 매체에 집행한 뒤, 각각의 광고에 대한 태도와 브랜드에 대한 태도를 알아보았다. 연구 결과, 세 개 매체 중에서 계란에 광고를 했을 때 광고태도와 브랜드에 대한 태도가 가장 긍정적이었다. 계란이 가장 효과적인 매체인 것은 계란이라는 사물이 활성화하는 정보(깨지기 쉬우니 돌봄이 필요함)가 브랜드 콘셉트와 일치하기 때문이다. 매체가 활성화한 정보와 브랜드 콘셉트가 일치하면 그렇지 않은 경우에 비해 브랜드에 대해 더 호의적일 뿐만 아니라 브랜드 콘셉트 정보의 처리도 더욱 촉진된다.

원하는 방향으로 해석하게 만들기

점화는 특정 브랜드 지식의 회상을 촉진할 뿐만 아니라 브랜드 행위를 해석하는 데도 영향을 미친다. 특히 어떤 브랜드 속성이 여러 가지로 해석될 수 있을 때 특정한 방향으로 해석되도록 촉진하는 데 지대한 영향을 미친다. 가죽이 매우 부드러운 구두가 있다고 하자. 가죽이 부드러운 구두라는 것은 다양하게 해석될 수 있다. 가죽이 부드럽기 때문에 발이 편안한 구두로 해석되기도 하고 다른 한편으로는 가죽이 부드럽기 때문에 흠집이 잘 생기며, 형태가 쉽게 변형될 수 있는 구두로 해석될 수도 있다. 이처럼 하나의 정보가 동시에 여러 가지로 해석될 수 있을 때 점화는 정보(부드러운 가죽)의 어떤 특정 측면(편안함 또는 형태 변형)이 부각되도록 촉진하는 데 영향을 미친다.

'가죽이 부드러운 구두'는 '발이 편하다.'와 '내구성이 떨어진다.'와 같이 여러 가지로 해석 가능하다. 이럴 때에도 소비자는 해석 가능한 모든 측면에 주의를 기울이기보다는 한 가지 측면에만 주의를 기울인다. 소비자가 메시지의 특정 측면에 주의를 기울이는 것은 맥락점화 때문이다. 부드러운 가죽의 구두가 내포한 여러 가지 측면 중에서 어떤 측면에 주의를 기울일지, 부드러운 가죽을 어떻게 해석할지는 무엇이 활성화되는지에 따라 영향을 받는다(Higgins & Gillian, 1981).

잡지나 신문 또는 인터넷의 배너광고는 독립적으로 제시되지 않는다. 다른 광고와 섞여 있거나 기사와 인접해 제시되는 등 다양한 맥락에서 노출된다. 두 명의 소비자가 잡지를 읽는다고 하자. 두 명의 소비자는 모두 동일한 대형할인점 광고를 보았다. 대형할인점 광고는 '모든 품목을 가장 싼 가격에 판매한다.'는 메시지를 전달한다. 그런데 한 명의 소비자는 이 광고를 보기 전에 대형할인점이 납품회사에 압력을 가하여 부당한 공급가격을 요구하는 것이 문제라는 기사를 읽었다고 하자. 한편, 다른 한 명의 소비자는 대형할인점 간의 경쟁이 치열해져 이익을 낮추면서까지 고객만족을 위해 가격을 내리고 있다는 기사를 읽었다고 가정해 보자. 이 경우 '모든 품목을 가장 싼 가격에 판매한다.'는 대형할인점 광고에 대한 태도는 같을까? 아마 전자의 기사를 읽은 소비자는 광고의 대형할인점에 대해 부정적 태도를 가질 가능성이 크다. 왜 그럴까? 이는 바로 광고를 보기 직전에 읽은 기사(맥락)가 광고의 메시지를 특정 방식으로 해석하도록 활성화하였기 때문이다.

큰 사이즈의 스크린을 강조하는 랩 탑 광고는 비주얼의 질이나 다목적 기능을 다룬 기사에 인접하여 게재되면 더 호의적인 평가를 끌어낼 수 있다. 하지만 이동성이나 편리성을 다룬 기사에 인접한다면 스크린 사이즈를 강조하는 랩 탑 광고에 대한 관심도는 떨어진다. 맥락점화 효과는 인접한 다른 광고에 의해서도 발생한다. 어떤 컴퓨터 브랜드가 업그레이드된 사양의 A라는 신제품 컴퓨터 광고를 하면서 다양한 제품속성을 자세히 전달하는 광고를 잡지에 게재했다고 하자. 다양한 속성이라는 것은 두 가지로 해석될 수 있다. 기능이 다양한 것으로 해석될 수도 있고 복잡하여 사용하기 어려운 것으로 해석될 수도 있다. 그런데 한 잡지에는 이 광고가 실린 앞 지면에 기능의 다양성을 주장하는 컴퓨터 광고가 게재되었고 다른 잡지에는 이 광고 앞 지면에 사용편리성을 주장하는 컴퓨터 광고가 게재되었다고 하자. 이 경우 소비자가 어떤 잡지를 보느냐에 따라 A컴퓨터 광고에 대한 해석은 달라진다. 먼저 본 광고가 특정 정보를 활성화하기 때문이다(Yi, 1990).

맥락점화는 광고 브랜드에 대한 평가에도 영향을 미친다. 만약 먼저 본 광고가 특정 정보를 활성화하며 활성화된 정보가 긍정적 측면을 부각시킨다면 광고 브랜드에 대한 태도는 긍정적일 것이며, 활성화된 정보가 부정적 측면을 부각시킨다면 광고 브랜드에 대한 태도는 부정적일 것이다.

맥락점화 효과는 브랜드 활성의 과정에서 맥락이 얼마나 심대한 영향을 미칠 수 있는지 보여 준다. 브랜드 광고의 경우 경쟁사 광고나 기사의 내용 자체를 통제할 수는 없지만 점화효과를 이해함으로써 맥락을 최대한 활용할 수 있다. 광고 메시지가 결정되면 메시지에 대해 긍정적 점화를 일으킬 수 있는 광고나 기사는 적극 활용하고 부정적 점화를 일으킬 수 있는 맥락은 가급적 피하는 것이 효과적이다. 패스트푸드 브랜드는 자연식이나 건강식 또는 전이지방의 폐해를 다룬 기사와 분리하는 것이 바람직하며, 플라스틱 식품 용기 브랜드는 환경호르몬 문제를 다룬 기사와 함께 노출되는 것을 피하는 것이 바람직하다.

역하 메시지는 효과가 있을까?

제임스 비커리(James Vicary)의 '코카콜라와 팝콘 실험'은 너무도 유명해서 일반인들 사이에서도 잘 알려져 있다. 1957년에 시장조사 전문가인 비커리는 **역하 메시지**(subliminal message)의 효과에 관한 실험을 진행하였다. '역하'는 우리가 의식적으로 지각할 수 있는데 필요한 역치(threshold) 이하의 수준이다. 따라서 '역하 메시지'는 우리가 의식적으로 지각하는 할 수 없는 수준에서 제시되는 메시지이다. 비커리는 '역하 메시지'의 효과를 알고자 했던 것이다.

비커리는 뉴저지에 있는 극장에서 6주에 걸쳐 약 45,000명의 관람객을 대상으로 역하 메시지 효과를 검사했다. 관람객이 영화를 보는 동안에 비커리는 두 개의 역하 메시지('eat popcorn'과 'drink Coca-Cola')를 필름 사이에 삽입했다. 우리가 동영상의 영화를 보는 것은 사실 착시 현상 때문이다. 필름의 각 슬라이드에는 정지된 이미지가 있을 뿐이며, 단지 조금씩 다른 정지 이미지가 재빨리 변화하는 것을 우리는 움직이는 것으로 인식한다. 그러니 이렇게 빨리 진행되는 필름 슬라이드에 두 개의 메시지를 삽입하더라도 관람객은 그것을 전혀 '볼 수' 없다. 두 개의 메시지는 1초의 3/1000의 속도로 제시되었으며 매 5초마다 메시지를 삽입하였다.

역하 메시지의 효과는 팝콘과 코크의 판매량으로 측정하였다. 역

[그림 4-7] 역하 메시지를 삽입한 영화 필름

출처: http://www.businessinsider.com/subliminal-ads-2011-5

하 메시지를 상영했던 6주간의 판매량과 역하 메시지를 상영하지 않았던 6주간의 판매량을 비교하였다. 놀라운 결과를 발표하였다.

- 팝콘 판매량: 57% 증가
- 코크 판매량: 18.1% 증가

실험결과가 이슈가 되면서 역하 메시지 효과를 검증하기 위한 연구들이 진행되었고, 광고에 역하 메시지를 사용하는 것이 법으로 금지되었다(우리나라도 역하 광고를 법으로 금지하고 있다). 하지만 곧 비커리 실험의 전모가 드러났다. 1962년, 『애드 에이지(Advertising Age)』라는 광고전문 잡지와의 인터뷰에서 비커리는 그의 실험이 사실은 기울어 가는 그의 사업에 고객을 끌어들이기 위한 술책이었으며 자료도 엉터리였음을 인정하였다(Pratkanis, 1992). 비커리는 거짓말을 하였던 것이다. 이제 역하 메시지는 효과가 없다고 결론지어야 할까? 비커리의 거짓 발표 이후로 여러 연구자가 비커리 현상에 대한 복제 실험들을 진행했지만 '효과'를 보고한 연구는 없었다.

한 연구(Zajonc, 1968)는 흥미로운 결과를 보여 준다. 순간노출기를 사용해 실험참여자들에게 여러 형태의 도형을 5회씩 보여 주었다. 1000분의 1초의 속도로 순간노출기로 도형을 보여 주었기 때문에 실험참여자는 스크린에 어떤 형태의 도형이 제시되었는지 알아차리기 힘들었다. 노출이 끝난 다음, 순간노출기로 제시했던 도형과 제시하지 않았던 도형을 짝지어 제시하고 보았던 도형은 어느 것인지, 마음에 드는 도형은 어느 것인지 물었다. 흥미롭게도 실험참여자들은 어떤 것을 보았는지 정확하게 알지 못했음에도 불구하고 순간

노출기를 통해 보았던 도형을 더 선호한다고 응답하였다.[5] 이러한 현상을 '**단순노출 효과**(mere exposure effect)'라 한다.

단순노출의 극적인 효과는 닭의 수정란을 대상으로 한 실험에서도 나타났다. 부화되지 않은 계란을 두 집단으로 나누고 각 집단의 계란에 특정 음을 상당 기간 지속적으로 들려주었다. 부화된 후에 각 집단의 병아리에게 음을 들려주었는데 부화하기 전에 노출되었던 음을 일관되게 선택하는 행동을 보였다(Zajonc, 2001). 또 다른 실험에서는 한자를 전혀 접한 적이 없는 사람들에게 한자를 많은 횟수에 걸쳐 단순노출한 다음, 이들에게 여러 한자를 보여 주면서 긍정적 의미의 한자인지 또는 부정적 의미의 한자인지 평가하도록 했다. 실험에 참여한 사람들은 한자를 전혀 모르기 때문에 한자의 의미 역시 알 수가 없었다. 그런데 실험 동안에 노출된 적이 없었던 한자에 비해 노출되었던 한자에 대해 더 긍정적으로 평가하는 결과가 나타난 것이다. 유사한 실험을 '**순간노출기**(tachistoscope)'[6]를 사용해 실험참여자가 의식적으로 알아채지 못하는 속도로 자극을 보여 주었을 때도 유사한 결과가 나타났다(Kunst-Wilson & Zajonc, 1980). 이러한 연구결과는 단순노출 효과는 의식적 인지과정 없이도 일어날 수 있으며 그리고 단순노출에 의해 어떤 대상에 대한 호감이 생겼을 때 왜 그 대상을 좋아하게 되는지 추론이 개입하는 것도 아님을 시사한다(Zajonc, 1980). 단순노출 효과의 연구는 자극을 의식적으로

5) 단순노출 효과는 도형뿐만 아니라 한자, 그림, 얼굴 사진 그리고 소리 등 다양한 자극에서도 일어난다.

6) 단순노출 효과는 도형뿐만 아니라 한자, 그림, 얼굴 사진 그리고 소리 등 다양한 자극에서도 일어난다.

알아차리지 못해도 단지 그 자극에 자주 노출되는 것으로도 선호가 생길 수 있음을 보여 줌으로써 역하 메시지의 효과의 가능성을 다시 이슈화하였다.

비커리의 결과를 다른 각도에서 접근한 한 연구는 역하 메시지의 효과가 가능하다는 것을 보여 준다. 2006년에 네덜란드의 연구자들이 행한 실험은 역하 메시지가 작동할 수 있음을 보고하였다(Karremans, Stroebe, & Claus, 2006). 이들은 비커리의 실험을 복제하였는데, 실험참여자가 갈증상태에 있을 때는 역하수준에서 제시한 자극(음료의 브랜드)이 선택 행동에 영향을 미친다는 것을 확인하였다. 하지만 갈증상태가 아닐 때는 역하 메시지의 효과를 발견할 수 없었다. 이들은 연구 결과를 **'역하 점화'** 현상으로 설명하였다. 역하 메시지는 소비자의 욕구나 동기와 관련이 될 때는 효과를 발휘할 수도 있다!

역하노출 광고의 효과

단순노출 효과는 광고실무자, 특히 매체기획자에게는 매력적이 아닐 수 없다. 대부분의 광고는 소비자가 의식하지 않는 상황에서 노출되기 때문이다. 단순노출 효과는 오프라인 신문의 제호광고[7]나 TV 프로그램의 협찬광고의 효과와도 무관하지 않다.

7) 신문의 1면 제호(신문명) 옆에 게재되는 광고(에스오일, 까스활명수)

시앵 등(Xiang, Surendra, & Rohini, 2007)은 인터넷 배너광고의 단순노출 효과에 관심을 가졌다. 실험참여자에게는 컴퓨터 스크린의 기사를 읽도록 했다. 기사를 읽는 동안 스크린의 상단에는 배너광고들이 간격을 두고 제시되었다. 참여자는 기사를 읽는 데 집중했기 때문에 배너광고에는 주의를 기울이지 않았다. 실험 종료 후에 광고에 대한 태도를 측정했는데 더 자주 노출된 배너광고를 더욱 호의적으로 평가하였다. 하지만 단순노출 효과가 광고의 특정 기업이나 브랜드에서도 나타나는지에 대해서는 결과들이 일관되지는 않는다.

단순노출 효과는 여러 요인에 의해 영향을 받는다는 점도 고려해야 한다. 예컨대, 친숙한 기업이나 제품에 비해 새로운 기업이나 제품일 때 단순노출 효과는 더 잘 나타난다(Brooks & Scott, 2006).

- 소비자의 많은 행동은 의식의 통제를 벗어난 심리과정에 의해 영향을 받는다.
- 광고전략의 수립에서는 의식의 통제 밖에서 일어나는 현상을 이해해야 한다.
- 우리 머릿속의 지식은 그물망과 같은 네트워크로 구조화된다. 머릿속에 저장되어 있는 지식들이 네트워크로 떠오르는 현상을 '활성화 확산(spreading activation)'이라 한다.
- 특정 노드의 활성화는 그 노드와 강력하게 연결된 노드로 확산된다. 제품이나 브랜드에 대한 소비자의 지식 역시 네트워크상

의 연결강도에서 차이가 있다. 연결강도의 차이는 '경험 빈도' 나 '경험의 질'에 의해 결정된다.

- 점화(priming)란 어떤 자극에 대한 노출이 다른 자극에 대한 반응에 영향을 미치는 암묵적 기억효과이다. 점화는 지각적, 의미론적 또는 개념적인 자극 등 다양한 자극에 대해 일어난다.
- 점화는 특정 브랜드 지식의 회상을 촉진할 뿐만 아니라 브랜드 행위를 해석하는 데도 영향을 미친다. 특히 어떤 브랜드 속성지식이 다양하게 해석될 수 있을 때 특정한 방향으로 해석되도록 촉진하는 데 영향을 미친다.
- 맥락점화는 특정 맥락에서 함께 발생할 가능성이 높은 자극의 처리를 가속화한다. 특정 구매나 소비상황과 특정 제품, 브랜드를 빈번하게 함께 경험하면 그러한 상황이나 환경이 나타날 때 제품이나 브랜드에 대한 처리가 더 쉽게 일어난다.
- 맥락점화 인접한 기사나 광고에 의해 일어날 뿐만 아니라 매체(medium) 역시 맥락점화를 유발한다. 매체의 맥락점화 효과는 매체 자체가 활성화하는 지식에 의해 유발된다.
- '역하 메시지'는 우리가 의식적으로 지각하는 할 수 없는 수준에서 제시되는 메시지이다.
- 자극을 의식적으로 알아차리지 못해도 단지 그 자극에 자주 노출되는 것으로도 선호가 형성되는 현상을 '단순노출 효과(mere exposure effect)'라 한다.

제5장

소비자를 움직이는 광고

제5장
소비자를 움직이는 광고

아무런 힘이 가해지지 않으면 물체는 결코 움직이지 않는다. 어떤 힘이 가해져야만 물체는 비로소 운동을 한다. 소비자도 마찬가지이다. 기업이 원하는 어떠한 방향으로 소비자를 움직이게 하려면 '힘'이 작용해야만 한다. 이 장에서는 기업이 원하는 방향으로 표적소비자를 움직이게 하는 광고의 심리학적 기제에 대해 알아본다.

이 장을 읽을 때는 **'소비자 세분화'**[1]와 **'표적소비자의 선정'**을 염두

1) 세분화(segmentation)는 표적소비자의 사회문화적, 심리적, 행동적 변수와 자사 제품을 정밀하게 일치시킴으로써 더욱 효과적인 광고와 마케팅 커뮤니케이션 메시지를 표적에게 전달할 수 있다. 소비자는 다양한 방법으로 세분화할 수 있다. 일반적인 세분화의 기준은 사용패턴/사용행동, 인구통계, 라이프스타일/사이코그래픽, 편익(benefit) 등이 있다. 표적소비자의 선정(targeting)과 관련해서는, 표적소비자를 정하는 기준은 다음과 같다. 첫째, 가장 기본적인 기준으로, 기업의 능력을 벗어나지 않는 세분시장이어야 한다. 소비자가 원하는 것과 그것을 충족시킬 수 있는 기업의 능력이 맞아떨어져야만 한다. 둘째, 규모와 성장잠재력을 고려해야 한다. 셋째, 경쟁의 상태를 고려해야 한다. 같은 세분시장을 두고 경쟁하는 기업들은 누구인가? 그들의 상태는 어떠한가? 우리의 경쟁력은 어떠한가? 세분시장은 언제나 규모가 크다고 좋은 것만은 아니다. 작은 시장이 오히려 좋을 수 있다. 세분시장이 크다는 것은 시장이 정착되어서 그만큼 경쟁자가 많음을 의미한다.

에 두어야 한다. 세분화와 표적소비자 선정은 소비자를 어떤 기준에서 유사한 집단들로 나눈 다음에 광고목표를 성취하기에 가장 적합한 집단을 광고의 표적 집단으로 정하는 전략적 행위이다. 예컨대, 품질과 가격의 경우에 어떤 소비자는 돈을 더 지불하더라도 높은 품질을 원할 것이지만(품질 추구 세분시장) 어떤 소비자는 품질보다는 싼 가격에 더 민감(가격 민감 세분시장)할 수 있다. 만약 광고의 목표가 싼 가격에 민감한 소비자를 움직이게 하는 것이라면 그에 적합한 금전적 또는 심리적 보상을 제시하는 광고전략을 고안해야 한다. 구강청결제의 경우, 자신의 구강건강을 원하는 소비자(건강 추구 세분시장)도 있고 다른 사람과의 대화에서 고약한 입 냄새에 신경 쓰는 소비자(대인관계 추구 세분시장)도 있을 것이다. 만약 후자의 소비자를 움직이려면 건강 메시지의 광고보다는 사회적 관계에 소구하는 광고 메시지가 소비자를 움직이게 할 확률이 높다. 이제부터 소비자를 움직이는 광고에 대해 자세하게 알아보자.

이미 성숙한 세분시장에 진입하는 것은 쉽지 않다. 이미 선점한 경쟁자가 후발 주자의 진입에 공격적으로 대응하기 때문이다. 세분시장이 클 때에는 좀 더 들여다보고 자사가 더 효과적으로 공략할 수 있도록 잘게 쪼갤 수 있는지 검토해 보아야 한다. 예컨대, '50대 이상의 시장' 이라는 정의는 그 규모가 너무 크다. 너무 커서 표적시장으로 삼기에는 문제가 있다. 이 시장에 속한 소비자들은 상당히 이질적이다. 이들을 구체화해 보면 더 작게 세분화된다. 그러면 통찰을 하는 데도 도움이 된다. 시장이 크다고 좋은 것은 아니다(우석봉, 2014).

방향, 강도 그리고 지속성

무엇이 사람들을 움직이게 하는가는 심리학자들은 두말할 필요 없고 광고이론가나 실무자도 많은 관심을 기울이는 주제 중의 하나이다. 그동안 이와 관련된 다양한 이론이 제시되어 왔다. 심리학자들은 사람들을 움직이게 하는 힘을 '**동기**(motivation)'라는 개념으로 접근해 왔다. 동기란 '사람들이 특정의 방식으로 행동하게 하는 과정'으로 정의할 수 있다.

동기는 세 가지 특징을 가진다(Arnold, Robertson, & Cooper, 1995). 첫째는 '방향'으로 무엇을 얻고자 하는가이다. 둘째는 '강도 또는 노력'으로 원하는 것을 얻기 위해서 얼마나 노력을 하는가이다. 세 번째 특징은 '지속성'으로 얼마나 오랫동안 원하는 것을 얻기 위해 노력하는가이다. 세 가지 특징을 들여다보면 '목표'와 목표를 추구하게 하는 '힘'이 소비자를 움직이게 하는 핵심적인 요소임을 알 수 있다.

소비자는 어떤 필요나 **욕구**(needs)가 야기될 때 비로소 움직인다.[2] 욕구에는 타고난 것도 있고, 성장하면서 경험을 통해서 학습하는 것도 있다. 예컨대, 배고픔이나 갈증 그리고 생명의 위협으로부터

2) 매슬로(Maslow, 1943)는 인간의 욕구는 '위계(hierarchy)'를 이룬다고 가정하였다. 초기에는 다섯 가지 욕구(생리적, 안전, 사회적, 자존 그리고 자아실현)를 제안하였고 60년대와 70년대에 와서는 '인지욕구(cognitive needs)' '심미욕구(aesthetic needs)' 그리고 '초월욕구(transcendence needs)'를 추가하였다. 몇 가지 비판과 문제에도 불구하고, 매슬로 욕구 이론은 광고전략과 크리에이티브 아이디어를 생성하는 데 도움이 된다.

안전하려는 것과 같은 주로 생물학적인 성질의 것은 인간이면 누구나 가지는 선천적인 욕구이다. 하지만 성취나 인정 그리고 자존 또는 권위와 같은 욕구는 사람마다 그리고 문화마다 다르며 이는 모든 사람이 동일하게 선천적으로 가지는 것이기보다는 개인이 성장하면서 환경으로부터 학습하는 것이다.[3)] **선천적인 욕구**와 **학습한 욕구**는 개별적이기보다는 결합되는 경우도 있다. 배가 고프면 먹을 것을 찾는다. 그리고 무엇을 먹을지, 어디서 먹을지를 선택한다. 뭔가를 먹는다는 것은 선천적인 욕구의 작용이지만 무엇을, 어디서 먹을지는 학습한 욕구의 영향을 받는다. 어디서, 무엇을 먹을지와 같은 학습한 욕구는 제품이나 브랜드와 긴밀한 관계에 있다. 특히 현대사회에서 브랜드는 학습한 욕구를 충족하는 강력한 기능을 한다(Solomon, 1983).

왜 소비자는 욕구가 발생하면 특정한 방향으로 움직일까? 우리들의 생활은 긴장 상태의 연속이다. 대상이 무엇이든지 간에 그것과 관련되는 이상적인 상태가 있을 것이다. 허기질 때는 포만감을 느끼는 것이 이상적일 상태일 테고, 현재 타고 다니는 승용차에 불만이 있을 때는 자기가 원하는 브랜드의 새 차를 가지는 것이 이상적인 상태일 것이다. 하지만 설사 이상적인 상태에 도달했더라도 그 상태

3) 매슬로의 욕구위계 모형을 토대로 1961년에 맥클리랜드(David McClelland)는 *The achieving society*라는 저서에서 '학습한 욕구'를 중심으로 한 욕구 이론을 제안하였다. 맥클리랜드의 모형을 '학습욕구 이론'이라고도 한다. 맥클리랜드는 인간이면 누구나 가지는 세 가지 학습된 욕구로, '성취욕구' '친화욕구' 그리고 '권력욕구'를 제안하였다. 다만, 사람에 따라 어느 욕구가 좀 더 강하게 작용하는지는 성장한 문화와 경험에 따라 차이가 있다.

는 지속되지 않는다. 원하는 제품이나 브랜드를 구입하지 못할 때는 현재 상태와 이상적인 상태 간에 괴리가 발생한다. 설사 원하던 것을 구입하더라도 또 다른 제품이나 브랜드를 원하게 되면서 괴리를 경험하게 된다. 이처럼 현재 상태와 이상적인 상태 간의 괴리는 **'심리적인 불편'**을 일으킨다. 심리적으로 불편하면 소비자는 어떻게든 그것을 해소하려고 한다.[4)]

3장에서 우리는 '포지셔닝'에 대해 살펴보았다. 포지셔닝을 위한 다양한 재료와 방법이 있지만 **소비자의 욕구에 토대한 포지셔닝**만큼 강력한 포지셔닝도 없을 것이다. 1990년에 프록터앤드갬블(Procter & Gamble)사의 구강세정제인 '스코프(Scope)'는 당시 캐나다에서 33%의 시장점유율로 압도적인 시장리더의 위치에 있었다. 하지만 1988년에 발매된 '화이자(Pfizer)'사의 경쟁 브랜드인 '플락스(Plax)'는 출시 2년 만에 10%의 시장점유율로 스코프의 시장 위치를 위협하였다. 이러한 상황에서 스코프가 취한 첫 번째 행위는 바로 구강세정제에 대한 소비자 욕구를 파악하는 것이었다. 당시의 조사결과에 의하면 구강세정제를 사용하는 소비자 욕구는 '구취 제거'와 '구강 위생 및 건강'이 각 40%씩 동일한 상황이었다. 이러한 소비자

---

4) 심리학자인 헐(Hull, 1952)은 '추동감소 이론(drive reduction theory)'을 제안하였다. 이 이론에 의하면, 인간은 불쾌한 각성 상태를 유발하는 생리적 욕구에 의해 행동하도록 밀어붙여진다. 불쾌한 각성 상태를 경험하면 불쾌한 느낌을 줄이려고 동기화되고 그 어떤 것이 불쾌한 상태를 줄여 준다면 그것을 계속 찾게 된다는 것이다. 하지만 이 이론을 뒷받침하는 연구들은 대부분 1950년대에 이루어졌기 때문에 현대의 소비자 행동을 설명하기에는 많은 한계가 있다. 예컨대, 멋진 저녁식사가 기다리고 있을 때는 허기지더라도 점심을 먹지 않고 저녁까지 기다린다. 다이어트를 위해 배고픔을 기꺼이 참기도 한다. 이러한 예들은 헐의 이론으로는 설명이 힘들다.

욕구조사를 토대로 프록터앤드갬블사는 스코프를 '구강 위생 및 건강' 욕구에 포지셔닝하였고 경쟁자에 효과적으로 대처할 수 있었다. 스코프의 사례는 흥미로운 점을 시사한다. 첫째는, 구강 위생 및 건강은 생리적인 욕구라 한다면 구취 제거는 타인과의 관계와 관련되는 사회적인 욕구라는 점이다. 둘째는, 동일한 제품이라 하더라도 브랜드에 따라서 상이한 소비자 욕구에 어필할 수 있다는 것이다. 소비자의 욕구를 정확하게 파악하는 것은 광고효과를 보장하는 기본적이며 필수적인 과정이다.

소비자 가치와 광고전략

욕구와 함께 소비자를 움직이는 동인으로서 광고전략에 많은 통찰을 제공하는 것은 **가치**(value)이다. 정의에 의하면, 가치란 한 문화에 속한 사람들이 인생에서 바람직한 결과에 대해 가지는 지속적인 신념이다(Rokeach, 1976). 모든 문화에는 그 문화에 속한 사람들에게 전승되는 가치가 있다. 모든 가치는 부모나 친구 또는 주위 사람들과의 사회화 과정을 통해 학습되는 것으로 문화 전반에 걸쳐 보편적인 가치가 있는가 하면 10대나 주부와 같은 하위문화에 특징적인 가치도 있다.

이러한 가치는 두 가지 의미를 지닌다. 첫째, 가치는 우리 삶을 안내하는 원리의 역할을 한다. 둘째, 가치는 여러 행동을 취할 수 있을 때 어떤 행동을 더 바람직한 것으로 볼 것인지에 대한 잣대의 역할을 한다. 광고전략가들이 소비자 가치에 주목하는 이유는 이처럼 가치가 소비자 행동에 미치는 영향력 때문이다.

광고전략을 입안하려면 가치를 좀 더 구체적으로 구분할 필요가 있다. 가치는 '**도구적 가치**(instrumental values)'와 '**궁극적 가치**(terminal values)'로 구분할 수 있다. 궁극적 가치는 바람직한 최종 인생 목표에 대한 신념이다. 한편, 도구적 가치는 궁극적 가치를 위해 '어떻게 행동해야 하는가'에 대한 신념이다. 예컨대, 건강한 삶이 궁극적 가치라면 도구적 가치는 건강한 삶을 위해 무엇이 필요한가에 대한 신념이다. 당연하지만, 사람마다 그리고 특정 집단마다 이러한 가치는 다르다. 가치 역시 광고에 활용하려면 '세분화' 과정을 거쳐야 한다.[5)]

소비자 가치는 광고에 어떻게 활용될까? 앞에서 예를 들었던 구강세정제를 보자. 제품에 대한 소비자 욕구를 기준으로 한다면 제품으로부터 소비자가 원하는 것이 무엇인가, 즉 제품에 초점을 맞추어야 한다. 하지만 가치의 경우에는, 구강세정제를 사용하는 소비자는 인생에서 어떤 가치를 표방하는가, 즉 소비자에 초점이 맞추어진다. 물론, 제품 욕구와 가치는 결합될 수도 있다. 구강세정제를 사용하려는 욕구가 구강 건강인 소비자와 구취 제거인 소비자의 가치는 다를 수 있다. 제품 욕구 중심의 광고가 제품이 직접적으로 제공하는 편

5) 가치는 직접적으로 관찰할 수 있는 것이 아니다. 가장 널리 알려진 가치측정조사는 RVS(Rokeach Value Survey)이다. 로키치 가치 서베이는 18개의 도구적 가치와 궁극적 항목으로 구성된다. 호프스테드(Hofstede)의 가치모형 역시 널리 사용된다. 하지만 이들 모형은 주로 국가 간 가치 비교에 더 적합하다고 할 수 있다. 우리나라의 경우에는 제일기획이나 대홍기획 등과 같은 광고대행사와 기타 마케팅 서비스기관에서 우리나라 소비자에 적합한 가치조사를 개발하여 실시하고 있다.

익에 초점을 맞춘다면 가치 중심의 광고에서는 제품보다는 소비자 자신에 초점을 맞춘다. 물론, 어떤 광고전략이 더 효과적인지는 상황에 의해 결정되어야 한다. 현대에서는 제품의 실질적인 기술적, 기능적 차이 대신에 브랜드의 상징이나 의미를 중심으로 한 소비자 가치 중심의 광고전략이 더욱 부각되고 있다. 소비자의 가치가 브랜드에 투영되고 브랜드는 다시 구매 이유를 제공하는 연결고리가 강화되는 것이다. 광고전략과 광고 크리에이티브 전략을 위해 가치와 욕구를 결합하는 방식은 두 가지이다.

- 제품에 대한 소비자 욕구를 세분화한 다음, 각 세분시장별로 어떤 가치를 가지는지를 탐색한다.
- 소비자 가치를 중심으로 시장을 세분화한 다음, 각 세분시장별로 어떤 제품 욕구를 가지는지를 탐색한다.

욕구 사다리

대부분의 소비는 **목적 지향적**이다. 제품이나 브랜드는 결국 소비자가 얻고자 하는 목적의 수단이다. 목적은 제품의 물리적인 기능이나 특징과 같이 구체적인 것일 수도 있고 또는 위에서 살펴본 가치와 같이 심리 · 사회적인 추상적인 것일 수도 있다. 하나의 제품이나 브랜드라 하더라도 소비자에 따라 추구하는 목적이 다르기 때문에 그 목적들은 위계를 이룰 것으로 가정할 수 있다. 그렇다면 광고전략가가 특정 제품이나 브랜드와 관련한 소비자의 소비 목적의 위계를 총체적으로 파악할 수 있다면 광고전략과 크리에이티브 아이디어를 개발하는 데 큰 도움이 될 것은 명확하다.

구트만(Gutman, 1982)은 '**수단 목적사슬**(means-end chain)'이라는 개념을 제안하였다. 구트만은 수단 목적사슬을 통해 소비자가 특정 제품이나 브랜드를 개인적으로 왜 관련성이 있는 것으로 인식하는지 이해하는 단서를 포착할 수 있다고 보았다. 중요한 포인트는, 소비자는 '가치'를 지향하는 존재이며 제품이나 브랜드는 가치를 충족하는 수단으로 간주한다는 것이다.

수단 목적사슬을 분석하면 제품이나 브랜드가 소비자의 가치와 어떻게 연결되는지를 파악할 수 있다. 분석의 틀은 제품이나 브랜드의 속성, 각 속성이 제공하는 결과 그리고 결과와 관련된 가치로 구성된다([그림 5-1] 참조).

수단, 목적 가치사슬

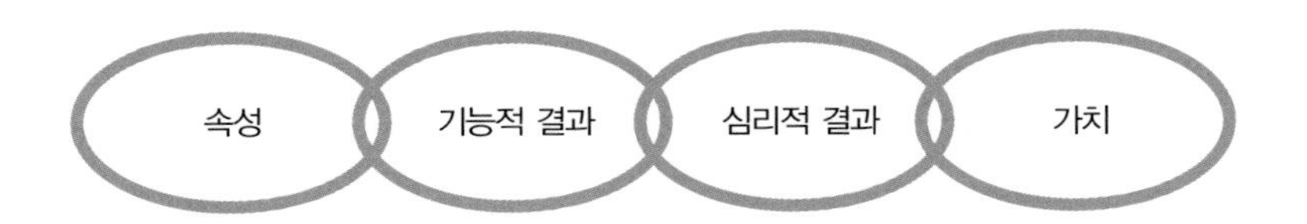

[그림 5-1] 수단 목적사슬의 위계

- 속성(attributes): 제품의 객관적/물리적 특성, 구성요소, 특질
- 결과(consequences): 제품을 사용함으로써 얻는 기능적, 심리적인 혜택이나 결과
- 가치(values): 소비자가 제품을 사용하는 궁극적이거나 실질적

인 이유, 즉 소비자가 객관적이거나 주관적인 목표를 성취하는 데 제품이 어떤 도움을 주는가

세 가지 요소는 상품의 속성에서 가치에 이르는 범위의 견고하고 추상화된 연쇄를 형성한다. 많은 상품과 서비스의 유목에서 속성보다는 결과가, 결과보다는 가치가 선호를 더욱 유발하는 경향이 있기 때문에 이러한 3단계의 사슬(속성-결과-가치)을 이해하는 것은 중요하다. 세 가지 요소와 이들의 사슬은 소비자가 자사 제품과 경쟁 제품을 어떻게 분류하는지 밝히기 위해 고안되었다. 이와 같은 의미에서 수단 목적사슬은 광고전략을 개발하는 기반을 제공한다.

수단목적 이론은 소비자가 상품이나 서비스를 사용하고 평가하는 것에 의해 '속성-결과-가치의 사다리'를 갖게 된다고 제안한다

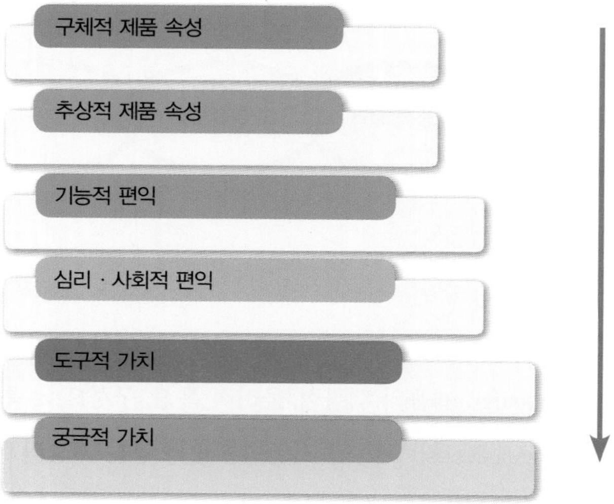

[그림 5-2] 사다리 기법

(Reynolds & Gutman, 1988). **사다리 기법**(laddering)은 소비자가 갖고 있는 수단 목적 연쇄를 발견하기 위해 사용되는 인터뷰 기법이다. 선택된 유목의 경쟁 제품에 관련된 속성, 결과, 가치 영역을 발견하기 위해 속성에서 출발하여 그 선택 이유를 순차적으로 질문해 가는 것으로 대상자가 상품을 사용하는 기본적인 동기, 즉 가치와 상품속성 간의 인과의 연결고리를 찾아가는 조사기법이다. 사다리 기법 인터뷰는 통상의 질문 형식과는 달리 대상자의 응답이 다음 질문을 형성한다.

조화와 부조화

욕구나 가치에서처럼 현재 상태와 이상적인 상태 간에 괴리가 발생하면 소비자는 이를 해소하기 위해 어떤 식으로든 움직이듯이 자신이 가진 지식이나 신념 간에 또는 지식, 신념과 행동 간에 조화가 깨지면 이 역시 심리적으로 불편을 야기하고 소비자는 이를 해소하기 위해 무언가 시도를 하게 된다. 이러한 상태를 '**인지부조화**(cognitive dissonance)'라고 한다(Festinger, 1957).

한 실험에 의하면, 참여자들에게 두 개 제품을 평가하게 한 다음에 한 제품을 가져가도록 했다. 그러고 나서 선택한 제품에 대해 평가를 하게 했더니 자기가 선택한 제품을 선택하지 않은 제품보다 더 긍정적으로 평가했다(Brehm, 1956). 분명 자신이 선택한 제품은 단점도 있을 것이며 기대에 미치지 못하는 점도 있을 것이다. 하지만 자신의 선택과 선택한 것에 대한 부정적인 평가는 부조화를 일으킨다.

따라서 참여자들은 자신의 선택을 '합리화'하는 평가를 한 것이다.[6]

광고전략과 관련하여 부조화의 해소가 효과적으로 사용되는 경우는 소비자가 양립 불가능한 장점을 지닌 두 개의 브랜드 중에서 하나를 선택했을 때이다. 예컨대, 디지털 카메라를 구입하려고 하는데 한 브랜드는 인터넷 기능이 탑재되어 있어서 촬영 즉시 이미지 전송이 가능하지만 다른 한 브랜드는 인터넷 기능은 없지만 야간 촬영에서 화질이 우수한 장점이 있다. 각각의 장점을 두고 고민하다가 마침내 한 브랜드를 구입했다고 하자. 사용을 하면서 자신이 포기한 장점으로 인해 심리적인 불편을 경험할 것이다. 이 경우에 소비자는 자신이 선택한 브랜드의 장점을 더욱 크게, 단점은 별것 아닌 것으로 평가하거나 또는 자신이 선택하지 않은 브랜드의 장점을 과소평가한다면 심리적인 불편이 덜할 것이다. 인지부조화를 해소하는 가장 강력한 심리기제는 **'합리화'**이다. 만약 예상되는 부조화를 광고전략가가 예견할 수 있다면 효과적인 광고전략을 수립하는 데 도움이 된다.

의도적으로 부조화를 야기하는 광고전략도 있다. 이 전략은 주로 시장에 새로이 진입하는 신제품이나 또는 강력한 경쟁자를 겨냥할 때 사용된다. 소비자는 '유산균 발효유는 장에 긍정적인 효과를 미친다.'는 믿음을 가지고 소비를 한다. 그런데, 후발 제품이 광고에서

---

6) 비교문화 연구에서는 부조화를 경험하는 현상이 보편적인 것인지 또는 문화 특수적인 것인지를 확인하였다. 연구들은, 인지부조화 현상은 동양과 같은 집단주의보다는 개인주의 문화권에서 더 잘 나타남을 보고한다. 서구의 개인주의 문화에서는 행동의 책임을 개인에게 묻기 때문에 개인은 자신의 내면(지식이나 신념)과 행위 간의 일관성을 매우 중시한다. 하지만 타인과의 관계나 주변 환경을 중시하는 집단주의 문화에서는 그러한 경향이 덜하며 따라서 인지부조화 현상도 나타나지 않을 가능성이 크다(Choi & Nisbett, 1998).

'유산균은 장에 도달하기도 전에 모두 죽는다.'는 메시지를 주장하면 소비자는 몹시 불편할 것이다. 유산균에 대한 새로운 광고 메시지가 이미 가지고 있던 신념과 충돌을 일으키기 때문이다. 소비자는 불편한 상태를 계속 가져가려고 하지 않는다. 불편을 해소하는 손쉬운 방법 중의 하나는 구매 브랜드를 바꾸는 것이다. 특히 제품구매에 뒤따르는 위험이 크지 않은 일상품이나 식품의 경우에는 인지부조화를 해소하기 위해 더욱 손쉽게 브랜드를 교체한다. 소비자가 관성적으로 행하는 구매행동에 제동을 걸거나 자사 브랜드를 구매하도록 하는 효과적인 방법은 '이슈'를 던지는 것이다. '침대는 가구가 아니라 과학이다.'는 슬로건이 왜 큰 성공을 거두었는지 생각해 보라.

현재 상태와 이상적인 상태 간의 괴리에서 발생하는 정서도 소비자를 움직이는 강력한 힘이다. 캠벨(Campbell, 1987)은 현대사회에서 소비재는 우리가 마음속에 그려 보는 더 나은 삶을 구축하게 하는 원천이라고 하였다. 우리는 어떤 브랜드를 구입하기 전에 그 브랜드를 소유하면 어떨지 상상해 본다. 아마 이런 현상은 타인에게 노출되는 브랜드일 때 더욱 극단적으로 나타날 것이다. 새 차로 바꾸려는 소비자는 이 브랜드 저 브랜드의 차를 타고 있거나 또는 운전하는 상상을 해 본다. 옷을 구입하는 경우에는 여러 브랜드의 옷을 상상하면서 이런저런 상황에 그 옷을 입고 등장하는 자신을 상상해 본다. 그리고 다른 사람이 보일 반응도 상상의 시나리오에 첨가시켜 본다. 결국 현대사회에서 브랜드는 더 나은 삶에 대한 상상에 다리를 놓는 역할을 한다. 브랜드는 소비자 개인을 '나는 누구인가'와 연결하는 꿈, 그리고 환상을 제공하는 역할을 충실히 해 낼 수 있다. 이렇게 어떤 브랜드를 구입하고 소유하는 본질은 그 브랜드를 통해 추구하는 환상에서 비롯하는 '쾌'를 즐기는 것이다.

상상은 '없는 것'을 '있는 것'으로 표상하는 인지과정이다. 그런데 중요한 점은 이런 상상은 언제나 정서를 동반한다는 점이다. 인지심리학자인 오토니 등(Ortony, Clore, & Collins, 1988)은 가상의 상황이 실제적으로 묘사되면 될수록 정서가 유발될 가능성은 증가한다고 하였다. 칙센트미하이(Csikszentmihalyi, 1975)도 상상은 그 자체로 긍정적인 정서를 유발한다고 하였다. 상상은 우리를 상상의 삶이나 세계에 '몰입'하게 만든다. 그리고 몰입은 '자기 보상적인' 경험을 제공하는데 그 때문에 기분 좋은 느낌을 가지게 되는 것이다. 소비와 관련한 상상과 그에 따른 정서는 실제 구매가 뒤따라야만 유지되고 강화되는 것은 아니다. 만약 상상이 실제적인 것으로 느껴진다면 상상은 실제 구매만큼이나 자극되며 더욱 강도가 높은 정서가 유발된다.

광고도 예외는 아니다. 우리가 광고를 볼 때 단순히 제품의 기능이나 특징을 이야기하기보다는 생활의 단면을 끌어들이거나 또는 특정 브랜드의 사용 결과로 경험하는 기분이나 느낌을 묘사하는 '**전환광고**(transformational ad.)'[7]에 더욱 정서적으로 반응하는 것도 결국은 더욱 상상하게 만들고 그러한 상상이 생생하게 다가오는 것처럼 느끼게 만들기 때문이다.

인터넷 등 디지털게임에 마운틴 듀(Mountain Dew), 아디다스(Adidas) 등과 같은 실제 브랜드를 노출하는 전략 역시 상상과 결부된 가상세계 경험에서 유발되는 정서효과와 관계가 있다. 온라인 레

7) 전환광고에 대한 자세한 내용은 'Puto & William(1984)을 참고하기 바란다.

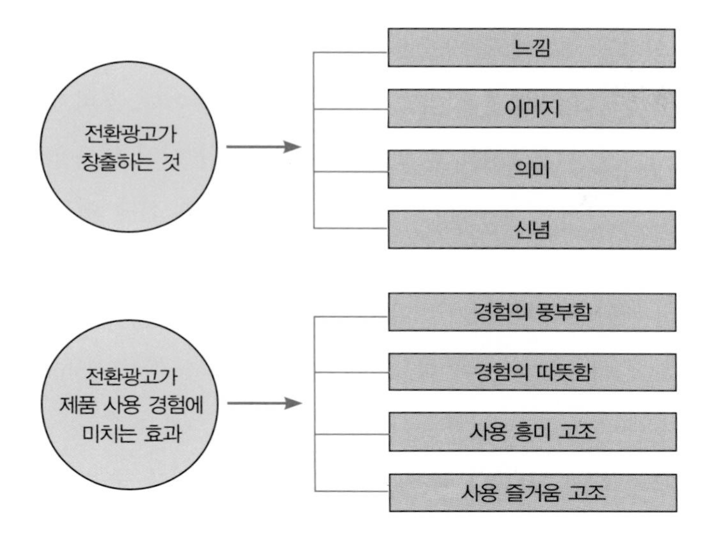

[그림 5-3] 전환광고의 기능

이싱 게임에 등장하는 실제 브랜드(게임 속에 등장하는 실제 브랜드의 옥외광고, 실제 브랜드 매장 등), 야구 게임에 등장하는 실제 브랜드의 펜스광고, 그리고 가상현실 게임에 등장하는 실제 브랜드의 매장이나 제품 등을 보자. 이러한 디지털 게임 과정에서 경험하는 정서효과는 가상, 즉 상상의 세계가 실제처럼 다가올수록 극대화된다. 상상이 개입한 가상세계의 경험은 결코 실제 세계가 될 수 없기 때문에 게임에 몰입한 소비자의 정서 경험은 더욱 극적으로 변화한다.

틀 만들기

인지적인 부조화를 조화롭게 하려는 경향이 있다는 것은 소비자가 '이성적인' 존재임을 가정한 것이다. 아마 대부분의 광고주나 광고실무자도 소비자를 합리적인 존재로 생각할 것이다. 소비자는 합리적이고 이성적으로 광고정보를 통해 판단이나 선택 행동을 한다고 믿는다. 하지만 실체는 그렇지 않다. 소비자의 선택 행동은 비합리적인 '정신적 편향'의 영향에서 결코 자유롭지 않다. 심리학자들은 이러한 편향을 **'인지 편향**(cognitive bias)'이라 한다. 인지 편향 중에서 대표적인 것이 바로 **'틀 만들기**(framing)'이다(Shafir & LeBoeuf, 2002).

틀 만들기란 어떤 정보를 제시하는 방식에 변화를 주는 것이다. 이로 인해 파생되는 행동의 차이가 '틀 만들기 효과'이다. 틀 만들기는 양치기견인 보더콜리와 유사한 역할을 한다. 신문 삽지광고 중에는 분양광고가 많다. 가장 많이 보았음 직한 광고 문구는 '역세권 위치, 지하철역까지 도보 5분'일 것이다. 한국 성인 남자의 평균 보폭과 걸음 속도를 기준으로 도보 5분은 거리로는 약 400m 내지 450m 정도이다. 이제 이 카피를 다음과 같이 바꾸어 보자. '역세권 위치, 지하철역까지 도보 400m' 객관적 사실로는 두 카피는 동일한 이야기를 하고 있다. 하지만 하나는 시간으로 그리고 다른 하나는 m로 제시된다. 당신은 두 카피 모두 아파트와 지하철 역 간의 거리를 같게 느끼도록 한다고 생각하는가? 아마 아닐 것이다.

틀 만들기에는 다음과 같은 세 가지 유형이 있다.

속성 틀

'속성 틀 돌리기(attribute framing)'는 하나의 제품 속성을 긍정적 유인에 비중을 두는지 또는 부정적 유인에 비중을 두는지에 따라 속성정보를 제시하는 방식에 변화를 주는 것이다. '75% 살코기'와 '25% 지방'은 결국 같은 사실을 말한다. 하지만 소비자는 '25% 지방'보다는 '75% 살코기'의 소고기를 더 많이 선택한다(Levin & Gaeth, 1988). 25% 지방에 비해 75% 살코기는 '건강 틀'에서 정보를 해석하게 만들기 때문이다.

어떤 제약회사는 광고에서 "이번에 개발한 신약의 성공률은 90%입니다."라고 주장한다. 경쟁자는 이에 대해 "○○사가 개발한 신약의 실패율은 10%나 됩니다."라고 자사 광고에서 주장할 수 있다. 안전의 틀과 위험의 틀에서 판단의 차이를 만든다. 중저가의 패션 광고는 '싸다' '가격이 저렴하다'는 표현은 결코 사용하지 않는다. 대신에 '합리적이다' '경제적이다'라고 말한다. 두 가지 표현의 차이는 무엇일까? 어떤 표현이냐에 따라 소비자가 자신을 어떻게 느끼게 할 것인지에 차이를 가져오고 브랜드 선택의 당위성을 부여한다.

다른 한 연구(Duchon, Dunegan, & Barton, 1989)에 의하면, 연구개발 부서가 비록 동일한 사업 예측치이더라도 실패의 확률보다는 성공의 확률로 보고서를 작성했을 때 사업 승인을 더 잘 받았다. 이 연구 역시 동일한 사실이라도 그것을 어떻게 틀 만들기를 하느냐에 따라 의사결정이 달라질 수 있다는 것을 보여 준다.

모험적 선택 틀

'모험적 선택 틀 돌리기(risky choice framing)'는 두 가지의 조건 중에서 하나를 선택하게 하는 것으로, 각 조건은 '이득(gain)'과 '손실(loss)'의 확률에서 차이를 가진다. 트버스키와 카너먼(Tversky & Kahneman, 1981)의 'Asian disease problem'의 사례를 보자. 먼저, 실험참여자들에게는 다음과 같은 배경정보를 주었다. '아시아에서 600명의 목숨을 앗아 갈 심각한 질병이 돌고 있고 미국 당국은 이에 대처 중이다. 질병 퇴치를 위한 프로그램을 개발했는데 예상되는 결과는 다음과 같다.' 그리고 질병퇴치 프로그램의 예상 결과를 실험참여자들에게 제시하였다.

첫 번째 집단의 참여자에게는 다음과 같이 두 가지의 가능한 결과를 제시하였다.

- A: 200명을 살릴 수 있다.
- B: 600명 모두를 살릴 확률은 1/3이며 한 명도 살리지 못할 확률은 2/3이다.

두 번째 집단의 참여자에게는 동일한 시나리오를 표현을 달리하여 다음과 같은 두 가지 예상 결과를 제시하였다.

- 만약 옵션 C를 취하면 400명이 사망한다.
- 만약 옵션 D를 취하면 한 명도 사망하지 않을 확률은 1/3이며 600명 모두가 사망할 확률은 2/3이다.

첫 번째 집단에서는 72%가 'A'를 선택했다. 두 번째 집단에서는 78%가 'D'(위의 'B'와 같은 것이다)를 선택했다. 이 연구의 결과는 사람들은 이득의 틀에서는 위험을 회피하려 하고, 손실 틀에서는 위험을 추구하는 경향이 있음을 보여 준다.

목표 틀

'**목표 틀 만들기**(goal framing)'에서는 '금연'이나 '안전벨트 착용'과 같은 행위에 대해 두 가지 목표의 형태를 제시한다. 한 가지는 행위를 했을 때 얻는 이점을 강조하고, 다른 한 가지는 행위를 하지 않았을 때 당하는 불이익을 강조한다. 즉, '이득 틀'과 '손실 틀'을 사용한다.

'**손실 틀 만들기**(loss framing)' 광고에서는 광고의 메시지를 따르지 않을 때(예컨대, 자사 제품을 사용하지 않을 때) 입게 되는 손실을 강조한다. 공포소구는 손실 틀을 적용한 광고의 전술적인 도구 중의 하나로 사용된다. 예컨대, 금연 공익광고에서는 흡연으로 인한 심각한 결과를 제시하여 금연을 유도하려고 한다. 구강청결제 광고에서는 구취로 인해 사회적 관계에서 배제되는 상황을 강조한다.

한편, '**이득 틀 만들기**(gain framing)' 역시 사용된다. 이득 틀 만들기에서는 광고 메시지를 수용했을 때 얻는 이점을 강조한다. 이득 틀 만들기를 적용한 구강청결제 광고는 구취로 인한 사회적 관계로부터의 배제가 아니라 구취 관리를 통해 얻는 원만한 사회적 관계를 강조한다. 이득 틀 만들기와 손실 틀 만들기는 동전의 양면이다. 금연 행동 유발이라는 광고의 목표를 위해서는 손실 틀과 이득 틀 모두 사용할 수 있다.

한 연구에 의하면, 사람들은 행위를 했을 때 얻는 이점보다는 행위를 하지 않았을 때의 불이익을 강조했을 때 행위에 더 많이 참여한다(Levin, Schneider, & Gaeth, 1998). 하지만 이득과 손실의 틀이라 하더라도 이득과 손실이 어느 정도로 확실한가에 따라 선호 행동은 다를 수 있다. 예컨대, 예방접종 행위에서 이득은 그 크기가 작더라도 확실한 것을 더 선호하지만, 손실의 경우에는 비록 불확실하더라도 손실이 큰 것을 회피하려는 경향이 강하다(김재휘, 부수현, 2011).

인지편향에 의한 구매행동

소비자의 비합리적인 판단과 선택 행동은 오랜 진화과정에서 발달된 효율성을 추구하는 사고방식에서도 나타난다. 사람들은 어떤 상황에서 최적의 해결책을 발견하는 것이 불가능하거나 비현실적일 때는 만족스러운 해결책을 발견하기 위한 문제해결 과정을 단축하고 효율성을 추구하게 되는데 이때 사용하는 방법이 **간편 전략**(heuristic)이다.[8] 간편 전략은 복잡한 문제 또는 정보가 불충분한 상황에서 판단이나 선택을 할 때 인지부하를 줄여서 손쉽게 해결책에 도달하게 하는 정신적인 지름길이기도하다(Gerd, 1991). 이제 몇 가지 대표적인 간편 전략을 알아보기로 한다.

8) 간편법을 최초로 소개한 학자는 노벨상 수상자인 사이먼(Herbert A. Simon)이지만 사람들의 의사결정에서 간편법의 영향을 더욱 정교화하고, 발전시킨 심리학자는 트버스키(Aoms Tversky)와 카네먼(Daniel Kahneman)이다. 이들은 사람들의 의사결정이 지니는 취약성을 인식시켰으며 많은 연구를 촉발하였다. 그 공로로 2002년 노벨 경제학상을 수상했다.

닻 내리기 간편 전략

한 연구(Shiv & Fedorikin, 1999)에서, 아이들에게 항아리에 사탕이 몇 개나 있는지 추정하도록 했다. 한 집단에게는 낮은 기준치를 제시하였고(예컨대, "20개보다 많을까? 적을까?") 다른 한 집단에는 높은 기준치를 제시하였다("50개보다 많을까? 적을까?"). 각 집단의 추정치는 기준치에 더욱 가깝게 나타났다. 이 연구는 사람들이 판단을 할 때는 처음 제시된 정보, 즉 판단의 출발점에 의존하는 경향이 있음을 보여 준다. 가격 흥정이 가능한 상황에서 만약 당신이 점주라면 최초 어떤 가격을 제시하느냐에 따라 최종 흥정 가격은 영향을 받는다. 최초 높은 가격을 '닻 가격'으로 제시하고 낮은 가격으로 흥정을 한다면 고객은 그 가격을 더 호의적으로 판단할 가능성이 증가한다. 고객은 최초의 닻 가격을 가격 흥정의 기준점으로 삼기 때문이다.

가격뿐만 아니라 구매량도 닻 내리기의 영향에서 자유롭지 않다. 매장의 포스트나 또는 광고에서 자주 접하는 문구는 '고객 1인당 ~개 판매 제한'이다. 완싱크 등(Wansink, Kent, & Hoch, 1998)은 이러한 광고문구가 실제 구매량에 영향을 미치는지를 실험실이 아니라 실제 매장에서 직접 조사하였다. 이들은 한 조건에서는 아무런 구매량의 제한을 두지 않고 캠벨수프를 세일 가격에 판매한다는 포스트를 매장에 설치하였다. 그리고 다른 조건에서는 동일한 세일 가격의 캠벨수프의 구매를 1인당 12개로 제한한다는 포스트를 설치하였다. 일정 시간의 경과 후에 각 조건에서 구매자 1인당 캠벨수프의 평균 구매량을 분석하였더니 구매량에 제한을 두지 않았을 때는 1인당 평균 3.3캔을 구입하였지만 12개로 제한을 두었을 때는 1인당 평균 구매량이 7캔이었다!

가용성 간편 전략

사람들은 쉽게 떠오르는 사건이나 사상은 발생 확률도 높은 것으로 판단한다. 여객기 추락사고가 발생하고 지속적으로 뉴스에서 다루어지면 그 사고는 사람들에게 잘 기억되어서 쉽게 떠올리게 된다. 언제나 그렇듯이 대형사고가 일어나면 한동안 사고와 관련된 소비자 구매는 대폭 추락하기 마련이다. 가용성 간편법에 의해 실제보다 사고의 재발 확률을 과도하게 높게 지각하기 때문이다(Sherman & Kim, 2002).

유명한 광고모델이 출현하는 광고는 비록 광고 집행 빈도가 낮더라도 실제보다는 더 자주 본 것으로 기억된다. 유명 모델은 소비자가 더욱 쉽게 기억하기 때문이다. 만약, 5명의 남자 유명인과 8명의 잘 알려지지 않은 여성을 리스트에 제시한 뒤에 리스트에 남자가 많은지 아니면 여자가 많은지를 물어보면 남자가 더 많다고 대답하는 경향이 높을 것이다. 이 역시 가용성의 법칙 때문이다. 브랜드를 특정한 '문제-해결' 장면과 지속적으로 연합하는 광고전략은 일관된 포지셔닝의 유지라는 원리를 넘어서 가용성 인지편향의 이점도 제공한다.

정서 간편 전략

정서 간편 전략에 의하면 감정에 따라 판단과 의사결정이 좌우된다(Finucane, Alhakami, Slovic, & Johnson, 2000). 긍정적인 정서 상태에 있을 때는 사상이나 사건의 좋은 측면이나 장면을 보게 된다. 하지만 부정적인 정서 상태일 때는 반대 현상이 일어난다. 정서 상태에 따라 동일한 사상이나 사건을 다르게 본다. 정서 간편 전략은 '기억'과도 무관하지 않지만 특히 판단과 의사결정에 많은 영향을 미친다. 정서가 간편하게 판단하고 결정하는 효율적인 기준으로 작용하기 때문이다.

표적소비자가 어떤 브랜드나 제품에 대해 긍정적으로 반응하기를 바란다면 브랜드나 제품을 제시하기 전에 긍정적인 정서를 유발하는 것이 더욱 효과적이다. 긍정적인 정서를 가지면 브랜드나 제품의 긍정적인 측면을 바라보게 된다. 브랜드 블로그나 페이스북 페이지를 운영한다면 기분 좋은 뉴스나 긍정적인 분위기를 고조하는 이야기로 시작하는 것이 효과적이다. 자선단체나 구호기관의 광고는 대체로 긍정적인 정서를 유발하기보다는 연민이나 동정과 같은 슬픈 정서를 유발하는 경향이 있다. 정서 간편 전략을 적용한다면, 기부로 인해 변화된 밝고 긍정적인 결과(장면)를 제시하는 것이 후원자를 증가하는 데 더욱 효과적이다.

개인적 중요도

소비자 스스로가 어떤 제품이나 브랜드에 얼마나 깊이 몰입한다고 느끼는지는 구매에 영향을 미치는 중요한 요인이다. 학자들은 이러한 상태를 '관여'라는 구성 개념으로 접근한다. '관여(involvement)'란 자신의 욕구, 가치 그리고 관심을 토대로 한 어떤 대상(제품, 브랜드, 광고 그리고 구매상황도 포함된다)에 대한 주관적인 해석이다(Zaichkowski, 1985). 관여는 소비자를 '움직이게 만드는' 힘이며, 여러 선행요인에 의해 영향을 받는다.

관여에 영향을 미치는 요인은 크게 세 가지이다. 한 가지는 인적 요인으로 욕구, 개인적인 중요성과 관심이다. 다른 한 가지는 대상에 관련된 요인으로 차별화 정도, 커뮤니케이션 출처 그리고 커뮤니케이션 내용이다. 마지막 한 가지는 상황 요인으로 구매나 사용 상황 그리고 사회적인 영향이 포함된다. 이 세 가지 요인의 정도(degree)에 따라 '관여의 수준'이 결정된다.

분류상의 편리 때문에 통상 관여는 높고 낮은 정도로 구분하지만 실제로는 '무관심' 수준에서 '열정'에 이르는 연속선상의 어딘가에 놓인다. 관여 수준이 높다는 것은 개인적으로 중요한 것이며 구매에 따른 심리적인 위험이 크다는 것이고, 관여 수준이 낮다는 것은 개인적인 중요성이 낮고 구매에 따른 심리적인 위험도 크지 않다는 것이다. 어떤 제품이나 브랜드에 대한 관여 수준이 높으면 높을수록

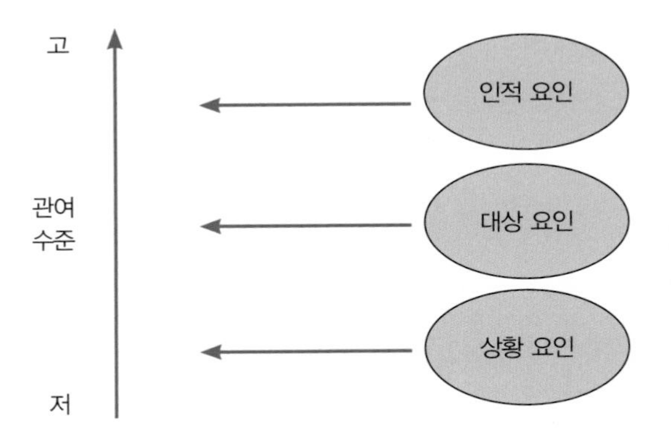

[그림 5-4] 관여 수준 결정 요인

그 제품이나 브랜드의 재구매 확률은 증가하는 경향이 있다. 광고전략에 대한 시사점은, 소비자의 관여 수준에 따라서 광고 메시지를 처리하는 방식이 영향을 받는다는 것이다. 어떤 제품이나 브랜드에 대한 관여가 낮다면 광고에 기울이는 주의나 노력도 낮다. 관여도가 높으면 그 반대 현상이 있다.

1980년에 광고대행사인 FCB(Foote, Cone & Belding)의 임원으로 있던 반(Vaughn)은 '**FCB 그리드**(Grid)'를 개발하였다. FCB 그리드는 소비자가 어떤 제품이나 브랜드에 어느 정도 높게 관여되며, 정서적으로 의사결정을 하여 구매하는지 또는 이성적으로 의사결정을 하여 구매하는지를 측정함으로써 광고할 제품이나 브랜드가 소비자의 마음에서 어떤 위치를 차지하는지 이해하는 데 도움을 주기 위한 도구이다. 제품이나 브랜드에 대한 관여와 의사결정의 유형[9]을 토대로 FCB 그리드를 통해 네 가지 광고전략 옵션을 고려할 수 있다([그림 5-5] 참조).

- 고 관여/이성적 의사결정: 이 경우, 소비자는 숙고하여 의사결정을 한다. 'Learn(정보 학습)-Feel(정서, 평가 판단)-Do(구매)'의 과정을 거친다. 정보를 검토하고 이를 토대로 태도가 형성되며 구매 행동에 임한다. 자동차나 고가의 전자제품의 구매는 위험을 동반하기 때문에 제품이나 브랜드에 대한 상세한 정보를 제

9) FCB 그리드의 한 축인 이성 대 감성 의사결정은 대뇌 반구(hemisphere) 이론에 토대한 것이다. 인간 대뇌의 좌반구는 이성적 의사결정에 관여하고 우반구는 감성적 의사결정에 관여한다.

공하는 것이 효과적이다. 제품의 특징이나 기능을 시연하는 크리에이티브 전략 역시 효과적이다. 일방적인 자사 제품이나 브랜드의 자랑보다는 장점과 함께 단점을 제공하는 양면(two-sided) 메시지 주장도 효과적이다. 소셜 미디어를 충분한 제품

	사고	느낌
고관여	정보적 Learn → Feel → Do	정서적(심리적) Feel → Learn → Do
저관여	습관적(반응) Do → Learn → Feel	만족(사회적) Do → Feel → Learn

	사고(합리적)	느낌(정서적)
고관여	고가의 개인 몰입도가 높은 제품	타인에게 자신을 드러내는 제품
저관여	습관적으로 구매하는 제품	충동적 구매 제품

[그림 5-5] FCB 그리드와 구매과정

출처: Vaughn(1986).

정보를 제공하는 데 사용하면 효과적이다.

- 고 관여/정서적 의사결정: 고가의 보석, 패션 그리고 화장품이 이 영역에 해당한다. 'Feel-Learn-Do'의 과정을 거쳐 구매가 일어난다. 고가이므로 소비자는 제품이나 브랜드에 높게 관여된다. 하지만 정보보다는 정서가 우선적으로 중요하다. 크리에이티브의 임팩트가 주요하며 정보소구보다는 소비자의 자아나 자존 고양에 초점을 둔 심리적 소구를 사용하는 것이 효과적이다. 비주얼 이미지가 매우 중요하며 카피의 역할은 상대적으로 덜 중요하다. 대리 정서 경험을 사용하는 것도 효과적이다.

- 저 관여/이성적 의사결정: 이 경우, 소비자는 습관이나 관성으로 구매를 한다. 구매는 통상 'Do-Learn-Feel'의 과정을 거쳐 일어난다. 일단 구매를 한 뒤에 사용해 보고 제품에 대해 알게 되며, 이를 토대로 태도가 형성된다. 따라서 제품을 구매하도록 자극하는 광고전략이 효과적이다. 일단 구매리스트에 진입하는 것이 중요하므로 구매 시점에 자사 브랜드가 먼저 떠오르도록 소비자의 기억을 유지, 강화하는 것이 중요하다. 따라서 광고를 반복 노출하는 것이 효과적이며 POP와 같은 상기광고 역시 유용하다.

- 저 관여/감성적 의사결정: 'Do-Feel-Learn'의 과정을 거친다. 먼저, 구매를 하여 사용하면서 제품에 대한 태도가 형성된다. 제품 정보를 학습하는 것은 그다음에 일어난다. 여기에 해당하

는 제품이나 브랜드는 즉각적으로 소비자를 만족시키는 특성이 있다. 시각, 미각, 촉각 등 오감을 자극하여 소비자와 제품의 연결고리를 강화하는 광고전략이 주효하다. 습관적이기보다는 충동적인 구매가 일어날 가능성이 높기 때문에 소비자 주의를 끌고 충동구매를 자극하는 크리에이티브가 효과적이다.

수용 틈

지금까지 살펴본 관여는 높고, 낮음의 정도와 함께 관여의 '지속성'도 광고전략을 수립할 때 고려해야 하는 중요한 요소이다(Celsi & Olson, 1988). 앞서 살펴본 FCB 그리드 모형은 그 간결함으로 인해 광고실무자가 쉽고 간편하게 사용할 수 있다는 이점이 있다. 그렇지만 소비자 구매의 실제를 제대로 반영하는지는 의문의 여지가 있다.

어떤 소비자는 특정 제품이나 브랜드에 대해 '항상' 높게 관여된다. 예컨대, 특정 제품이나 브랜드 마니아(mania)는 특정 제품이나 브랜드에 '상황에 관계없이' 지속적으로 높게 관여된 상태를 유지한다. 하지만 대부분의 소비자는 특정 제품이나 브랜드에 지속적으로 고 관여 또는 저 관여이기보다는 상황에 따라 관여 정도가 변하는 것이 보편적이다. 광고전략가가 저지르는 실수 중의 하나는, 예컨대 '자동차는 고 관여 제품' '샴푸는 저 관여 제품'으로 분류하는 것이다. 자동차 마니아나 샴푸 마니아가 아니라면 '자동차는 언제나 높게 관여되는 제품'이 아니다. 마찬가지로, '샴푸는 언제나 관여가 낮은 제품'이 결코 아니다.

제품이나 브랜드에 대한 소비자의 관여는 '상황에 따라' 변한다는 점을 고려하는 것은 광고실무자에게는 매우 중요하다(Muehling & Laczniak, 1988). 이는 '소비자의 구매 행동을 촉발하는 광고전략'을 고안할 때는 반드시 고려해야 하는 것이다. 사례를 보자.

- 미국의 한 엔진오일 제조사는 기온이 영하로 떨어지는 날 아침에 출근을 위해 차에 시동을 거는 순간에 엔진오일에 대한 소비자의 관심이 고조된다는 점에 착안하였다. 기온이 내려가면 그렇지 않은 날에 비해 시동을 걸 때 소비자는 엔진 소리에 민감하다는 것을 알아낸 것이다. 이러한 통찰을 토대로 기발한 라디오 매체와 광고전략을 세웠다. 기온이 영하로 내려가는 날의 아침 출근시간에는 자사의 엔진오일 라디오 광고가 방송되도록 매체계획을 입안하였고 소비자 구매 역시 증가하였다.
- 여성들은 대체로 화장품에 대해 높은 관심을 가지지만 관심의 수준이 항상 일정할까? 어떤 화장품 기업은 여성 소비자들은 자신의 피부에 대한 관심이 세안 직후에 거울에 비친 자신의 얼굴을 볼 때 최고조에 달한다는 것을 소비자 조사를 통해 알아내었다. 이러한 통찰은 매체집행 시간대의 결정뿐만 아니라 광고 메시지의 구성에도 큰 도움을 주었다.

이 두 사례는 관여의 실제적 특징을 잘 보여 준다. 첫째, 소비자는 특정 제품이나 브랜드에 언제나 동일한 수준으로 관여되지는 않는다. 둘째, 언제나 저 관여이며, 언제나 고 관여인 제품이나 브랜드는 없다.

특정 제품이나 브랜드에 대한 소비자의 관심이나 욕구가 높아지는 것이 어떤 상황이며, 언제인지를 발견하는 것은 광고실무자의 임무이다. 특정 제품이나 브랜드에 대한 소비자의 관심이나 욕구가 높아지는 바로 그 순간을 광고의 '**수용 틈**(aperture)'이라고 한다. 소비자가 광고 메시지를 받아들일 준비가 최고조에 달한 순간이라 할 수 있다. 표적소비자의 수용 틈을 파악하면 두 가지 이점이 있다.

- 광고를 '언제' 노출해야 하는지에 대한 통찰을 얻는다.
- 광고를 '어디에서' 노출해야 하는지에 대한 통찰을 얻는다.
- 그 시점과 장소에서 어떠한 메시지를 전달해야 효과적인지 아이디어를 얻는다.

매체 수용 틈

매체가 유발하는 수용 틈도 생각해 볼 수 있다. 매체의 수용 틈은 우리가 특정 매체를 접할 때 마음의 틀은 같지 않다는 점에 착안한 것이다. 시사 잡지를 볼 때와 영화나 연예정보 잡지를 볼 때 소비자의 마음의 상태는 같을까? 수용 틈은 같지 않다. 시사 잡지를 볼 때는 정치나 사회 문제 등에 대해 비판적으로 볼 '준비'가 된다. 영화나 오락에 관한 매체를 볼 때는 비판적이기보다는 느슨한 마음으로 재밋거리를 받아들일 '준비'가 된다. 아침 출근 때 사람들로 북적이는 지하철을 타면 다른 시간이나 장소에 비해 자신이나 아니면 다른 사람의 머리 냄새나 체취에 더욱 민감하다. 만약 지하철 차내에 샴푸광고를 한다면 '부드러운 머릿결'과 '좋은 향' 중에서 어떤 속성이나 편익을 강조하는 광고가 구매욕구를 자극할까? 아마 '향'일 것이다. 준비된 마음의 상태에 맞는 메시지의 임팩트가 더 강하다.

수용 틈 개념은 브랜드 메시지를 통합된 형태로 구성하는 데도 도움이 된다. 예를 보자. 미국에서 '로또(Lotto)'는 수용 틈을 활용해 기발한 광고를 뉴욕에서 전개하였다. 로또의 핵심 브랜드 주제는 '1달러로 당신의 꿈을 이루어라.'였다. 매체로는 버스 정류장과 지하철, 타임스퀘어 광장 그리고 엔터테인먼트 신문을 사용하였다. 버스 정류장에서 버스를 기다리는 동안 소비자는 사람들이 부러워할 멋진 승용차로 이동하는 꿈을 꾼다. 지하철에서는 많은 군중에 섞인 자신이 아니라 여유 있는 나만의 여유로운 공간을 꿈꿀 것이다. 타임스퀘어 광장에서는 전광판에 등장하는 유명 스포츠 경기의 중계를 보면서 구단을 소유하는 꿈을, 그리고 엔터테인먼트 신문을 볼 때는 자신이 영화나 드라마의 주인공이 되는 꿈을 꾼다. 이러한 수용 틈에 대한 통찰을 토대로 버스 정류장에는 '1달러로 버스 대신 리무진', 엔터테인먼트 신문에는 '1달러로 당신이 주인공인 브로드웨이 쇼', 타임스퀘어 광장에는 '1달러로 나만의 위성 안테나로 야구중계 관람'이라는 메시지를 담은 광고를 집행하였다. 로또의 구매가 증가하였음은 두말할 필요도 없다!

피드백

우리가 어떤 행동을 다음에 또 할 것인지 말 것인지는 그 행동의 결과가 어떠한가에 영향을 받는다. 소비자로서 소비 상황에서도 이러한 현상은 예외가 아니다. 소비자가 특정 제품이나 브랜드를 구입했을 때 (그 유형이 무엇이든) 바람직한 결과가 초래되면 다음에도 그 제품이나 브랜드를 구입할 확률은 올라간다. 예컨대, 사회적으로 인정을 받고자 하는 열망이 강한 소비자가 어떤 브랜드의 의류를 구입했을 때 주위 사람들로부터 원하던 반응을 얻는다면 다음에도 동일한 브랜드의 의류를 구매할 확률은 높아진다.

심리학자 스키너(Skinner)는 이러한 현상을 **'강화**(reinforcement)'의 원리로 설명하였다(Skinner, 1938). '강화물(reinforcer)'은 강화를 일으키는 자극이다. 강화물은 행동에 대한 보상(reward)이다. 장학금은 열심히 공부한 결과에 대한 보상이다. 신용카드의 사용으로 쌓은 포인트는 보상으로 작용한다.

강화, 즉 어떤 행동으로 인한 바람직한 결과로 그 행동이 다시 나타날 확률이 증가하는 현상은 두 가지 유형으로 구분된다. 두통이 있을 때 두통약을 먹으면 통증이 '제거'되고 그 결과로 두통이 있을 때 두통약을 또 먹는다. 무더울 때 에어컨은 더위로 인한 불쾌감을 '제거' 한다. 구강세정제는 입 냄새로 인해 타인으로부터 받을 수도 있는 따가운 시선을 '제거'해 준다. 이처럼 바람직하지 않은 상태를 '제거' 또는 '방지'함으로써 어떤 행동(두통약 복용, 에어컨 사용, 구강세정제 사용)이 다시 나타날 확률이 증가하는 것을 **부적강화**(negative reinforcement)라 한다.

한편, 특정 브랜드의 화장품을 사용하면 타인으로부터 부러움과 칭찬이 '제공'된다. 럭셔리한 보석 역시 부러움과 선망의 시선을 '제공'한다. 최신의 패션 착용은 패션 리더로서의 인정과 부러움을 '제공'한다. 부적강화와 달리, 어떤 행동(특정 브랜드의 화장품 사용, 보석 착용, 최신의 패션 착용)의 결과로 바람직한 결과가 '주어지는 것'을 **정적강화**(positive reinforcement)라 한다(Stephen, 2004). 정적이든 부적이든 모든 강화는 결과적으로 바람직한 결과를 초래함으로써 행동이 반복될 확률을 높인다. 브랜드에 대한 긍정적인 태도나 브랜드 충성(brand loyalty) 행동도 강화의 결과라 할 수 있다. 강화 개념에는 소비자의 직접적인 행동이 포함된다. 브랜드를 구입한다거나 쿠폰을 모은다거나 또는 경품에 응모하는 것과 같은 행동은 개인이 직접 수행한 결과이다. 그렇다면 강화는 광고에서는 사용될 수 없는 것인가?

직접적인 행동이 개입하지 않더라도 강화는 발생할 수 있다. 누군가 다른 사람이 어떤 행동을 했을 때 그 결과로 보상을 받는 것을 본다면 이 역시 관찰자에게는 **'대리강화'**의 기능을 한다(Bandura, Dorothea, & Ross, 1963). 정적이든 부적이든 거의 모든 광고는 대리강화를 사용한다. 광고 속의 모델은 특정 브랜드를 사용함으로써 기능적, 사회적 그리고 심리적인 보상을 얻는다. 소비자는 광고의 모델을 통해 대리보상을 경험하고 이는 구매 상황에서 그 브랜드의 구매 확률을 높인다. 광고의 대리강화에서 핵심적인 역할을 하는 것은 광고의 모델이다. 광고모델이 표적청중과 유사할수록 대리보상에 공감하는 정도는 증가할 것이다. 광고모델이 표적청중과 유사하다면 표적청중은 '나 역시 저러한 보상을 받을 수 있다.'는 자기효능감이 높아질 것이고 대리강화가 일어날 확률도 더욱 증가한다(Bandura, 1977).

강화는, 앞서 살펴본 것과 같이, 행동유발에 직접적인 영향을 미

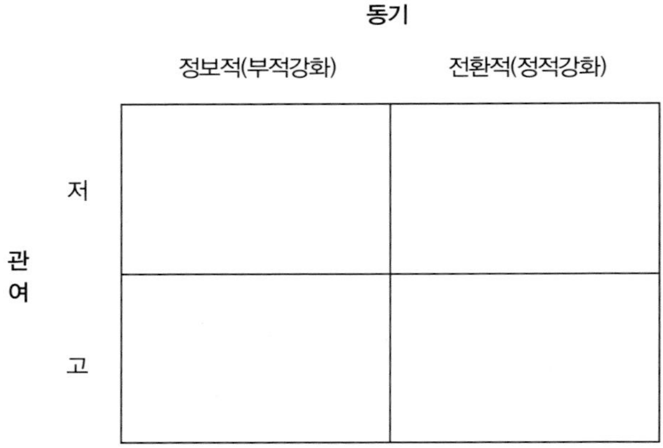

관여 \ 동기	정보적(부적강화)	전환적(정적강화)
저		
고		

[그림 5-6] Rossiter-Percy Grid

친다. 로지터와 퍼시(Rossiter & Percy, 1991)는 강화유형과 관여를 중심으로 광고전략을 수립하는 데 통찰을 제공하는 틀(Rossiter-Percy Grid)[10]을 제안하였다([그림 5-6] 참조). 한 축은 '관여 수준'이며, 다른 한 축은 '구매동기'이다. 관여는 이미 앞서 살펴보았고, 구매동기는 '정적강화'와 '부적강화'로 구분된다. 정적강화와 부적강화에 대해서도 앞에서 살펴보았다. 이 그리드는 네 가지의 전략적 옵션을 제안한다. 각 옵션별 특징과 광고전술에 대해 살펴보자.

10) Rossiter-Percy Grid와 FCB Grid의 차이는, 첫째, FCB Grid는 제품유목 중심인 데 비해 Rossiter-Percy Grid는 '브랜드' 중심이다. 둘째, FCB Grid의 'Think' 'Feel' 차원이 추상적이며 기준이 모호한 것에 비해 Rossiter-Percy Grid의 정적강화, 부적강화 구분은 구체적이며 더 명확하다. 여기서는 제시하지 않지만, Rossiter-Percy Grid는 FCB Grid에서는 다루지 않는 '브랜드 재인' '브랜드 회상'을 함께 고려한다. 자세한 내용은 'Rossiter & Percy(1991)를 참고하기 바란다.

- 저 관여/부적강화: 이 영역에 속하는 브랜드는 구매에 따른 심리적인 위험도가 낮고 부적강화에 의해 동기화된다. 즉, 이 영역에 속하는 브랜드는 소비자가 경험하는 부정적인 것을 제거하는 역할을 하여 구매 행동을 강화한다. 감기약, 냄새제거제 그리고 세제 등과 같은 일상품 브랜드들이 해당된다. 이 영역에서 적절한 광고전술은 다음과 같다.

  - 브랜드가 문제를 어떻게 해결하는지 제시하라.
  - 핵심적인 문제에 초점을 맞추어 문제해결로 인한 혜택도 핵심적인 것을 제시하라.
  - 핵심 편익은 한 번만 광고를 보더라도 쉽게 이해될 수 있어야 한다.
  - 문제해결로 인한 편익의 주장은 강하고, 극적으로 하라.

- 저 관여/정적강화: 이 영역에 속하는 브랜드는 구매에 따른 심리적인 위험도가 낮고 브랜드를 사용함으로써 바람직하거나 긍정적인 것을 경험하는 정적강화에 의해 동기화된다. 향수나 패션 등이 해당된다. 적절한 광고전술은 다음과 같다.

  - 정서적 혜택에 초점을 맞추어라.
  - 단, 정서적 혜택은 경쟁 브랜드와 차별적이어야 한다.
  - 저 관여/부적강화에 비해 광고물 자체에 대한 호감이 중요하다.
  - 브랜드와 정서를 연합하는 데 초점을 맞추어라.

- 고 관여/부적강화: 이 영역의 경우는 구매에 따른 심리적인 위험도가 높고, 브랜드는 소비자가 경험하는 부정적인 것을 제거하는 역할을 한다. 보험, 재정상품, 여행상품 그리고 고가의 가전이나 전자제품 등이 해당된다. 이 영역에 속하는 브랜드의 경우에는 다음과 같은 광고전술이 적절하다.

  - 광고가 설득력이 있어야 한다.
  - 광고물 자체에 대한 호감이 그다지 중요하지는 않다.
  - 초기에 형성되는 광고에 의한 브랜드에 대한 태도가 매우 중요하다.
  - 브랜드 비사용자를 표적청중으로 한다면 '평판 소구'를 사용하라.
  - 경쟁 브랜드에 비해 명확한 우위점이 있다면 경쟁 브랜드와의 비교우위를 암시하라.

- 고 관여/정적강화: 자동차나 고가의 보석 그리고 항공상품 등은 잘못된 구매에 따른 심리적인 위험이 매우 높고, 브랜드는 바람직하거나 긍정적인 결과를 제공한다. 이 영역에 해당하는 브랜드에 적절한 광고전술은 다음과 같다.

  - 정서적 진정성이 매우 중요하며 표적청중의 라이프스타일과 관련될수록 좋다.
  - 단지 광고를 좋아하는 것보다는 표적청중이 자신과 광고 브랜드를 동일시해야 한다.

- 제시하는 혜택에 대한 근거를 포함하는 것이 좋다.
- 자신 있게 주장하라.

- 동기란 '사람들이 특정의 방식으로 행동하게 하는 과정'이다. 동기는 세 가지 특징을 가진다. 첫째는 '방향'으로 무엇을 얻고자 하는가이다. 둘째는 '강도 또는 노력'으로 원하는 것을 얻기 위해서 얼마나 노력을 하는가이다. 세 번째 특징은 '지속성'으로 얼마나 오랫동안 원하는 것을 얻기 위해 노력하는가이다.
- 소비자는 어떤 필요나 욕구(needs)가 야기될 때 비로소 움직인다. 욕구에는 타고난 것도 있고, 성장하면서 경험을 통해서 학습하는 것도 있다.
- 욕구와 함께 소비자를 움직이는 동인으로서 광고전략에 많은 통찰을 제공하는 것은 가치(value)이다. 가치란 한 문화에 속한 사람들이 인생에서 바람직한 결과에 대해 가지는 지속적인 신념이다. 가치는 '도구적 가치(instrumental values)'와 '궁극적 가치(terminal values)'로 구분할 수 있다.
- 수단목적 이론은 소비자가 상품이나 서비스를 사용하고 평가하는 것에 의해 '속성-결과-가치의 사다리'를 갖게 된다고 제안한다.
- 현재 상태와 이상적인 상태 간에 괴리가 발생하면 소비자는 이를 해소하기 위해 어떤 식으로든 움직이듯이 자신이 가진 지

식이나 신념 간에 또는 지식, 신념과 행동 간에 조화가 깨지면 이 역시 심리적으로 불편을 야기하고 소비자는 이를 해소하기 위해 무언가 시도를 하게 된다. 이러한 상태를 '인지부조화(cognitive dissonance)'라고 한다.

- 소비자의 선택행동은 비합리적인 '정신적 편향'의 영향에서 결코 자유롭지 않다. 심리학자들은 이러한 편향을 '인지 편향(cognitive bias)'이라 한다. 인지 편향 중에서 대표적인 것이 바로 '틀 만들기(framing)'이다.
- 소비자 스스로가 어떤 제품이나 브랜드에 얼마나 깊이 몰입한다고 느끼는지는 구매에 영향을 미치는 중요한 요인이다. 학자들은 이러한 상태를 '관여'라는 구성개념으로 접근한다. '관여(involvement)'란 자신의 욕구, 가치 그리고 관심을 토대로 한 어떤 대상(제품, 브랜드, 광고 그리고 구매상황도 포함된다)에 대한 주관적인 해석이다.

제6장

무엇을, 어떻게 말할 것인가

제6장
무엇을, 어떻게 말할 것인가

하나의 광고 또는 광고캠페인[1]의 목적이 구체화되면 목적을 달성하기 위해 구체적으로 광고에서 '무엇을' 말할 것인가와 '어떻게' 말할 것인가를 결정해야 한다. **'크리에이티브 전략'** 또는 '광고전략'(카피전략이라고도 한다)은 자사의 제품이나 브랜드에 대해 표적소비자들에게 '무엇을 말할 것인가', 자사의 제품이나 브랜드에 대해 표적소비자가 '무엇을 생각하게 할 것인가'에 관한 것이다. 그리고 **크리에이티브 제작**(creative execution)은 '어떻게' 말할 것인가에 해당한다.

예컨대, 어떤 건전지 브랜드가 자사 제품이 경쟁 제품에 비해 '더 오래 사용할 수 있다.'는 메시지를 표적소비자에게 전달하려 한다고 하자. 비록 핵심적으로 전달할 메시지가 정해졌다고 하더라도 광고에서 이를 '표현하는' 방법은 많을 것이다. 자사 건전지를 넣은 장난

1) 광고캠페인(advertising campaign)은 통상 여러 매체경로를 통해 하나의 아이디어나 주제를 서로 통합되고 연결된 여러 개/편의 광고들로 집행하는 형태를 일컫는다. 즉, 하나의 아이디어나 주제를 일정 기간에 걸쳐 연속광고를 통해 공유하는 형태이다.

감이 끝없이 작동하는 것을 보여 줄 수도 있고, 자사 건전지를 넣은 손전등으로 고장 난 자동차 헤드라이트를 대신하여 장거리를 운전하는 장면을 통해 표현할 수도 있다. 아마 이것 말고도 더 많은 표현 방법이 있을 것이다. 광고는 예술(art)과 과학(science)의 절묘한 혼합물이라는 것은 바로 이 지점에 해당하는 말이다. 한편으로는 논리적이며 이론적인 과정이면서도 다른 한편으로는 이를 넘어서는 통찰력(창의력이라고도 한다)이 조화를 이룰 때 광고효과를 극대화할 수 있다. 이 장에서는 광고효과를 높이기 위해 무엇을 말하고, 어떻게 말할 것인가에 관한 심리학적 기제를 알아본다.

광고소구

광고기획 과정에서 광고의 목표와 표적소비자가 결정되면 이들을 어떻게 설득할 것인가에 대해 고민해야만 한다. 광고전략에서 반드시 고려해야 할 사항은 바로 **광고소구**(advertising appeal)이다. 광고소구란 표적소비자의 욕구, 관심 그리고 원망(wants)에 호소하여 상품이나 서비스를 구매하도록 자극하는 설득노력이다(Kinnear, Bernhardt, & Krentler, 1995).

광고의 임무는 궁극적으로는 표적소비자를 '설득'하는 것이다. 그리고 광고소구는 설득을 위한 적확한 연결고리의 역할을 해야 한다. 광고소구는 자사의 상품이나 서비스를 사용하는 소비자들에 대해 긍정적인 이미지와 마음의 상태를 창출하도록 고안되어야 한다. 표적소비자가 다른 것 대신에 자사의 상품이나 서비스를 사용하면 어떤 혜택이 있는지를 지각하는 데 영향을 미치려는 것이다. 메시지가 어떤 유형의 광고소구를 통해 전달되는지에 따라서 설득효과는 당연히 영향을 받는다. 광고소구에는 다양한 유형이 있지만 여기서는 주로 사용되는 광고소구를 중심으로 알아보기로 한다.

이성소구와 감성소구

모든 유형의 광고소구는 크게 나누면 **이성소구**(rational appeal)와 **감성소구**(emotional appeal)로 구분된다. 감성소구는 다시 공포소구나 유머소구 등으로 세분된다. 먼저, 두 가지 분류에 따른 차이에 대해 살펴보자.

표적소비자에게 이성적인 광고소구를 할 것인지 또는 감성적인 광고소구를 할 것인지는 크리에이티브 전략 회의에서 항상 이슈가 되는 논쟁거리이다. 이성적 소구를 지지하는 입장에 서 있는 광고인은 명확한 주장을 정확하게 전달해야 광고효과를 높일 수 있다고 생각한다. 설득력 있는 판매 포인트를 논리적으로 전달해야 유망 고객을 움직일 수 있다고 믿는 것이다.

감성적 광고소구를 옹호하는 광고인은 '머리'가 아니라 '본능적 감성'을 자극해야 광고효과를 높일 수 있다고 주장한다. 감성을 주장하는 이들은 광고가 넘쳐나는 현대에서 소비자는 의식적이며 이성적인 수준에서는 더 이상 설득되지 않는다는 믿음을 가진다. 누구 말이 맞을까? 물론 답은 정해져 있지 않다. 광고주의 제품이나 브랜드가 처한 시장 상황, 경쟁 상태 그리고 소비자 행동을 종합적으로 고려하여 결정해야 한다. 이성 아니면 감성이라는 식의 이분법도 적용될 수 없다. '정도의 문제'이다. '소비자는 감성으로 구매하고 사실을 통해 자신의 구매를 합리화한다.' 광고효과는 두 가지 소구의 적절한 배합에 의해 결정된다고 보아야 한다.

먼저, **이성소구**에 대해 알아보자. 이성소구의 전형적인 형식은 다음과 같다.

- 구체적인 제품/브랜드 편익의 제시: 자사의 제품이나 브랜드를 사용하면 소비자는 어떤 차별적인 혜택을 얻을 수 있는지 강조한다.
- 확신을 주는 증거의 제시: '보는 것이 믿는 것이다.' 주로 제품시연(product demonstration) 기법을 사용한다.

[그림 6-1] 이성소구 광고

이성적(또는 논리적) 광고소구는 소비자의 실용욕구와 기능욕구에 초점을 맞춘다([그림 6-1] 참조). 제품 특징이나 제품 사용을 통해 얻을 수 있는 실용적, 기능적인 혜택과 왜 특정의 혜택을 누릴 수 있는지에 대한 근거를 제공한다. 예컨대, 연비나 가격 대비 효율성을 주장하는 자동차 광고는 이성소구를 사용하는 것이다. 낮은 전기료나 유지비 또는 환경보호에 도움이 되는 제품 특징을 주장하는 가전제품의 광고 역시 이성소구에 해당한다.

감성소구는 이성보다는 감정을 자극하는 광고이지만 본질적으로는 인간의 본능적인 특성에 호소한다는 특징이 있다. 이성소구에 비해 상대적으로 보자면, 글이나 문장보다는 디자인, 컬러 그리고 음악의 비중이 크다. 이성소구가 '논리적인 적절성'에 초점을 맞춘다면 감성적인 소구는 '상징적인 관계(symbolic relationship)'에 더 무게를 둔다. 인간은 진화론적으로 보더라도 문자보다는 상징에 더 익숙하다. 문자가 인류의 진화사에서 출현한 것은 최근에 지나지 않는다. 문자 이전 시대의 인간의 커뮤니케이션은 대부분 상징을 통해 이루어졌다. 상징 중에서도 광고에서 가장 큰 비중을 차지하는 것은 '비주얼 이미지'이다(이에 대해서는 이 장의 뒷부분에서 자세히 다루기로 한다). 우리는 미소, 말투 또는 악수를 하는 방식 등을 통해 상대가 어떤 사람인지 짐작한다. 미소, 말투, 악수 방식은 모두 상징이다. 말보로 맨(Marlboro Man)은 터프한 남자이리라 생각된다. 그의 손에 새겨진 문신이라는 상징 때문이다. 이제 감성소구에 해당하는 소구들에 대해 살펴보자.

공포소구

공포소구(fear appeal)는 어떤 행위를 하거나(예: 흡연, 음주), 하지 않음으로써(예: 안전벨트 미착용) 또는 자사 제품이나 브랜드를 사용하지 않음으로써 빚어지는 부정적인 결과에 초점을 맞춘 소구이다. 공포소구는 장기적이기보다는 주로 '즉각적인 행동 변화'를 일으키려고 할 때 사용된다. 금연, 체중 조절, 절주 행위가 대표적인 예이다. 사회적 관계의 단절이나 고립 등도 공포소구의 단골 메뉴이다. 구취 제거를 핵심 메시지로 하는 구강청결제나 치약은 공포소구를 즐겨 사용한다. 음주운전은 자신과 타인의 가정 파괴를 공포의 소재로 사용한다.

여러분은 공포소구 광고의 효과에 대해 어떻게 생각하는가? 공포소구의 광고효과에 대해서는 갑론을박이 있어 왔다. 대표적인 논란은 공포소구의 강도(strength)와 관련한 것이다. 지나치게 강한 공포

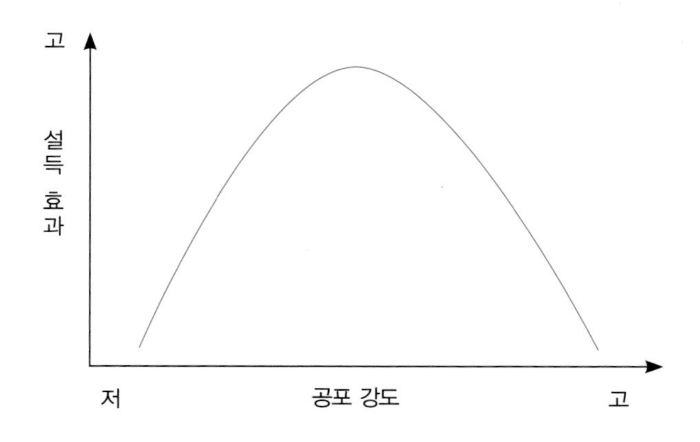

[그림 6-2] 공포소구의 강도와 효과

는 오히려 광고를 회피하거나 방어적인 반응을 유발하는 등의 역효과를 낳는다. 반면에, 지나치게 약한 공포도 작용기제는 비록 다르지만 효과는 의문시되었다. 심리학의 대부분의 현상이 그렇듯이 공포소구 역시 '역 U형'의 효과를 가진다. 즉, 적당한 강도가 최대의 효과를 발휘하는 것이다([그림 6-2] 참조).

그런데 최근 들어 공포소구 효과에 관한 선행 연구들을 대상으로 **메타분석**(meta analysis)[2]을 실시한 연구(Witte & Allen, 2000)는 지금까지 알려졌던 공포 수준과 설득 효과에 대해 새로운 견해를 제시한다. 즉, 강력한 공포 수준의 소구가 중간이나 약한 수준에 비해 더욱 설득효과가 크다는 것이다. 다만, 표적 집단의 '**효능감**(efficacy)'이 중요한 역할을 한다. 강한 공포 수준이면서 동시에 높은 효능(공포를 해결할 대안이 존재하거나 또는 자신이 극복할 수 있는 능력을 가진다는 신념)을 동시에 전달하는 메시지가 행동 변화를 이끌어 내는 효과가 가장 크다. 하지만 공포 수준이 높더라도 표적 집단이 마땅히 할 수 있는 대처 방안이나 그들의 능력의 범위를 벗어나는 낮은 효능의 메시지일 때는 오히려 회피나 저항과 같은 부적응적인 공포 통제 행위를 유발한다.

메타분석 결과를 참고할 때 금연을 유도하기 위한 흡연에 대한 높은 수준의 공포소구 광고의 효과는 어떨까? 금연에 대한 신념과 자신 또는 금연을 위한 대안을 가진 흡연자들에게는 높은 수준의 공포

2) 동일하거나 유사한 연구 주제로 이미 실시된 실증 연구들을 다시 통계적으로 통합하고 종합하는 문헌 연구의 한 방법이다. 메타분석의 목적은 서로 다른 특징과 조건들을 가진 개별 연구들을 종합하여 보다 타당하고 일반화된 결론을 이끌어 내는 것이다.

소구가 효과적일 것이다. 하지만 금연에 대한 자신감이나 신념이 통제 수준을 넘어서거나 다른 어떤 대안도 도움이 되지 않는다고 생각하는 흡연자들에게는 높은 수준의 공포소구는 오히려 광고에 대한 회피나 방어적인 행동을 유발할 가능성이 높다.

유머소구

유머소구(humor appeal)는 소비자가 광고에 노출되는 동안 경험하는 유쾌한 정서를 자사의 제품이나 브랜드와 연합하도록 만든다. 유머가 우리를 웃게 만드는 심리학적인 기제는 '**기대**(expectancy)' 하지 않았던 것에 대한 반응 때문이다. 개그 프로그램의 코너 중에서 특히 우리를 더 많이 웃게 만드는 코너의 특징을 들여다보면 전혀 기대하지 않았던 상황이 연출될 때이다. 어떤 일이 어떻게 일어나리라고 충분히 '기대' 또는 '예측'할 수 있을 때는 웃음이 유발되지 않는다. 유머소구 광고효과의 작동기제도 마찬가지이다.

광고에 대한 과학적 접근의 패러다임을 연 홉킨스(Hopkins)는 1923년에 "유머로는 결코 물건을 팔 수 없다."고 주장하였다. 1960년대에 오길비(Ogilvy) 역시 "훌륭한 카피라이터는 청중을 즐겁게 하려는 유혹에 빠지면 안 된다."고 하였다. 하지만 1980년대에 들어서자 오길비는 "유머로 제품을 팔 수 있다."며 유머광고의 효과에 대한 믿음을 바꾸었다. 오늘날 대부분의 광고인은 유머소구의 효과에 대해 별다른 의문을 가지지 않는다. 사용 비율에서도 다른 소구에 비해 유머소구의 비율이 높으며, 세계 유수의 광고제에서 상위권의 상을 차지한 광고들을 보더라도 유머소구의 사용 비율이 가장

높다. 이제 유머소구의 특징과 작동기제에 대해 좀 더 구체적으로 알아보자.[3)]

- 다른 소구에 비해 유머소구는 표적청중의 주의를 끄는 데 효과적이다.
- 오해와는 달리 유머소구는 광고 메시지를 이해하는 데 방해가 되지 않는다.
- 특히 유머소구는 기억효과에서 우수하다.

유머소구가 기억효과에서 긍정적인 이유는 무엇일까? 사람들이 웃는 이유는 '기대하지 않았던 결과' 때문이라고 하였다. 즉, **'기대 불일치'** 로 인해 유머광고는 기억효과에서 긍정적이다. 기대하지 않았던 장면이 전개되면 소비자는 그것을 이해하기 위해 더 많은 인지적인 노력을 하게 되고 그 결과로 기억이 향상되는 것이다. 켈라리스와 클라인(Kellaris & Cline, 2007)은 유머소구 광고의 경우에 소비자가 어느 정도 기대할 수 있는지 유머의 기대 수준에 따라서 광고에 대한 기억이 어떤 영향을 받는지를 살펴보았다. 쉽게 예측할 수 있는 유머소구 광고에 대한 기억은 예측할 수 없는 유머소구 광고에 비해 기억효과가 현저히 떨어지는 것을 발견하였다.

유머소구의 효과는 다음과 같다.

- 설득효과에서 유머소구가 가장 우수하다고 할 수는 없다. 비

3) 유머소구의 특징과 효과는 Weinberger & Gulas(1992)를 참고하였다.

유머소구와 비교해서 큰 차이를 보이지 않는다.

- 유머소구는 출처(광고모델, 기업 등 메시지 전달자)에 대한 신뢰도를 높이는 데는 크게 기여하지 않는다.
- 반면에, 광고에 대한 긍정적인 태도를 형성하는 데는 다른 어떤 효과보다 우수하다.
- 유머소구는 광고 메시지에 대해 청중이 제기할 수 있는 '반박주장(counter argument)'을 감소하는 이점이 있다.
- 광고 메시지와 관련된 유머가 관련되지 않은 유머에 비해 더 효과적이다. 즉, 제품이나 브랜드가 전달하고자 하는 핵심 메시지와 유머소재는 반드시 관련되어야 한다.
- 유머소구 효과는 소비자 특성에 따라 달라진다. 고학력자일수록 유머소구에 더욱 긍정적으로 반응한다. 연령이나 라이프스타일 특성에 따라서도 유머소구의 효과는 달라진다.
- 유머소구는 신제품이나 혁신제품에 비해 기존제품 그리고 일상적으로 구매하는 제품일 때 더욱 효과적이다.

성적소구

성적소구는 '이성에게 매력적으로 보이려고 하는 욕망에 호소하기 위해 성적인 주제를 사용하는 소구'이다. 예컨대, 직접적인 성행위를 암시하는 것 외에도 남자 모델이 어떤 브랜드의 향수를 사용했을 때 매력적인 여성이 그 남자에게 시선을 주는 광고라든지 또는 여성 모델이 어떤 브랜드의 청바지를 입었을 때 남성들의 시선이 집중되는 광고 역시 성적소구 광고에 해당한다.

아마 청중의 주의를 끄는 면에서는 성적소구만큼 효과적인 것도 없을 것이다. 하지만 성적소구 광고는 긍정적인 효과에 비해 효과가 없거나 부정적인 효과를 가지는 경우가 더 많다. 실제 구매로 연결되는 효과 역시 크지 않거나, 표적청중의 주의가 분산되어서 정작 광고 메시지나 브랜드를 기억하는 데 방해가 되기도 한다. 카센터에 가면 한번쯤 보았을 광고포스터를 기억할 것이다. 엔진오일이나 타이어 광고포스터에는 매력적인 여성이 어김없이 등장한다. 포스터의 메시지를 뜯어 보면 제품과 여성은 아무런 관련이 없다. 이처럼 성적소구 광고에서 제품특성이나 광고 메시지와 성적인 주제가 무관하면 할수록 광고효과는 감소한다. 1980년대 당시 15세였던 부룩쉴즈(Brooke Shields)를 모델로 내세운 캘빈 클라인(Calvin Klein) 진 광고는 성적소구의 벤치마크로 가장 많이 회자되는 광고이다. 당시 캘빈 클라인은 "진은 바로 성에 관한 제품이다."고 선언적으로 말했다. 성적매력과 강력하게 연합이 되는 제품이라면 성적소구가 성공할 가능성도 커진다.

공포소구와 마찬가지로 중요한 것은 '수준'이다. 국내의 한 연구(임재문, 박명진, 박종철, 2013)는 성적소구의 유형을 성 노출이나 성행위를 직접적으로 제시하는 것과 성을 상징하거나 연상케 하는 간접적인 것으로 구분하고 광고와 브랜드에 대한 반응에 어떤 영향을 미치는지를 살펴보았다. 직접적인 성적소구 광고에 비해 간접적인 성적소구 광고가 더욱 효과적이라는 결론을 내렸다. 공포소구에서 공포의 정도가 높으면 오히려 광고효과에 부정적이라는 것과 같은 맥락에서 해석될 수 있다. 우리나라의 경우는 외국에 비해 광고에서 성적인 표현에 엄격하기는 하지만, 노골적인 성적소구는 오히려 역

효과가 크다고 볼 수 있다.

소비자 기대와 크리에이티브

앞 장에서 '도식(schema)'에 대해 이야기한 바 있다. **도식**은 '기억에 저장된 잘 조직화된 지식구조'(Stayman, Dana, & Karen, 1992) 라는 것에 대해 살펴보았다. 도식은 소비자 기억뿐만 아니라 광고 크리에이티브 과정과도 매우 관련성이 크다. 이제부터 소비자 도식과 크리에이티브 과정 그리고 광고효과에 대해 알아보자.

소비자 도식에는 제품유목의 속성(음료; 탄산, 단맛 등), 제품유목의 원형(탄산음료; 콜라) 그리고 유목에 대한 태도('스포츠 음료를 좋아한다') 등의 정보들이 포함된다(Goldstein, 1993). 도식이론에 의하면, 사람들은 새로운 사례(신제품 등)를 볼 때 기존의 도식을 대입해서 새로운 사례에 대해 평가한다. 이러한 것을 '**도식기반 처리**'라고 하는데 기존 도식에 토대해서 새로운 사례를 평가하면 평가의 속도나 용이성은 높아진다. 새로운 사례의 개별 정보를 일일이 다시 평가할 필요가 없기 때문이다(Fiske & Pavelchak, 1986).

새로운 제품이 출시되었을 때 그 제품이 소비자가 이미 가지고 있는 제품도식과 일치한다면 소비자는 신제품을 기존 도식에 손쉽게 '**동화**(assimilate)'할 수 있다. 하지만 신제품이 기존 도식과 일치하지 않을 때는 신제품을 평가하려면 추가적인 인지 처리를 해야만 한다(Srull, Lichtenstein, & Rothbart, 1985). 예컨대, 정장을 차려입은 교수를 소개받는다면 옷차림은 교수에 대한 기존 도식과 일치하기 때문에 추가적인 인지 처리를 할 필요가 없다. 하지만 문신이나 피어싱을 한 교수를 만난다면 기존 교수도식과는 불일치하기 때문에 불일치를 해소하기 위해 많은 생각, 즉 추가적인 인지적 노력을 하게 된다. '스마트 시계'의 경우, 여러분은 스마트 시계를 '시계 도식'을 적용하여 평가하는가, 아니면 '스마트 폰 도식'을 적용하여 평가하는가. 아마도 어떤 도식에 적용하는가에 따라 평가 기준 정보도 다를 것이며 평가의 결과도 달라질 것이다. 이처럼, 새로운 대상이 기존 도식에 대한 기대와 일치 또는 불일치함으로써 발생하는 효과를 **'도식일치 효과'** 그리고 **'도식불일치 효과'**라고 한다(Peracchio & Tybout, 1996). 그렇다면 기존 도식과 일치하는 것이 불일치하는 것에 비해 항상 좋은 것일까? '도식불일치'가 갖는 긍정적인 효과는 없을까?

도식기대 일치, 불일치 효과의 기제

도식일치, 불일치 연구는 사회심리학에 뿌리를 두고 있다. 1980년에 심리학자 해이스티(Hastie)는 실험참여자들에게 어떤 사람의 특성(친절한, 지적인, 정직한 등)을 알려 주고 그 사람에 대한 첫인상을 가지게 하였다. 그런 다음에 한 집단에는 그 사람의 첫인상 특성과 일치하는 행동 사례를 알려 주고 다른 한 집단에는 첫인상과 불일치하는 행동 사례를 알려 주었다. 해이스티는 첫인상과 일치할 때와 일치하지 않을 때 기억효과에서 어떤 차이가 있는지에 관심이 있었다. 결과에서는 첫인상과 행동 특성이 일치할 때보다는 불일치할 때 특성 정보를 더 잘 기억했다. 불일치할 경우에는 이러한 불일치를 이해하기 위해 실험참여자는 기억으로부터 추가적인 정보를 끄집어내어서 생각을 해야 한다('정직하고 친절한 사람이 왜 그러한 행동을 했을까?'). 그 결과로 그 사람에 대한 정보들 간에는 더욱 탄탄한 연합망(associative network)이 형성되고 이로 인해 기억이 향상된다.

도식불일치 효과는 시각적인 정보에도 적용된다. 우리가 일상에서 접할 수 있는 비주얼 이미지에 대한 처리도 도식의 영향을 받는다. 프리드먼(Friedman, 1979)은 실험참여자들에게 '기대 가능한' 그림(예: 부엌에 있는 식탁)과 '기대하기 어려운' 그림(예: 부엌에 있는 벽난로)을 보여 주었다. 그리고 이미 보여 준 그림들에 약간씩 변화를 주어 보여 준 다음에 무엇이 변하였는지 물어보았다. 기대 가능한 그림에 대해서는 무엇이 변하였는지 집어내지 못하였다. 하지만 기대하기 어려운 그림의 경우에는 변화된 것을 더 잘 찾아냈다. 이러한 결과 역시 해이스티가 제안한 기제 때문으로 설명된다. 즉, 기대 가능한 그림은 부엌이라는 도식과 일치하기 때문에 그림에 그다지 많은 주의를 기울이지 않는다. 하지만 기대와 일치하지 않는 그림의 경우에는 도식과 불일치하기 때문에 불일치를 해소하기 위해서 더 많은 인지 노력을 투입한다.

휴스턴과 동료들(Houston, Childers, & Hecklers, 1987)은 광고에서 카피나 바디와 같은 언어적인 메시지와 비주얼 메시지가 불일치할 때 소비자의 기억에는 어떤 영향을 미치는지 살펴보았다. 선행연구에 의하면 소비자가 광고를 볼 때는 카피와 같은 문장보다는 비주얼에 우선적으로 주의를 둔다(Childers, Susan, & Michael, 1986; Edell & Staelin, 1983). 이는, 비주얼이 카피를 포함한 전체 광고 메시지를 처리할 때 '선행 조직자'의 역할을 한다는 것을 의미한다. 휴스턴 등은 바로 비주얼의 이러한 역할을 광고에서 비주얼과 카피 내용을 불일치시켜서 확인하고자 한 것이다. 실험광고는 두 가지였는데 비주얼 도식과 카피 내용이 일치하는 것과 불일치하는 광고였다. 예컨대, 광고의 비주얼은 제품의 내구성에 대한 것이지만 헤드라인은 가격을 언급한다면 이는 비주얼 도식과 불일치하는 광고이다. 실험에 참여한 사람들은 비주얼 도식과 헤드라인이 일치하는 광고에 비해 불일치하는 광고를 더 잘 기억하였다. 이 연구 역시 앞서 소개한 해이스티와 프리드먼의 연구와 동일한 결과를 보여 준다.

그렇다면 기억효과의 측면에서는 광고에서 비주얼과 카피를 엉뚱하게 불일치시켜야 좋다는 말인가? 오해하지 마시라! 이들 연구의 핵심은 일치에 비해 불일치가 마냥 나쁜 것만은 아니며, 긍정적인 작용을 하는 기제는 무엇인지를 보여 주는 데 있는 것이다. 이제부터 광고 크리에이티브 실무에서 '도식불일치'가 어떻게 해야 제대로 효과를 발휘하는지 알아보자.

광고도식과 크리에이티브 개발

광고 역시 소비자가 처리해야만 하는 다양한 정보의 형태 중의 하나이기 때문에 광고 메시지를 어떻게 또 어느 정도로 처리하느냐에 따라 광고효과는 영향을 받는다. 소비자는 제품이나 브랜드뿐만 아니라 광고에 대해서도 도식을 가진다(Dahlén & Edenius, 2007). **광고도식**(advertising schema)은 광고효과는 물론이고 광고 크리에이티브의 개발 과정에서 실무적으로도 매우 중요한 역할을 한다.

광고도식 역시 앞서 살펴본 '도식일치, 불일치 효과'를 따른다.

즉, 광고도식일치는 광고에 대한 소비자의 주의 끌기 그리고 광고에 대한 태도에는 오히려 부정적으로 작용한다(Donthu, Cherian, & Bhargava, 1993). 어떤 광고가 소비자가 가지고 있는 광고도식과 일치하면 소비자는 그 광고를 더 빨리 알아차리고 자신을 설득하려는 것이라는 의도를 간파하기 때문에 광고 메시지에 대한 의구심을 일으키는 역 효과를 가진다. 광고도식은 광고에 대해 어떻게 반응할 것인지를 결정하는 역할을 하는 것이다(Friestad & Wright, 1994). 소비자가 일단 '광고'로 확인하면, 즉 어떤 광고가 광고도식과 일치하면 소비자는 그 광고를 무시한다. 채널 돌리기나 광고회피 현상은 어떤 광고가 소비자의 광고도식을 활성화하는 순간에 일어난다. 특정 광고의 성패 여부는 그 광고가 표적소비자의 광고도식과 일치하는가 또는 불일치하는가(물론, 정도의 문제는 있겠으나)에 달렸다고 할 수 있다(Goodstein, 1993).

광고기대 불일치 효과

헥클러와 칠더스(Heckler & Childers, 1992)는 광고도식의 일치, 불일치가 광고효과에 구체적으로 어떤 영향을 미치는지를 알아보기 위해 두 개 차원의 틀을 개발하였다. 한 차원은 광고도식에 대한 '기대(expectancy)'이며 다른 한 차원은 광고 메시지가 도식과 관련된 것인지에 대한 '**관련성**(relevancy)'이다. 두 개의 차원을 중심으로 총 네 가지의 조합(기대: 일치, 불일치×관련성: 관련, 비관련)이 가능해진다. 도식과 완전 일치하는 광고는 소비자가 기대할 수 있고, 메시지도 도식과 관련된 것이다. 도식과 완전 불일치하는 광고는 소비자가 기대할 수 없고 메시지 역시 도식과 무관한 것이다. 한편, 중간 수준의 불일치 광고는 기대하지 않은 것이지만 메시지는 관련된 것이다. 즉, 중간 수준의 불일치 광고는 기존의 광고도식에는 들어맞지 않지만 그렇다고 메시지와 무관한 것은 아닌 광고이다.

헥클러와 칠더스의 예를 들자면, '좌석의 안락함'을 강조하는 항공사 광고의 경우에 중년의 세련된 신사가 두 다리를 뻗고 편안하게 잠자고 있는 비주얼의 광고는 항공사 광고도식과 완전 일치하는 것이다. 만약 이런 비주얼 표현의 항공사 광고를 본다면 아마도 우리는 '그래, 이건 좌석이 넓고 편하다는 것을 이야기하려는 광고일 거야.' '비슷한 광고를 많이 봤어.'와 같은 반응을 할 것이다. 그러면, 이번에는 신사 대신에 몸집 큰 코끼리가 누운 채 편하게 잠자고 있는 비주얼의 항공사 광고는 어떨까? 우리는 항공사 광고에 코끼리가 등장할 것이라고는 거의 '기대'하지 않는다. 즉, 코끼리는 항공사 광고도식과는 일치하지 않는 것이다. 하지만 이 광고를 볼 때 '아, 몸집이 큰 코끼리도 편안하게 느낄 만큼 좌석이 여유롭고 편하겠구나.'라고 추론할 것이다. 코끼리가 전하는 메시지는 분명 안락함과 '관련되는' 것이다. 헥클러와 칠더스의 연구에서는 바로 '코끼리 광고'와 같이 기존 광고도식과는 불일치하지만 전하는 메시지는 관련성이 높은 광고의 효과가 가장 우수하다는 것을 보여 준다.

앵과 로우(Ang & Low, 2000)는 헥클러와 칠더스의 '기대'와 '관련성'의 두 개 차원에 '정서반응' 차원을 추가하여 광고효과에 미치는 영향을 탐색하였다. 이들의 연구에서도 광고효과에 가장 큰 영향을 미치는 요인은 '기대', 즉 광고도식과의 불일치성으로 나타났다. 하지만 광고비주얼이 비록 기대와 불일치하더라도 그 비주얼이 부정적인 정서를 유발할 때는 기대불일치 효과는 감소함을 발견하였다. 앞의 항공사 예에서, 만약 코끼리가 부정적인 정서를 유발한다면 그렇지 않을 때에 비해 광고효과가 감소한다는 것이다. 앵과 로우의 연구는 '기대불일치' '관련성' 그리고 '긍정적인 정서유발'이 유머소구 광고효과의 핵심기제임을 밝힌 것으로도 의미가 있다.

기대불일치 광고, 창의적인 광고

우리는 광고도식을 중심으로 '기대'와 '관련성'이 어떤 효과를 발휘하는지 살펴보았다. 그런데 아마 여러분 중에서는 헥클러와 칠더스의 연구를 보면서 '어, 이건 바로 창의적인 광고에 대한 이야기 아닌가?'라고 생각했을 것이다. 이에 대한 대답은 '그렇다'이다. 헥클러와 칠더스가 제안한 '기대'와 '관련성'이 바로 광고창의성의 핵심기제이다. 아마 광고창의성이라고 하면 너무나 모호하고 추상적인 개념이 아닌가라는 생각이 들 것이다. 하지만 분명한 것은 창의적인 광고의 두 가지 기준은 바로 광고도식에 대한 '기대불일치'와 '관련성'이다. 이제 이 개념을 광고창의성과 관련지어 살펴보자.[4)]

창의적인 광고에 대한 중요성은 점차 높아짐에도 불구하고 창의적인 광고에 대한 정확한 이해는 부족한 것이 현실이다. 많은 광고

4) 이 섹션의 내용은 우석봉(2015)에서 발췌하였다. 광고창의성(advertising creativity)에 관한 최초의 학문적인 논문은 1960년 *Journal of Marketing*에 'The Dilemma of Creative Advertising'이라는 제목으로 폴리츠(Politz)에 의해 발표되었다.

제작자가 전략을 창의적인 광고 제작물을 개발하는 데 장애로 인식하는 것도 창의적인 광고를 잘못 이해하기 때문이다. 특히 광고기획자는 창의적 광고란 무엇인가에 대해 누구보다도 명확히 이해해야 한다. 광고기획자는 광고목표라는 가이드에 따라 광고 크리에이티브, 즉 광고제작물에 대해 정확히 판단해야 하기 때문이다.

그러면 창의적인 광고란 무엇일까? 제프 리처드(Jef Richards)는 "전략이 결여된 크리에이티브는 아트(art)에 지나지 않으며, 전략으로 뒷받침된 크리에이티브를 비로소 광고라 부를 수 있다."고 하였다. 제프 리처드의 견해는 창의적인 광고의 실체를 잘 말해 준다. 창의적 광고는 구체적인 목표달성의 관점에서 보아야 한다. 즉, 창의적 광고란 광고목표와 같은 실질적인 목표달성을 위한 문제해결 능력을 지녀야 한다. 문제해결 능력이란 기존의 아이디어를 새로운 관점이나 방식으로 재배열하는 능력이라고 할 수 있다. 예술가의 창작활동과는 엄연히 다르다.

- 창의적인 광고란 독특하고 새로운 아이디어가 광고목표 달성에 기여하는 광고이다.

세계 유수의 광고 대행사가 공통적으로 내거는 소비자를 사로잡는 창의적인 광고 제작물의 기준도 **'독창적인 아이디어'**와 **'전략적 적합성'**이다. 창의적인 광고의 구성요소에 대해 좀 더 구체적으로 알아보자.

기대불일치 또는 독창성

창의적인 광고의 중요한 요소 중의 하나는 '**독창성**(originality)'이다. 광고기획자나 광고제작자 중에 상당수가 '창의적인' 광고와 '독창적인' 광고를 구분하지 못하거나 또는 구분하려 하지 않는다. 하지만 창의적인 광고와 독창적인 광고는 엄연히 다르다. 독창성은 창의적 광고가 갖추어야 하는 조건 중의 하나이다. 광고가 독창적이라고 해서 그 광고가 곧 창의적인 것은 아니다.

독창적인 아이디어란 이전에는 결코 생각하지 못했던 새롭고 참신해 기대를 뛰어넘는 것이다. 이전에는 결코 생각하지 못한 것이지만 다른 사람도 생각해 보지 못한 것이어야 한다는 점이 중요하다. 이전에 생각하지 못했던 새롭고 참신한 아이디어라 하더라도 이미 누군가 생각한 것이라면 독창적이라 할 수 없다. 아우디(Audi)는 2002년에 단지 사각형 비누 모서리에 네 개의 나사못이 박힌 비주얼만을 사용한 '아우디 콰트로(Audi Quattro)' 인쇄광고를 집행한 적이 있다([그림 6-3] 참조). 비누는 미끄러움을 상징하고 네 개의 나사못이 미끄럼 방지를 상징하는 사륜 구동의 드라이빙 파워를 전달하는 광고이다. 대부분의 SUV 자동차 광고는 험한 도로를 질주하거나 또는 박진감 넘치는 드라이빙 파워를 비주얼로 보여 준다는 점을 고려할 때 아우디 SUV 광고는 분명 새롭고 참신하며, 기존의 다른 SUV 광고에서는 보지 못했던 아이디어를 사용했기 때문에 독창적인 광고라 할 수 있다. 하지만 만약 경쟁사가 유사한 아이디어를 적용한 광고를 이미 집행했다면 아우디 광고는 더 이상 독창적이라 할 수 없다.

[그림 6-3] 아우디 콰트로 광고

광고기획자나 제작자는 '**진부한 표현**(cliche)'이란 말을 자주 쓴다. 이전부터 많이 보아 왔기 때문에 익숙해서 더 이상 참신하거나 새로울 것이 없는 것을 가리키는 말이다. '진부한 표현'이란 말에서 광고 독창성의 흥미로운 심리학적 메커니즘을 간파할 수 있다. 우리는 어떤 대상이나 사상에 대해 고정관념을 가지고 있다. 예컨대, 라면은 사각형이며 면이 꼬불꼬불하고 물에 끓여야 한다는 고정된 관념과 믿음을 가진다. 우리의 사고라는 것은 이전의 빈번한 학습에 의해 서로 결합(association)된다. 어떤 개념을 생각하면 그 개념과 결합된 다른 개념이 거의 자동적으로 떠오르는 것은 바로 우리 사고의 연합 작용 때문이다. 따라서 고정관념은 고정된 연합경로로 이어져 있는 견해나 신념이라 할 수 있다. 마치 이미 파인 고랑을 따라 물이 흐르는 것과 유사하다. 물은 고랑을 역류하지 않으며 좀처럼 고랑을 벗어난 길로 흐르지도 않는다.

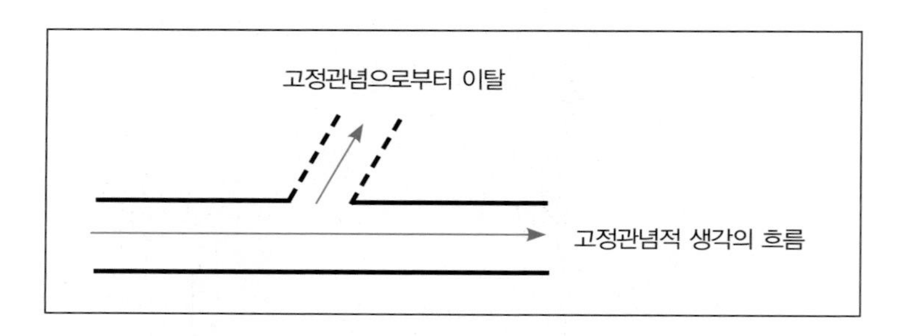

[그림 6-4] 독창적 아이디어의 기제

독창적 아이디어의 기제

그러면 독창적인 아이디어란 어떤 심리작용에 의해 만들어질까? 독창적인 아이디어는 고정관념으로부터 벗어난 것이어서 누구나 쉽게 미루어 짐작하거나 기대할 수 있는 것이 아니다([그림 6-4] 참조). 우리는 광고에 대해서도 다른 사물이나 사상과 마찬가지로 고정관념을 가진다. 이는 어릴 때부터 광고를 보아 온 학습효과 때문이기도 하다. 비누광고하면 무엇이 떠오르는가? 라면광고는? 그리고 맥주광고 하면 무엇이 떠오르는가? 대부분 특정한 사물이나 개념이 자동적으로 떠오를 것이다. 라면광고라고 하면 면발을 한입 가득 넣는 것, 국물을 마시는 것, 김이 입에서 나오는 것 등의 장면이 떠오른다. 이 역시 라면에 대한 과거 경험, 그리고 광고의 학습 경험에 의한 연합작용의 결과이다.

[그림 6-5]의 광고를 보자. 이 광고의 특징은 무엇일까? 살충제를 생각하면 무엇이 떠오르는가? 아마 바퀴벌레나 모기 같은 벌레가 떠오를 것이다. 스파이더맨을 떠올리기란 쉬운 일이 아니다. [그림

[그림 6-5] 기대불일치 광고

6-5] 광고에 나타난 비주얼은 공통적으로 특정 제품이나 광고에서 '기대할 수 없는' 것이다. 다시 말해, 우리의 고정관념에서 벗어난 것이다. 이것이 바로 창의적 광고가 갖추어야 할 요건 중의 하나인 독창성의 심리학적 특성이다.

관련성 또는 전략적 적합성

독창성은 광고를 창의적인 것으로 만드는 매우 중요한 조건이지만 독창성은 창의적 광고의 필요조건이지 필요충분조건은 아니다. 독창성과 함께 두 번째 조건인 **전략적 적합성**(relevance)을 갖추었을 때 비로소 '창의적 광고'라는 타이틀을 부여할 수 있다.

광고는 예술가의 개인적 창작활동이 아니다. 광고는 광고목표라는 구체적 목표를 추구하는 합목적적인 마케팅 활동의 일환이다. 아무리 크리에이티브 아이디어가 기발하고 신선하다 하더라도 그것이 광고가 성취하고자 하는 목표에 부합하지 않는다면 창의적인 광고라 할 수 없다.

전략적 적합성은 '표적청중에게 얻고자 원하는 반응을 이끌어 내는 것'의 문제이다. 적합성이 높은 아이디어는 표적청중의 욕구, 느낌, 생각 그리고 정서에 정확히 부합하는 것이다. 과거 우리나라의 어떤 맥주 브랜드는 프리미엄 이미지를 부여하기 위해 정장을 차려입고 파티를 연상시키는 장소에서 고급스러운 잔에 따른 맥주를 마시는 장면의 TV 광고를 방영한 적이 있다. 물론 광고주는 이 광고에 많은 기대를 걸었다. 하지만 광고는 실패하였다. 원인은 바로 적합성에 있었다. 소비자는 이 광고가 맥주와 아무런 관련성이 없다고 본 것이었다. 심지어 많은 소비자는 그 광고를 보았지만 그것이 맥주 광고인지조차 모르고 있었다. 적합성이 높은 아이디어는 표적청중의 '공감'을 불러일으킬 것이며 이를 통해 광고목표의 달성에 기여한다.

빅 아이디어

우리는 지금까지 창의적 광고의 조건은 무엇이며 창의적 광고는 실제 어떤 효과를 발휘하는지 알아보았다. 여기서 창의적 광고의 조건으로 잠시 돌아가 보자. 창의적인 광고는 광고목표 달성을 위한 '핵심 주장과의 적합성'과 '표현의 독창성'이라는 두 가지 조건을 갖추어야 한다고 하였다. 만약 두 개의 광고가 있는데 이 두 광고 모두 적합성의 조건은 충족하지만 표현은 다르다고 하자. 두 광고는 결국 '어떻게 표현할 것인가?'에서 차이가 있는 것이다. 예컨대, 두 브랜드의 배터리 광고 모두 '오래 사용할 수 있다.'는 동일한 주장을 하는데 한 광고는 의인화된 배터리가 끝없이 팔 굽혀 펴기를 하는 표현을 사용하고 다른 광고는 어릴 때 배터리를 넣은 면도기를 할아버지가 되어서도 그대로 사용하는 표현을 사용하였다면 두 광고는 어떻게 표현할 것인가에서 차이가 있는 것이다. 만약 표현이 새롭고 이전에 보지 못한 것이며 다른 광고에서도 시도하지 않은 것이라면 우리는 이것을 독창적인 표현이라 한다. 이처럼 '어떻게 표현할 것인가?'에 대한 빅 아이디어가 바로 **크리에이티브 콘셉트**(creative concept)이다. 크리에이티브 콘셉트는 구체적으로 어떤 조건을 갖추어야 할까?

첫째, 크리에이티브 콘셉트는 표적청중의 주의를 끌 수 있어야 한다. 표적청중의 주의를 끌려면 크리에이티브 콘셉트에는 표적소비자가 해결하기를 원하는 문제나 얻고자 하는 편익이 명확하게 녹아 있어야 한다. [그림 6-6]의 접착제 광고를 보라. 접착제에 대해 표적소비자가 가지는 문제는 약한 접착력이며, 그 무엇보다 강한 접착력이 표적소비자가 얻고자 하는 편익일 것이다. [그림 6-6]의 '워싱턴 사과협회' 광고를 보라. 이 광고의 비주얼은 사과를 먹으면 몸짱이 된다는 소비자 편익을 명확하게 담고 있다. 문제해결이든 편익이든 이것은 헤드라인이나 슬로건과 같은 언어적 요소를 통해 표현될 수도 있고 비주얼을 통해 표현될 수도 있다. 어떤 요소를 통해 표현되건 간에 크리에이티브 콘셉트는 문제해결이나 편익을 명확하게 전달해야 한다.

둘째, 크리에이티브 콘셉트는 자사 제품을 경쟁사 제품과 차별화할 수 있어야 한다. 크리에이티브 콘셉트가 아무리 새롭고 독특한 것이라 하더라도 경쟁 제품과 차별화하지 못한다면 크리에이티

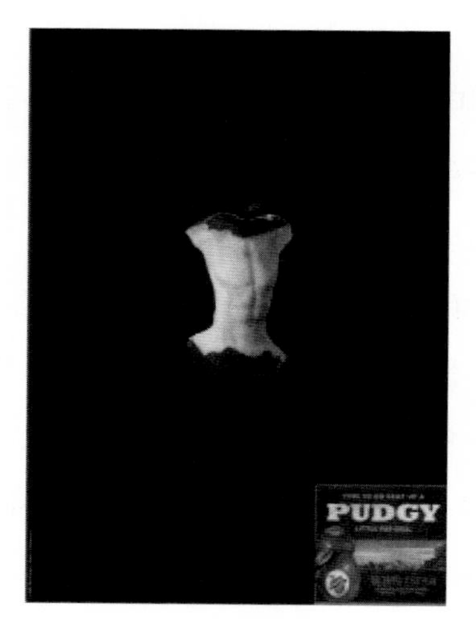

[그림 6-6] 접착제, 워싱턴 사과협회 광고

브 콘셉트로서 제 역할을 하기 어렵다. 최근 들어 아파트 광고가 많아졌다. 소비자에게 특정 아파트 광고를 보여 주고서 이 광고가 무슨 아파트의 광고인지 물어보았다고 하자. 그런데 대부분의 소비자가 아파트 브랜드를 잘못 알고 있거나 모른다고 답했다고 하자. 만약 이런 일이 발생한다면 이 아파트 광고의 표현이 아무리 독특하다

하더라도 크리에이티브 콘셉트로서 기능을 다하지 못한 것이다. 차별화와 관련해 발생하는 또 다른 문제는 광고 제품을 오인하는 것이다. [그림 6-6]의 광고를 다시 보자. 만약 소비자가 이 광고를 접착제가 아니라 범죄예방에 관한 공익광고로 오인한다면 이 역시 크리에이티브 콘셉트로서 적절성에 의문을 던질 수밖에 없다. 사실 광고의 표현은 기발하고 독특하지만 정작 광고와 브랜드를 제대로 결합시키지 못하는 경우가 종종 있다. 크리에이티브 콘셉트를 개발할 때 광고제작자는 광고와 브랜드 결합에 문제가 없는지 반드시 고려해야 한다. '광고는 빈도의 게임이기 때문에 광고와 브랜드 결합은 광고횟수가 해결할 것'이란 위험한 가정은 버려야 한다.

셋째, 크리에이티브 콘셉트는 광고에서 제품, 즉 브랜드를 '주인공'으로 부각하는 것이어야 한다. 종종 광고에서 브랜드는 조연이나 엑스트라가 되어 버리는 경우가 있다. 유명 모델, 기발한 소품이나 동물 등은 자칫 잘못하면 브랜드를 주인공의 자리에서 밀어내어 버릴 수 있다. 이 역시 광고와 브랜드의 결합에 문제를 초래하는 결과를 낳을 수 있다. 모델이나 소품 또는 광고에 등장한 동물은 기억에 뚜렷이 남지만 어떤 브랜드의 광고인지 도무지 생각이 나지 않는 경우이다. 이런 바람직하지 않은 현상을 피하는 한 가지 방법으로 크리에이티브 콘셉트를 생각해 낸 다음에 다음과 같은 질문을 해 보라.

'이 크리에이티브 콘셉트에서 브랜드를 배제하면 어떻게 되는가?'

만약 생각해 낸 표현 아이디어에서 브랜드를 배제해도 여전히 기발한 아이디어라면 이는 크리에이티브 콘셉트로서 문제가 있는 것이다. 브랜드가 주인공이 아니라는 말이다. 하지만 브랜드를 배제하고 나니 기발한 아이디어라 할 수 없다면 그 표현 아이디어는 비로소 크리에이티브 콘셉트로서 자격이 있다.

크리에이티브 콘셉트의 개발은 논리적이며 선형적인 사고 과정의 산물이 아니다. '크리에이티브 도약'이라는 말처럼 크리에이티브 콘셉트는 논리적 과정에 의해 추출된 광고의 핵심 주장에서 창의적인 사고의 도약을 요구한다. 창의적인 도약을 위해 수많은 광고제작자가 밤을 새며 고심하는 것이다. '어떻게 하면 좀 더 나은 크리에이티브 콘셉트를 개발할 수 있을까'에 대한 명확한 가이드라인이나 노하우가 있다면 얼마나 좋을까! 최상의 가이드라인이나 노하우는 없지만 그래도 도움이 되는 몇 가지 접근법은 있다.

제품을 핵심 비주얼로 부각하기

제품을 핵심 비주얼로 부각시키면서 브랜드 이미지를 확립하거나 강화할 수 있다. 특히 식품이나 일상용품과 같이 주로 매장의 선반에 진열된 상태에서 선택되는 제품일 때 이 접근법은 효과적일 수 있다. 제품의 구체적인 편익은 헤드라인이나 카피 또는 멘트를 통해 전달될 수 있다. 제품을 중심 비주얼로 부각할 때 헤드라인이나 카피 혹은 멘트와 같은 언어요소는 소비자의 주의를 끌 수 있는 독창적인 것이어야 한다. 언어 메시지를 아예 생략할 수도 있다.

편익에 초점 맞추기

편익에 초점을 맞추는 것에서 크리에이티브 콘셉트 개발을 꾀한다. 먼저, 편익을 직접적으로 묘사하는 것에서 출발하여 창의적인 도약을 모색한다. 독창적인 카피나 멘트를 통해 편익을 직접적으로 묘사할 수도 있지만 카피나 멘트 없이 은유나 직유 등 수사적 기법을 적용해 비주얼만으로도 편익을 함축적으로 전달할 수 있다.

자사 제품을 사용할 때와 사용하지 않을 때의 비교에 초점 맞추기

자사의 제품을 사용하지 않았을 때 얻게 되는 바람직하지 않은 결과에 초점을 맞추어서 크리에이티브 콘셉트를 개발하는 방법이다. 물론 자사 제품을 사용했을 때 얻게 되는 긍정적인 결과에 초점을 맞출 수도 있지만 그보다는 바람직하지 않은 결과에 초점을 맞추게 되면 표적청중의 주의를 끄는 힘이 더 강할 수 있다. 탈취제나 구취제거제 또는 가발이나 발모제 그리고 다이어트 관련 제품은 주로 자사 제품을 사용하지 않을 때 얻게 되는 부정적 결과에 초점을 맞춘 광고를 집행한다.

비교나 비유에 초점 맞추기

자사 제품을 경쟁자와 비교하거나 또는 자사 제품을 다른 사물에 빗대어 은유적으로 표현하는 것에 초점을 맞추어 크리에이티브 콘셉트를 개발하는 것이다. 우리나라는 제약을 제외하고는 경쟁자와 직접적으로 비교하는 광고는 할 수 없다. 하지만 경쟁자를 직접적으로 제시하거나 등장시키지 않고도 비교는 가능하다. 잘 알려진 에이비스(Avis) 광고를 예로 들 수 있다. 에이비스는 광고에서 "우리는

2등이기 때문에 더 노력한다."라고 선언했다. 하지만 2등이기 때문에 더 노력한다는 선언적 주장 이면에는 경쟁자인 헤르츠(Hertz)는 1위이기 때문에 자만에 빠져 고객에게 최선의 노력을 하지 않는다는 함의가 숨어 있는 것이다.

비유는 자사 제품의 편익을 잘 알려진 사물에 빗대어 표현하는 것이다. 비유에 초점을 맞추어 크리에이티브 콘셉트를 개발할 때 비유의 정도(degree)를 고려해야 한다. '역 U자'의 포물선을 생각하면 된다. 비유의 정도가 너무 낮으면 표적청중의 주의를 유지하면서 호기심을 끄는 힘이 떨어지며 그렇다고 비유 정도가 너무 높으면 크리에이티브 콘셉트에 대한 이해가 제대로 되지 않아 오히려 부정적인 반응이 나오거나 의도하지 않은 식으로 해석을 하게 되는 부정적인 결과를 얻을 수 있다. 비유의 정도가 적절할 때 최상의 결과를 얻는다는 점을 고려하여 수위 조절을 할 필요가 있다.

간접 비유에 초점 맞추기

언뜻 보기에 편익과 무관한 사물에 초점을 맞추어 크리에이티브 콘셉트를 개발하는 것이다. 허쉬 초콜릿은 '세월이 지나도 변하지 않는 맛'을 세월이 지나면서 점차 대머리로 변하는 비주얼에 빗댄 광고를 집행한 적이 있다. 변화는 반드시 좋은 것만은 아니라는 함의를 전달하는 것이다. 대머리는 초콜릿과는 분명 직접적인 관계가 있지 않다. 하지만 간접 비유를 유발하는 비주얼은 오히려 표적청중의 주의를 끌고 호기심을 유발하는 힘이 비교하는 것에 비해 더 강할 수 있다. '도대체 이게 뭐지? 이게 초콜릿과 무슨 관계가 있다는 거지?'와 같은 반응을 유발할 수 있다. **간접 비유**는 직접 비유에 비해 제품이나 편익과 직접적인 연관이 없기 때문에 카피를 통해 관련성을 전달하는 것이 좋다. 호기심 유발에 머물게 해서는 안 되며 궁극적으로 '아! 그런 거구나.' 하는 이해를 가져다주어야 한다.

유명인사, 보증인, 캐릭터에 초점 맞추기

우리가 매일 보는 광고 중에서 어떤 인물이 등장하지 않는 광고를 찾기란 쉬운 일이 아니다. 대부분의 광고에는 유명 연예인이나 스포츠 스타, 전문인 또는 일반인과 같이 어떤 인물이 등장한다. 크리에이티브 콘셉트를 개발하는 방법 중의 하나는 바로 이러한 인물이나 캐릭터에 초점을 맞추는 것이다. 물론 거의 대부분의 광고가 유명 연예인을 모델로 사용하지만 일반인이나 전문가를 모델로 사용하기도 한다. 캐릭터도 있다. 켈로그의 호랑이, 카멜 담배의 '올드 조' 등 가공의 캐릭터도 모델로서의 역할을 톡톡히 해낸다. 특히 유명인사는 일차적으로 표적청중의 주의를 끄는 효과가 있지만 제품의 핵심 주장을 강화하거나 뒷받침하는 효과가 있기 때문에 크리에이티브 콘셉트로서 중요한 기능을 수행할 수 있다. 유명 연예인은 독특하고 차별적인 이미지나 연상을 가지기 때문에 차별적인 이미지나 연상이 제품이나 편익과 절묘하게 맞물리면 크리에이티브 콘셉트로서 강력한 효과를 발휘한다.

과장법에 초점 맞추기

핵심 주장이나 편익은 과장법을 통해 보다 명료해질 수 있다. 과장법을 사용하면 표적청중의 주의를 끌고 광고에 대한 기억을 증진시킬 뿐만 아니라 경쟁자와 효과적으로 차별하는 부수적인 효과도 가진다.

사례나 생활 단면에 초점 맞추기

자사 제품을 사용함으로써 얻게 된 긍정적 경험이나 사례를 통해 크리에이티브 콘셉트를 개발하는 것이다. 로렉스는 화산활동을 연구하는 교수가 혹독한 환경에서도 제품을 신뢰할 수 있다는 사례를 이용해 광고를 하였다. 사례는 전문인이 보증함으로써 메시지에 대한 신뢰를 더욱 높일 수 있다. '**생활 단면**(slice of life)'은 일종의 '문제와 해결' 접근으로 일상생활에서 일어나는 문제가 자사 제품을 사용하면 어떻게 해결되는지에 초점을 맞추는 것이다. 라이프스타일 광고는 생활 단면 접근과 달리 문제와 해결을 제시하는 것이 아니라 제품을 일상의 모습과 결합하는 것이다.

제품시연에 초점 맞추기

제품시연(demonstration)은 주로 인공적인 상황을 통해 자사 제품이 어떻게 작동하는지, 그로 인한 편익이 무엇인지를 구체적으로 보여 주는 것이다. 면도기나 전동칫솔 그리고 진공청소기 광고를 생각해 보라.

비전통 광고

게릴라 광고는 전통 매체가 아닌 저예산의 비전통 매체를 통한 창의적인 그리고 소비자 상호작용 아이디어의 광고이다(Levinson, 1984). 게릴라 광고는 '비전통 광고'라고도 한다(Dahlén, Granlund, & Grenros, 2009). 게릴라 또는 비전통 광고는 매체 환경과 커뮤니케이션 환경 변화에서 비롯되었다. 최근에는 게릴라 또는 비전통 광고와 관련해 **'환경 미디어 광고'**가 주목받고 있다.[5)]

환경 미디어의 '환경(ambient)'은 주위를 뜻하는 'ambience'에서 파생되었다. 광고와 관련해서 환경이라는 용어가 처음으로 사용된 것은 1990년대 중반, 영국의 옥외광고 전문회사인 '콩코드(Concord)'에 의해서이다(Luxton & Drummond, 2000). 현재는 환경 요소를 그대로 사용하거나 또는 변화를 주어서 메시지를 전달하는 창의적인 옥외광고 형태를 말한다.

환경미디어 광고의 일차적인 목적은 소비자에게 놀라움을 제공하여 주의를 획득하는 것이다. 영국옥외광고협회는 환경 미디어 광고를 비전통적 형태 및 환경에 산재한 주변 미디어를 활용한 광고로 정의하고 있다. 최근 들어 환경 미디어를 활용한 광고와 같은 새로운 형태의 광고가 등장하고 있다는 것은 소비자들의 외부활동 증가와 라이프스타일의 변화 그리고 소비접점에서의 커뮤니케이션 수요 증가 등 소비자들의 참여와 경험이 늘어났기 때문으로 변화된 소비자 및 미디어 환경에 대응하기 위한 노력의 결과이다. 특히 환경 미디어 광고는 기존의 대중 미디어 광고의 대안 미디어 광고에서 출발한 광고 형태로 이는 옥외 미디어의 기술적 발달, 소비자의 변화 등 급변하는 오늘날의 시대적 변화 요구에 따른 것이다.

환경 미디어 광고를 활용하는 이유는 소비자의 광고에 대한 주목과 반응을 높이고, 미디어와 광고 메시지를 결합하여 시너지 효과를 창출하기 위해서이다. 소비자들에게 광고 메시지를 효과적으로 알리

5) 환경 미디어 광고 부분은 우석봉(2014)에서 일부 발췌하였다.

기 위해서는 광고물 자체를 창의적으로 제작하는 것도 중요하지만 광고를 게재하는 미디어를 창의적으로 활용하는 광고를 집행하는 것도 효과적인 대안이 될 수 있다. 기존 미디어 대신에 새롭고 독창적인 미디어를 제작하거나 주변 사물을 미디어로 활용하는 것 또한 미디어 자체의 혁신을 통한 창의적인 미디어 활용이며, 환경 미디어 광고도 미디어 혁신을 통한 창의적인 미디어 활용이다.

환경 미디어 광고가 기존 전통 매체와 비교하여 효과적인 이유는 네 가지 측면에서 생각해 볼 수 있다. 먼저, 창의적인 미디어는 소비자 주목 유도를 통하여 메시지가 의도적으로 처리되게 하며, 정보 출처인 **미디어의 신기성**(newness)으로 인해 기존 미디어와의 차별화가 가능하다. 우리는 앞에서 '도식불일치 효과'에 대해 살펴보았다. 환경 미디어 광고 효과의 일차적인 역할은 바로 '**도식에 대한 기대불일치**'에서 비롯된다. 환경에서 마주치는 여러 요소가 우리의 일상적인 기대에서 이탈할 때 그 자극은 우리에게 놀라움을 제공하고 주의를 끈다(Alden, Mukherjee, & Hoyer, 2000). 그리고 그 자극이 전달하는 메시지가 우리와 관련성이 있다면 광고에 기울인 주의는 지속되고 광고에 투입하는 인지적인 노력은 증가한다(Hutter & Hoffmann, 2011).

또한 광고에 의한 직접적 메시지 전달이 아니라 매체가 유발하는 '**맥락점화**'에 의해 간접적으로 메시지를 전달하기 때문에 소비자들로부터 광고 메시지에 대한 부정적인 인지반응을 유발할 가능성이 직접적인 메시지의 광고를 통해 전달할 때보다 더 적다. 마지막으로, 브랜드 관리자가 통제할 수 없는 방송 프로그램이나 기사에 영향을 받지 않고, 광고주가 통제 가능한 다양한 환경 매체를 사용하여 광고를 집행하기 때문에 전체적인 미디어 맥락의 조작에 집중할 수 있다.

광고비주얼의 힘

우리의 뇌가 처리하는 정보의 약 75%는 시각적인 정보이다(Franks, 2003). 우리가 시각적인 정보에 의존하는 정도가 그만큼 크다는 것을 말해 준다. 광고도 예외는 아니다. 현대 광고에서 언어적인 메시지 요소와 함께 광고 크리에이티브의 필수요소로서 그 중요성이 증대하는 것은 비주얼 요소이다(Mulken, Hooft, & Nederstigt, 2014). **광고비주얼**이 주의, 기억, 태도, 정보처리 및 설득효과에 미치는 영향은 이미 여러 연구에서 논의되고 입증되었다(예: 우석봉, 성영신, 2005; Bolen, 1984; Edell & Staelin, 1983; Messaris, 1997; Mitchell & Olson, 1981; Phillips & McQuarrie, 2004; Scott, 1994; Scott & Batra, 2003).

광고비주얼은 카피와 같은 언어요소에 비해 지각적 특이성이 높이 때문에 언어요소에 비해 부호화 단계에서 이점이 있다. 비주얼은 선과 윤곽 등이 언어요소보다 특이하기 때문에 부호화 특이성이 높다(Nelson, Reed, & Walling, 1976). 또한 광고에서 비주얼은 카피에 비해 소비자가 주의를 더 빨리 기울이는 요소이다(Bolen, 1984). 나아가, 기억과 정보처리 그리고 광고에 대한 긍정적인 태도 효과에서도 언어요소에 비해 우월하다. 스타치(Starch)는 기존 광고에 사용된 이미지 비주얼 612개를 추출해서 실험참여자들에게 보여 주었다. 그런 다음에 실험참여자에게 이미 보여 준 비주얼을 새로운 비주얼과 섞어서 제시하고 구별하도록 하였다. 그 결과, 이미 본 비주얼과 새로운 비주얼을 정확하게 구분하는 비율은 약 97%의 높은 수준임을 확인하였다.

카피와 같은 언어요소에 비해 광고의 비주얼을 더 잘 기억하는 것은 **'인지정교화'** 때문이다(Kisielius & Sternthal, 1984). 비주얼은 카피에 비해 기존 지식을 더 많이 자극하기 때문에 그로 인해 저장 위치와 경로가 더 풍부해져서 인출 가능성도 높아진다. 언어정보에 비해 시각정보는 뇌에서 처리되는 과정에서도 차이가 있다. 시신경을 통해 뇌로 들어온 시각정보는 시각피질(visual cortex)로 가기 전에 중뇌(midbrain)에 있는 편도체(amygdala)를 먼저 거친다. 편도체는 우리가 의식하지 않는 수준에서 정서를 처리하는 곳이다. 이것이 의미하는 것은, 시각정보는 우리가 의식적인 노력을 기울이기 이전에 의식하지 않는 수준에서 어떤 식으로든 먼저 처리가 된다는 것이다(LeDoux, 1996).

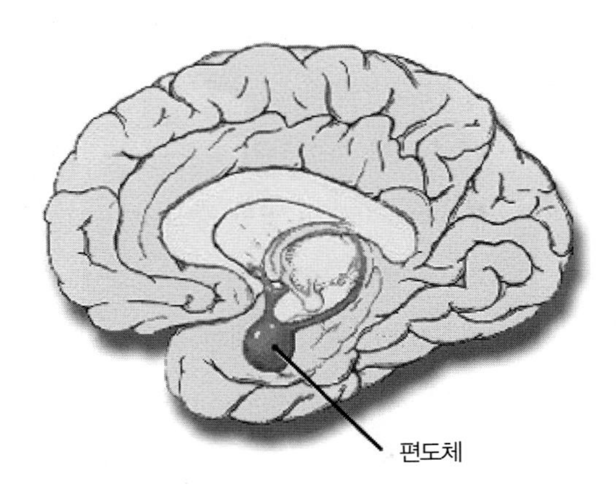

[그림 6-7] 비주얼 정보의 처리 경로

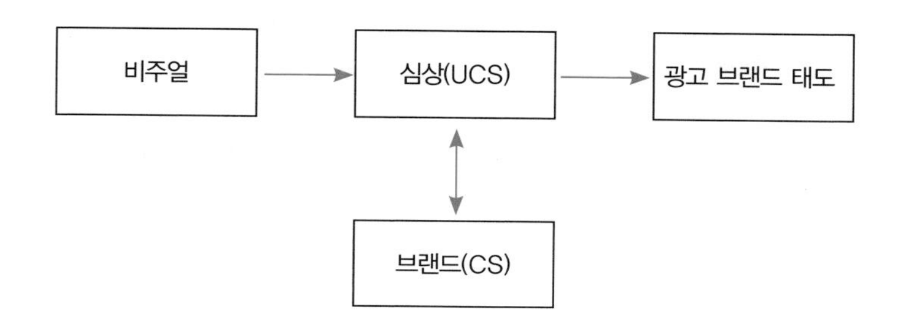

[그림 6-8] 비주얼의 역할

출처: Rossiter & Percy(1980).

광고의 경우, 카피와 같은 언어정보에 비해 비주얼이 훨씬 더 빨리 처리된다. 광고에서 언어정보를 처리하려면 더 많은 시간과 노력이 필요하지만 비주얼은 그렇지 않다. 대부분의 광고에 우리는 시간과 노력을 기울이지 않는다는 사실만 두고 보더라도 언어정보에 비해 광고의 비주얼이 광고에 대한 반응에 미치는 영향은 클 수밖에 없다. 우리는 시간과 노력이 드는 정보에 비해 노력이 덜 들고 수월하게 처리할 수 있는 정보를 더 호의적으로 평가한다(Hung & Wyer, 2008).

광고에서 비주얼이 광고태도에 더 효과적인 것은 비주얼이 생성하는 심상(mental imagery)이 언어요소에 비해 정서를 더 잘 유발하며 이는 무조건 자극의 역할을 함으로써 광고 브랜드에 대한 태도에도 영향을 미친다(Rossiter & Percy, 1980).

스타일 특성

광고비주얼의 설득효과에서 비주얼 이미지의 스타일 특성

은 비주얼 연구자들의 지속적인 관심을 받아 왔다(예: Meyers-Levy & Peracchio, 1992; Peracchio & Meyers-Levy, 2005; Wang & Peracchio, 2008; Yang, Zhang, & Peracchio, 2010). **스타일 특성**(stylistic properties)이란 카메라의 각도, 수직이나 수평과 같은 배치 등 광고물에서 비주얼의 제작방식에 영향을 미치는 다양한 요인을 말한다(Peracchio & Meyers-Levy, 2005). 카메라 각도의 경우, 상향 각의 비주얼은 제품을 아래에서 위쪽으로, 그리고 하향 각은 제품을 위에서 아래쪽으로 촬영한 비주얼로 카메라의 각도에 따라 제품에 대한 평가가 영향을 받는다(Meyers-Levy & Peracchio, 1992; Peracchio & Meyers-Levy, 2005).

광고비주얼의 스타일 특성에 관한 연구들은 광고의 설득력은 비주얼의 스타일 특성을 통해 소비자들에게 전달되는 개념의 영향을 받는다(Messaris, 1997; Phillips & McQuarrie, 2004; Phillips & McQuarrie, 2004; Scott, 1994; Scott & Batra, 2003). 예컨대, 광고에서 제품의 촬영 각도를 어떻게 하느냐에 따라 소비자가 광고 제품을 평가하는 것도 영향을 받는다. 연구에 의하면, 제품을 상향각도(upward-looking angle)로 제작하면 소비자는 제품이 더 권위가 잇고 강력하다고 지각한다(Peracchio & Meyers-Levy, 2005). 이는 자라면서 획득한 경험 때문이다. 아이들은 어른을 올려다보며 자란다. 어른은 자신에 비해 힘이 있고 강력한 존재이다. 따라서 위로 올려다보는 존재에 대해서는 힘이나 권력과 같은 개념이 자연스럽게 결합되는 것이다. 다른 예로는, 광고의 제품이나 비주얼을 수평이 아니라 대각선형으로 배치하면 소비자는 이를 '활동성' 또는 '역동성'과 연합하여 지각한다. 스포츠 용품의 광고에서는 제품을 수평이 아니라 대각방향으로 배치하는 것이 더욱 효과적이다.

시각적 관점

스타일 특성 중에서도 최근 들어 주목을 받고 있는 것은 비주얼의 **시각적 관점**(visual perspective)이다. 시각적 관점이란 어떤 대상이나 사건이 마음속에 시각적 이미지로 구성되는 관점으로 공감이나 상대의 관점취하기와 같은 심리적인 관점과는 다르다(Libby & Eibach, 2011). 어떤 대상이나 사건을 떠올리고 상상할 때 사람들은 이를 자신의 마음의 눈을 통해 본다. 어떤 때는 자신인 당사자의 시각적 관점에서 보지만 어떤 경우에는 자신 밖의 제3자의 시각적인 관점에서 자신의 이미지를 보게 된다.

시각적인 관점은 개인이 취하는 것이지만 지시나 사진과 같은 자극에 의해 촉발되기도 한다. 시각적 관점은 최근 사회심리학의 영역에서 활발히 연구되었는데 사회사건의 표상과 정보처리(Libby & Eich, 2002), 정서경험(Kosslyn et al., 2006; Libby & Eibach, 2002), 정보처리 스타일(예: Boroditsky & Ramscar, 2002) 그리고 행위 식별과 선택행동(예: Libby, Eibach, Shaeffer, & Slemmer, 2007; Libby, Shaeffer, & Eibach, 2009) 등에 영향을 미친다는 것이 밝혀졌다. 이들 연구에서 밝혀진 시각적 관점의 공통적인 기능은 시각적 관점에 따라 사건에 대한 표상이 달라지며 이는 판단과 선택에 영향을 미친다는 것이다.

시각적 관점은 그 시각적 관점의 이미지에 의해 상상 또는 묘사되는 행위나 사건에 대한 주관적인 의미를 규정하는 기능을 한다. 어

[그림 6-9] '편지 보내기'의 당사자 관점(좌)과 제3자 관점(우)

출처: Libby et al.(2009).

떤 사건을 **당사자 관점**에서 떠올릴 때는 상향식 의미 규정을 하게 되는데 이때는 그 사건의 구체적인 특징들을 중심으로 정보를 통합한다. 반면, **제3자 관점**에서 어떤 행위나 사건에 대한 자신의 이미지를 바라볼 때는 하향식 의미 규정이 이루어져서 추상적인 수준에서 정보의 통합이 이루어진다(Libby & Eibach, 2011).

Libby 등(2009)은 행위식별양식(Behavioral Identification Form: BIF)을 이용하여 실험참가자가 취하는 관점이 행위에 대한 표상에 어떤 영향을 미치는지 살펴보았다. 실험참가자가 제3자 관점을 취하게 했을 때는 행위를 추상적으로 해석하는 경향을, 그리고 당사자 관점을 취하게 했을 때는 행위를 구체적으로 해석함을 보고 하였다. Libby와 Eibach(2011)는 시각적 관점의 효과를 점화(priming)를 통해 확인하였는데 구체적, 추상적인 행동기술 목록을 제시하고 사진을 통해 시각적 관점을 점화하였다. 그 결과, 당사자 시각 관점의 사진으로 점화된 경우에는 구체적인 행동 진술을 선호하였으며 제3자 시각 관점의 사진으로 점화된 경우에는 추상적인 행동진술을 선호함을 발견하였다. 리비 등(Libby et al., 2009)은 30개의 행위에 대한 사진을 사용하여 각 행위를 더욱 잘 묘사하는 사진이 어떤 것인지를 선택하도록 하였다. 구체적으로 기술한 행위를 제시했을 때는 그 행위에 대한 당사자 시각적 관점의 사진을 더 많이 선택했고, 추상적으로 기술한 행위에 대해서는 제3자 시각적 관점의 사진을 선택한 비율이 높았다.

우석봉과 이성수(2016)는 신제품 시장 출시의 시간적인 거리와 광고 카피의 유형이 광고에 대한 태도와 광고제품에 대한 태도에 영향을 미치는 데 있어서 광고비주얼의 시각적인 관점이 어떤 역할을 하는지 살펴보았다. 연구 결과에 의하면, 구매예상 시점이 가까운 미래일 경우에는 광고카피가 구체적이더라도 광고비주얼의 시각적 관점이 당사자 관점일 때 광고에 대한 태도와 제품에 대한 태도가 더욱 긍정적이었다. 반면에, 구매예상 시점이 먼 미래일 경우에는 광고카피가 추상적이더라도 광고비주얼의 시각적 관점이 당사자일 때에 비해 제3자 관점일 때 광고에 대한 태도는 더욱 긍정적이었다. 이 연구는 광고비주얼의 시각적 관점을 어떻게 제작하느냐에 따라 광고에 대한 소비자의 평가가 달라질 수 있음을 실증적으로 밝혔다.

- '크리에이티브 전략' 또는 '광고전략'(카피전략이라고도 한다)은 자사의 제품이나 브랜드에 대해 표적소비자들에게 '무엇

을 말할 것인가', 자사의 제품이나 브랜드에 대해 표적소비자가 '무엇을 생각하게 할 것인가'에 관한 것이다. 크리에이티브 제작(creative execution)은 '어떻게' 말할 것인가에 해당한다.

- 광고소구란 표적소비자의 욕구, 관심 그리고 원망(wants)에 호소하여 제품이나 서비스를 구매하도록 자극하는 설득노력이다. 광고의 임무는 궁극적으로는 표적소비자를 '설득'하는 것이다. 그리고 광고소구는 설득을 위한 적확한 연결고리의 역할을 해야 한다.
- 광고 역시 소비자가 처리해야만 하는 다양한 정보의 형태 중의 나로서 광고 메시지를 어떻게 또 어느 정도로 처리하느냐에 따라 광고효과는 영향을 받는다. 소비자는 제품이나 브랜드뿐만 아니라 광고에 대해서도 도식을 가진다. 광고도식(advertising schema)은 광고 크리에이티브의 개발 과정에서 실무적으로 중요한 역할을 한다. 광고도식은 '도식일치 효과'를 따른다. 즉, 광고도식일치는 광고에 대한 소비자의 주의 끌기 그리고 광고에 대한 태도에는 오히려 부정적으로 작용한다.
- 창의적인 광고의 두 가지 기준은 광고도식에 대한 '기대불일치'와 '관련성'이다.
- 창의적인 광고의 중요한 요소 중의 하나는 '독창성(originality)'이다. 독창적인 아이디어란 이전에는 결코 생각하지 못했던 새롭고 참신한 기대를 뛰어넘는 것이다.
- 독창성은 광고를 창의적인 것으로 만드는 매우 중요한 조건

이지만 독창성은 창의적 광고의 필요조건이지 필요충분조건은 아니다. 독창성과 함께 전략적 적합성(relevance)을 갖추었을 때 비로소 '창의적 광고'라는 타이틀을 부여할 수 있다. 전략적 적합성은 '표적청중에게 얻고자 원하는 반응을 이끌어 내는 것'의 문제이다.

- '어떻게 표현할 것인가?'에 대한 빅 아이디어가 크리에이티브 콘셉트(creative concept)이다.

제7장

기억되는 광고,
잊히는 광고

제7장

기억되는 광고, 잊히는 광고

우리는 매일 많은 광고에 노출되고 또 보기도 한다. 하지만 광고 메시지나 광고의 브랜드명을 정확히 떠올리는 광고는 그다지 많지 않다. 또는 분명히 어떤 브랜드의 광고로 기억하는데 사실은 엉뚱한 브랜드의 광고로 혼동하기도 한다. 지금 당신이 기억하는 광고가 있다면 왜 그 광고를 당신이 기억하는지 스스로에게 한번 물어보라. 이런 이슈들은 광고회의에서 아마도 가장 빈번하게 제기되는 것이리라.

광고주가 다른 어떤 것보다도 많은 관심을 기울이는 광고효과의 지표(광고목표가 무엇이건 간에)도 바로 소비자가 자사의 광고를 제대로 기억하는가이다. 이것을 점검하기 위해 많은 돈을 들여 조사도 한다. 내용이 무엇이든, 형태가 어떠하든 소비자가 구매를 계획하거나 구매시점과 같은 결정적인 타이밍에 광고를 기억해 내지 못한다면 문제가 아닐 수 없다.

당신은 특정 광고를 '왜' 기억할까? 자주 보았기 때문에? 광고모델을 좋아하기 때문에? 내가 좋아하는 브랜드의 광고이기 때문에?

또는 광고의 아이디어가 기발해서? 이 외에도 다른 이유가 있을 수 있다. "이유('왜')야 뭐가 되었건 표적소비자가 우리 광고를 기억만 해 주면 되지 않겠어?"라고 말하는 크리에이터나 광고전략가가 있다면 그 사람에게 광고를 맡기는 것을 재고하기 바란다! 광고에서는 바로 이 '이유', 즉 '어떻게' 기억시킬 것인가 하는 것은 곧 광고전략 그리고 크리에이티브 아이디어와 직결된다. 우리 광고를 어떻게 기억시킬 것인가라는 것은 '광고를 기억하는 것은 어떻게 작동하는가'에서 답을 찾을 수 있다.

컴퓨터와 사람

먼저, 광고효과에서 가장 자주 쓰이는 용어인 **'기억**(memory)'에 대해 구체적으로 생각해 보자. 심리학자들은 기억을 어떻게 정의할까? 기억은 시간에 따라 정보를 유지하는 과정으로(Matlin, 2005), 현재나 미래에 사용하기 위해 과거경험을 활용하는 정신적인 기능 또는 능력으로 정의된다(Sternberg, 1999). 정의를 좀 더 구체적으로 살펴보자.

첫째, '과거경험'의 형태는 어릴 때 항상 가지고 놀던 인형의 냄새, 지난주에 먹었던 아이스크림의 맛, 졸업식 때 가족과 함께 갔던 음식점, 감명 깊게 보았던 영화 등 매우 다양하다. 학창 시절 수업 시간에 마지못해(?) 외웠던 교과내용도 과거 경험에서 제외될 수 없다. 광고도 예외는 아니다. 식품광고에서 군침 넘어가게 만드는 장면, 광고에서 모델이 표현하는 느낌과 정서, 제품의 기능이나 특징에 대한 설명이나 주장 그리고 배경 장면이나 음악 등 다양한 형태의 것들이 과거 경험에 포함된다. 우리 삶이든 또는 하나의 광고이든 거기에는 감각적인 것에서부터 장면과 같은 일화들 그리고 수학 공식이나 역사적 사실과 같은 명제적인 정보에 이르기까지 다양한 것이 우리의 과거 경험에 해당한다.

둘째, '유지하고' '미래에 사용하기 위한'이라는 것은 잊히지 않고 간직되다가 필요할 때 머릿속에서 끄집어내어서 사용한다는 것을 의미한다. 결국 기억이란 '내용'과 '과정'에 대한 정신적인 기능이라고 할 수 있다.

아이러니하게도, 인간이 컴퓨터를 개발했지만 인간의 기억을 연구하기 위해 학자들은 컴퓨터의 **정보처리모형**을 빌려다 쓴다. 우리가 매일 사용하는 컴퓨터의 정보처리는 **부호화**(encoding), **저장**(storage) 그리고 **인출**(retrieval) 과정을 따른다. 당신이 컴퓨터를 이용해 과제를 한다고 하자. 문서처리 소프트웨어를 불러내어 글자를 입력한다. 당신이 스크린에서 눈으로 보는 것은 글자이지만 컴퓨터는 글자를 인식하지 못한다. 우리가 자판을 이용해 기록하는 글자는 컴퓨터가 인식할 수 있는 부호체계로 전환되어야 한다. 과제를 완료했으면 '저장' 기능을 사용함으로써 하드웨어에 내용이 보관된다. 과제를 출력하려면 하드웨어에 저장된 내용을 다시 불러내어야 한다. 인간의 기억과정도 컴퓨터의 정보처리과정과 유사하다. 하지만 인간과 컴퓨터 간에는 정보의 '저장'에서 결정적인 차이가 있다. 컴퓨터는 저장하든가 아니면 삭제할 뿐이다. 두 가지 유형 밖에 없다. 하지만 인간의 경우에는 저장능력에서 컴퓨터에 비해 더 복잡하다.

인간의 기억에 대한 가장 최초의 그리고 가장 널리 알려진 모형은

'다중저장 모형(multi-store model)'이다(Atkinson & Shiffrin, 1968).[1] 이 모형에 의하면 인간의 기억은 '감각기억(sensory memory)'[2] '단기기억(short-term memory)' 그리고 '장기기억(long-term memory)'인 세 개의 기억장치로 구성된다. 세 가지 기억장치를 세부적으로 논하는 것은 이 책의 목적을 벗어나는 것이기 때문에 간략하게 알아보도록 한다.

우리가 무언가 새로운 정보(광고를 예로 든다면, 처음 보는 광고)를 기억하려면 그 정보는 먼저 감각기억이라는 첫 번째 관문을 통과해야 한다. **감각기억**은 정보를 받아들이는 감각기관이다. 예컨대, TV 광고는 눈과 귀, 즉 시각과 청각기관을 통과한다. 하지만 특정 시점에 감각기관이 순간적으로 유지할 수 있는 정보의 양은 제한적이기 때문에 '주의'를 기울이는 정보만이 이 감각기억의 관문을 통과하여 단기기억[3] 장치로 넘어간다.

단기기억 장치는 감각등록기로부터 넘어온 정보를 장기기억 장치로 보내는 역할을 하지만 장기기억에 있는 기존의 정보를 불러와서 새로 입력되는 정보와 연합하는 작업을 하기도 한다. 감각등록기와 마찬가지로 단기기억에서 다룰 수 있는 정보의 용량도 제한적이

1) 기억에 관한 구분된 저장 모형을 제안한 것은 Atkinson과 Shiffrin이 최초는 아니다. 1890년에 William James는 1차 기억과 2차 기억을 구분하였다. James에 의하면, 1차 기억은 의식에서 짧은 시간 동안 유지되는 생각들로 구성되며, 2차 기억은 무의식에서 영속적으로 유지되는 것들로 구성된다.

2) 감각등록기(sensory register)라고도 한다.

3) 1974년에 심리학자인 Baddeley와 Hitch는 Atkinson과 Shiffrin의 단기기억의 대안 개념으로 '작업기억(working memory)'을 제안하였다. 작업기억은 단기기억에 비해 더욱 적극적이고 역동적인 기능을 한다. 자세한 내용은 Baddeley & Della(1996)를 참고하기 바란다.

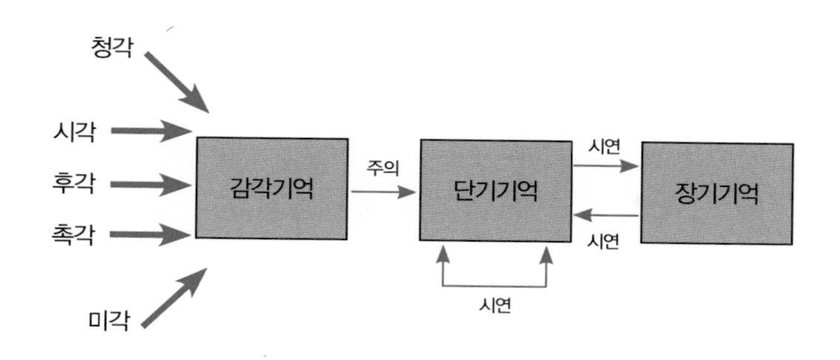

[그림 7-1] 기억의 다중저장 모형

다.[4] 이 과정에서 살아남은 정보는 비로소 **장기기억** 장치로 가서 저장된다. 장기기억은 용량 제한이 없다([그림 7-1] 참조).

기억의 크리에이티브, 매체전략

새로운 광고를 집행하는 광고주라면 누구나 표적소비자가 자사의 광고를 기억해 주기를 바란다. 앞서 살펴본 것처럼, 광고를 기억하게 하려면 새로운 광고가 단기기억에서 장기기억으로 원활하게 전환되어야 한다. 새로운 정보를 단기기억에서 장기기억으로 전환하는 가장 효과적인 방법 중의 하나는 정보(광고)가 계속해서 유지되고 처리되도록 하는 것이다. 이렇게 하려면 광고를 표적소비자가 '반복' 할 필요가 있다. 하지만 중요한 것은 '어떻게' 반복할 것인가이다.

4) 1956년에 Miller, G. A.는 *Psychological Review*지에 'The magical number seven, plus or minus two'라는 제목의 논문을 발표하였다. 논문의 제목처럼 인간의 단기기억은 저장 용량은 대략 7±2개의 결집(chunk)이다.

반복의 크리에이티브

광고에서 반복은 크리에이티브전략과 매체전략 모두와 관련이 있다. 그리고 반복과 관련한 매체전략과 크리에이티브전략은 따로 분리해서 생각할 수 없다. 먼저, 크리에이티브 측면에서 반복을 생각해 보자. 표적소비자가 광고를 계속 유지하고 처리하게 하는 크리에이티브전략에는 어떤 것이 있을까?

- 단순한 방법으로 브랜드명이나 메시지를 한 광고에서 기계적으로 여러 번 반복한다.
- 브랜드명을 발음에서 연상되는 것과 결합하여 반복한다. 예컨대, '제일 파프'는 '제일 바쁘다', 전화번호 '8282'는 '빨리 빨리'와 결합된다.
- 슬로건이나 광고 메시지에 멜로디를 사용하여 소비자들이 일상에서 흥얼거리게 한다.[5] '새우깡' 징글은 수십 년이 지났지만 지금도 반복되고 있다. 일반적으로 멜로디는 문장에 비해 기억효과가 크다. 광고 메시지를 문장으로 제시했을 때에 비해 멜로디를 입혀서 제시하면 더 잘 기억한다(Wallace, 1994).
- 일상생활의 특정 순간에 광고 내용을 사용하게 하여 자연스럽게 반복되게 한다. 펩시는 1996년에 우리나라에서 '펩시 맨(Pepsiman)' 캠페인을 전개하였다([그림 7-2] 참조). 당시 '펩시

---

5) 이러한 장치를 징글(jingle)이라 한다. 징글이란 광고에 사용되는 짧은 노래나 음을 말하며, 징금에는 광고제품을 명시적으로 알리기 위한 내용이 포함된다.

[그림 7-2] '펩시 맨' 광고

맨'이라는 멜로디 구호와 손동작은 생활의 여러 장면에서 아이들이 따라 하였고 광고 기억을 높이는 데 많은 기여를 하였다. 2000년 초반에 집행된 현대카드 광고의 '열심히 일한 당신 떠나라.'라는 카피 역시 다양한 상황에서 직장인들 간에 사용되었다. 2000년 미국에서 집행되었던 버드와이저(Budweiser) 맥주광고의 'Ayo! Wassup(What's up)' 역시 미국 젊은이들 사이에서 인기를 누렸다. 소비자는 일상생활에서 광고의 카피를 사용할 때마다 광고를 떠올리지 않을 수 없을 것이다.

논쟁소구

광고의 메시지를 효과적으로 이용하면 반복에 버금가는 기억효과를 거둘 수 있다. 단순한 반복과는 달리 표적소비자가 광고 메시지를 깊이 있게 처리하도록 하는 것이다. 양이 아니라 질에 초점을 맞추는 것이다. '**깊이 있는 처리**'라는 것은 광고내용을 표면적인 특징이 아니라 의미 중심으로 처리하거나[6] 광고 메시지를 소비자 자신의 경험이나 감정 또는 지식과 연결하여 의미를 부여하는 정신활동이다(Craik & Lockhart, 1972). 이러한 유목에 해당하는 광고 크리에이티브 전략은 사회적 이슈로 논쟁을 야기하는 것이다.

논쟁이나 충격소구는 사회적 규범이나 가치 그리고 개인의 이상(ideal)에 이슈를 제기하여 광고에 대한 주의를 끌고 이슈에 대해 생각하게 하며 나아가 **구전**(buzz)을 일으키는 효과를 가진다(Dahl, 2003). 한 연구에 의하면, **논쟁소구**의 광고는 그렇지 않은 광고에 비해 소비자가 광고 메시지를 더 깊게 처리하도록 하여 그 결과로 광고에 대한 기억과 이해가 증가한다(Huhmann & Mott-Stenerson, 2008).

대표적인 예로 '베네통(Benetton)' 광고를 들 수 있다. 여러 주제를 다루었지만 한 광고에서는 흑인 여성이 백인 아이에게 수유하는

6) 영어 단어들을 제시하면서 한 조건에서는 'R' 발음이 있는지 없는지를 판단하도록 하고, 다른 한 조건에서는 (예컨대) '남성 또는 여성'과 관련되는지 여부를 판단하도록 한 다음, 기억검사를 실시하면 후자의 조건에서 단어 기억이 우수하였다. 전자의 조건에서는 표면적인 특징 중심으로 단어를 처리하였고, 후자의 조건에서는 의미 중심으로 단어를 처리하였기 때문이다.

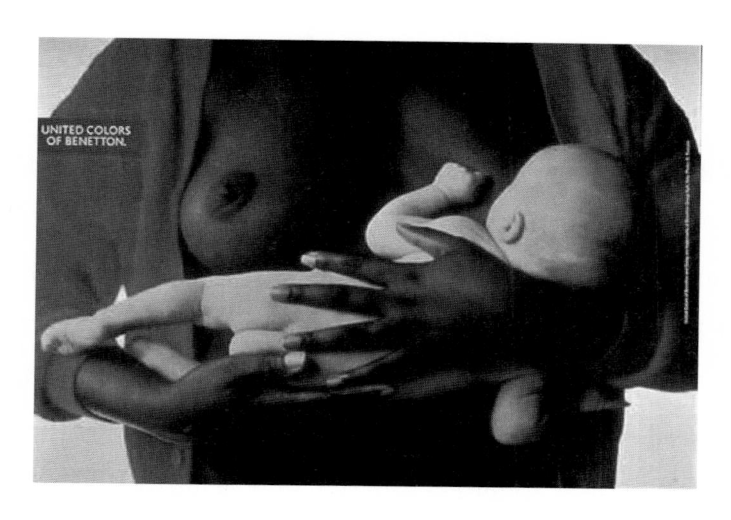

[그림 7-3] 베네통 광고

장면의 이미지컷을 실었다([그림 7-3] 참조). 이 광고는 인종 이슈를 자극하기에 충분했다. 'HIV(에이즈) 양성'이라는 문신을 한 남성과 여성의 신체 일부, 신부와 수녀의 키스, 에이즈로 죽어 가는 남자, 인간의 뼈를 들고 있는 군인 그리고 기름을 뒤집어쓴 오리와 같이 충격적인 이미지들을 광고에 연재하였다. 베네통 광고는 사회적으로 이슈가 되고 각종 매체에서도 베네통 광고를 앞다투어 다루었다. 물론, 소비자들 사이에서도 베네통 광고는 논쟁거리였다.

1981년, 당시 15세였던 브룩 쉴즈(Brook Shields)가 캘빈 클라인의 모델로 등장했다. 그녀는 광고에서 "캘빈과 나 사이에 무엇이 있는지 알고 싶으세요? 아무것도 없어요."라는 자극적인 멘트로 이슈가 되었다. 이후로도 캘빈 클라인(Calvin Klein Jeans) 광고는 논쟁을 달고 다녔다. 1990년대 중반에 집행한 광고 역시 당시 매체의 주목을 받았다. 당시 연재된 캘빈 클라인 광고는 선정적이고 도발적인 포즈를 취한 10대 소녀모델을 내세웠다. 캘빈 클라인 측에서는 광고가 결코 외설적이지 않다고 했지만 일부에서는 충격적이며 선정적 내용을 암시하는 소프트 포르노(soft porno)에 가깝다고 주장했다. 1999년에 캘빈 클라인이 단지 속옷만 걸친 미성년자를 모델로 한 'kiddie underwear ad campaign' 첫 광고를 내보냈을 때는 논쟁의 정점을 치달았다. 단 하루 만에 캘빈 클라인은 광고를 중단하기로 했다.

논쟁을 야기하는 광고는 그렇지 않다면 스쳐 지나갈 것을 소비자 대중이 정교하게 처리하도록 부추긴다. 어떤 광고에 대해 많은 이야기가 오고 갈수록 소비자 머릿속에는 그 광고를 중심으로 다양한 생각의 경로가 생성된다. 생각의 경로가 많으면 이후에 그 광고가 기억될 확률도 증가하기 마련이다. 2016년에 상영된 〈곡성〉만큼 화제를 일으킨 영화도 드물 것이다. 결말이 명확한 영화보다는 결말에 대한 해석을 열어 놓는 영화일수록 기억에 더 오래 남는다. 더 많이 이야기되고 더 많이 생각하게 만들기 때문이다.

소셜 미디어와 구전

최근에는 많은 화제가 오프라인보다는 소셜 미디어(social media)를 통해 구전된다. **소셜 미디어**는 웹 기반의 소셜 네트워크를 통해 개인의 생각이나 의견, 경험, 정보 등을 공유하고 타인과의 관계를 생성 또는 확장하는 개방화된 온라인 플랫폼이다. 소셜 미디어에는 블로그(Blog), 소셜 네트워크 서비스(SNS), 위키(Wiki), 사용자 제작 콘텐츠(UCC), 마이크로 블로그(Micro-Blog)가 해당된다. 사람과 사람

또는 사람과 정보를 연결하고 상호작용하는 서비스를 제공하는 플랫폼이 소셜 미디어의 유목에 포함된다.

네트워크로 맺어진 지인들을 통한 빠른 전파력과 설득력을 소유한 소셜 미디어는 이슈나 화제에 대한 '사적인 경험 제공'이라는 측면에서 오프라인에 비해 강력한 구전효과를 가진다. 광고 역시 이슈나 화제를 제공하여 소셜 미디어의 소통거리가 된다. 소셜 마디어에서는 광고물을 업로드할 수 있기 때문에 어떤 광고가 소셜 미디어에서 화제거리가 되면 파급효과가 매우 클 수 있다. 2012년에 국내에서도 방영된 '까르띠에(Cartier)' 광고는 오프라인뿐만 아니라 소셜 미디어를 통해서도 화제가 되었다. 광고시간은 무려 3분 30초였으며 마치 한 편의 신비로운 영화와도 같은 광고였다([그림 7-4] 참조). 까르띠에 광고는 소셜 미디어에서 언급되거나 업로드되어 지인들에게 전파되었다. 까르띠에 브랜드에 대한 관심을 고조시킨 것은 물론

[그림 7-4] 'Cartier Odyssey' 광고의 한 장면

이고 누가 광고를 제작했는지, 제작비는 얼마였는지, 광고에 등장하는 동물은 무엇을 상징하는지 등에 대해 많은 이야기가 오고 갔다. 이처럼, 소셜 미디어를 통해 화제가 되는 광고는 그렇지 않은 광고에 비해 광고의 기억효과에서 우위를 누린다.

소셜 미디어 광고의 경우에는 구전은 **'참여'**를 유발한다. 참여 역시 기억효과에서 뛰어난 역할을 한다. 참여는 인지, 정서 그리고 행동을 모두 동원함으로써 브랜드나 광고에 대한 강력한 기억 네트워크를 소비자 머릿속에 형성한다.

최근 들어 기업들은 단지 공유와 구전을 넘어 소비자의 능동적인 참여를 유도하는 소셜 미디어 광고에 많은 관심을 기울이고 있다. 한 예로, 얼마 전에 국내의 아기 기저귀 브랜드인 하기스(Huggies)는 '하기스 옹알이 통역기 캠페인'을 유튜브를 통해 전개하였다. 아기들의 옹알이 영상을 보내면 옹알이 내용을 통역해 주는 것이었다.

[그림 7-5] 하기스 옹알이 통역기 캠페인

기발한 아이디어로 표적소비자인 젊은 엄마들의 참여를 성공적으로 창출한 것으로 평가된다. 이 캠페인은 당시 *Ad Age*나 *Contagious Magazine* 같은 세계적인 마케팅 관련 잡지에서도 성공적인 캠페인으로 소개되기도 하였다([그림 7-5] 참조).

신념불일치 메시지

소비자의 신념에 배치되는 광고 메시지도 논쟁소구와 유사한 기억효과를 가져올 수 있다. 우리들은 일반적으로 평소 신념이나 생각, 가치와 불일치하는 행동을 하거나 기존에 가지고 있는 지식과 충돌하는 정보를 접했을 때는 심리적으로 불편함을 경험한다. 그러면 우리는 이 불편한 상태를 어떻게든 해소하려고 한다.

이런 상태에서는 그렇지 않다면 그냥 지나칠 것도 우리는 주의를 기울이고 정신적인 노력을 투입하게 된다(Festinger, 1957). 어떤 광고에서 평소에 제품에 대해 가지는 지식이나 신념과 충돌하는 메시지를 던지면 그 광고를 무심코 지나치기란 쉽지 않다. 예컨대, '침대는 가구가 아니다.' '바나나는 노란색이 아니다.' 또는 '○○○ 식용유는 콩 100%로 만들었다.'와 같은 광고 메시지는 정도의 차이는 있지만 제품에 대한 기존의 지식이나 신념 또는 태도와 불일치를 일으킬 가능성이 크다.[7] 과거, 대부분의 소비자는 침대는 단지 가구로서 혼수품을 장만할 때 한 브랜드 가구점에서 일괄 구매하는 것이 비

7) 논쟁소구 광고나 인지부조화 광고의 기억효과는 '역 U형'을 이룬다. 그 정도가 약하거나 또는 지나치면 효과는 오히려 감소한다. 최적수준일 때 효과는 극대화된다.

용에서 그리고 편리성에서 낫다고 생각했다. 이런 소비자가 '침대는 가구가 아니다.'라는 메시지를 접하면 '왜?'라는 질문을 하게 된다. 과거, 소비자는 식용유는 당연히 콩으로 만든다고 생각했다. 그런데 '○○○ 식용유는 콩 100%로 만든다.'는 메시지는 원료에 대한 믿음에 불일치를 일으킨다. 이런 메시지의 광고를 소비자가 무심하게 지나치기란 어렵다.

다양한 감각경험을 자극하는 메시지

다음과 같은 두 개의 꽃 가게 광고 헤드라인을 보자.

헤드라인1 : '○○ 플로리스트에 오시면 아름다운 꽃을 구입하실 수 있습니다.'

헤드라인2 : '당신의 집을 자연의 향기와 활기찬 색상으로 채우세요. - ○○ 플로리스트'

굳이 광고인이 아니라도 헤드라인1보다는 헤드라인2가 '더 좋은' 헤드라인이라고 평가할 것이다. 아마 초등학생이 평가하더라도 결과는 마찬가지일 것이다. 왜 헤드라인2가 헤드라인1에 비해 더 긍정적일까? 만약 그렇다면 효과의 기제는 무엇일까?

헤드라인2는 헤드라인1에 비해 더 '감각적'이다. 즉, 더 많은 감각기관을 자극한다. 향기(후각) 그리고 활기찬 색상(시각)을 자극한다. 그런데 더 중요한 것은 헤드라인2는 표현에서 끝나는 것이 아니라 많은 소비자가 꽃에 대해 가졌음 직한 과거 경험과 연결된다는 것이다. 소비자의 과거 경험과 잘 연결되면 될수록 헤드라인이 야기하는 감각적인 느낌은 증폭될 것이 분명하다. 설사 꽃의 비주얼 이미지가 광고에 없더라도 감각경험을 일으키는 힘은 결코 작지 않다. 다양한 감각을 자극하고 과거경험과 관련되면 그 메시지는 임팩트(impact)가 있는 것이다.

광고노출전략과 광고기억

소비자가 광고를 지속적으로 유지하고 처리하도록 하려면 **매체전략**을 고려하지 않을 수 없다. 광고 크리에이티브의 전략이 기계적인 반복을 강화하는 것이라 하더라도 광고를 지속적으로 노출하는 것은 필요하다. 경험적으로 보더라도 자주 노출되는 광고는 그렇지 않은 광고에 비해 기억될 확률이 높다.

크리에이티브전략과 함께 광고를 얼마나 자주 그리고 어떻게 노출할 것인지에 대한 매체전략은 광고에 대한 기억을 관리하는 데 있어서 중요한 요인이다. 물론 매체전략을 수립할 때는 단순히 얼마나 자주, 어떻게 광고를 노출할 것인지만 고려해서는 안 된다. 다음과 같은 사항들을 함께 검토해야 한다.

우선 대부분의 경우에 광고에 대한 소비자의 관심은 그다지 높지 않다. 광고에 대한 관심이 높지 않으면 광고에 주의를 기울일 확률은 낮아지고 따라서 더 많은 광고의 노출이 필요하다(Greenwald & Leavitt, 1984).

광고제품이 일상적으로 구매하는 것인가 아니면 특정 시기나 기간에 구입하는 것인가를 고려해야 한다. 구매가 일상적으로 이루어지는 제품이라면 간헐적이기보다는 계속적으로 광고를 노출해야 한다. 코카콜라가 이미 높은 브랜드 인지를 형성하고 있음에도 불구하고 지속적으로 광고를 집행하는 이유는 소비자의 기억에서 계속 유지되고, 처리되도록 하려는 것이다.

광고 제품을 구입할 때 표적소비자가 얼마나 관심과 주의를 기울이는가를 고려해야 한다. 라면을 살 때보다는 옷을 살 때, 옷을 살 때보다는 전자제품을 살 때 소비자는 구매를 잘못했을 때 뒤따르는 위험을 더 많이 느껴서 광고에도 더 많은 관심과 주의를 기울인다. 만약, 광고에 대한 주의와 관심이 낮으면 광고를 더 자주 노출해야 한다. 혁신제품과 같이 소비자가 친숙하지 않거나 새로운 지식을 필요로 하는 제품이라면 광고의 노출은 더 많아져야 한다.

신제품을 위한 새로운 광고인지 아니면 기존 광고여서 이미 기억이 된 상태인지도 검토해야 한다. 두말할 필요 없이 새로운 광고라면 더욱 집중적으로, 더 많은 광고의 노출이 필요하다. 하지만 이미 브랜드가 잘 알려져 있고 기존에 광고에 대한 기억이 높으면 이를 활용하기 때문에 새로운 브랜드일 때에 비해 많은 노출은 필요하지 않다(Sissors & Baron, 2010).

또한 광고 크리에이티브가 얼마나 창의적인지 검토해야 한다. 틸과 백(Till & Baack, 2005)은 유명 광고제에서 수상한 창의적인 광고와 무작위로 추출한 광고가 기억효과에서 차이가 있는지 관심을 가지고 참여자들에게 창의적인 광고와 무작위로 추출한 광고를 보여준 뒤에 어떤 광고를 더 잘 기억하는지 살펴보았다. 결과에 의하면, 창의적인 광고에 대한 기억이 더 좋음을 발견하였다. 창의적인 광고의 기억효과가 우수한 이유는 광고를 더 깊게 처리함으로써 머릿속에 광고와 관련된 인출경로가 더 많이 생성되고 이것이 기억효과로 연결되기 때문이다.

창의적인 광고의 일반적인 특징은, 창의적인 광고는 광고에 대해 소비자들이 가지는 기대 또는 광고도식으로부터 이탈한다는 것이다. 서로 무관한 아이디어가 결합함으로써 소비자가 광고를 이해하려면 정신적인 노력을 투입해야 한다. 그로 인해 머릿속에는 광고를 중심으로 더 많은 인출경로가 생성된다(Reinartz & Saffert, 2013). 이러한 효과는 **기능성 자기공명영상**(fMRI)을 사용한 연구에서도 입증되었다. 우석봉과 성영신(2005)은 창의적인 광고를 보는 동안 뇌의 어떠한 영역이 활성화되는지를 기능성 자기공명영상(fMRI)을 통해 분석했다. 평범한 광고에 비해 창의적인 광고는 과거 기억의 인출과 추론에 관여하는 뇌 영역이 활성화된다.

주요 경쟁자의 광고전략과 매체전략을 파악해야 한다. 동일한 비용을 투입하더라도 경쟁광고의 크리에이티브전략과 효과에 따라 자사 광고의 기억 수행은 상대적이다(박원기, 오완근, 이시훈, 이승연, 2010). 경쟁자가 시장리더이고 자사 광고전략이나 크리에이티브전략이 경쟁자와 유사하다면 자사 광고는 오히려 경쟁자 광고의 기억을 높이는 결과를 낳는다.

매체스케줄링

광고는 형태가 어떠하건 특정 매체를 통해 노출된다. 광고를 어떻

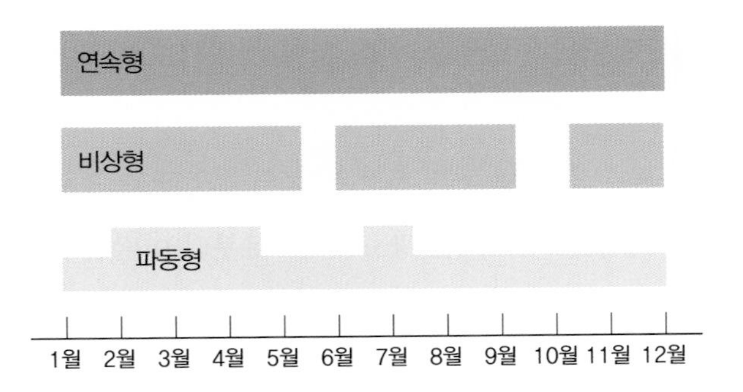

[그림 7-6] 매체스케줄링 유형

게 노출할 것인가에 대한 것이 매체스케줄링이다. 매체스케줄링은 크게 '**연속**(continuous)' '**파동**(pulsing)' '**비상**(flighting)'의 세 가지 유형으로 구분한다([그림 7-6] 참조).

- 연속형(continuous): 일정 기간 동안 주어진 광고 예산을 균등히 배분하여 연속적으로 광고를 집행한다.
  - **장점**: ① 소비자 기억을 일정하게 유지한다. ② 전체 구매주기를 포괄할 수 있다. ③ 연속적 광고의 때문에 매체사와 협상이 용이하다.
  - **단점**: ① 다른 스케줄링 전략에 비해 비용이 많이 소요된다. ② 광고의 과다노출 가능성과 반복 노출에 따른 소비자의 광고에 대한 집중도가 떨어질 가능성이 있다. ③ 과다비용 문제로 다양한 매체를 이용하기에 한계가 있다.

- 비상형(flighting): 일정 기간 동안 광고활동을 집중했다가 일정

기간은 광고를 중단한다.

- **장점**: ① 구매주기를 고려해 광고를 집행하기 때문에 비용 효율성이 높다. ② 특정 기간에 광고를 집중하기 때문에 다양한 매체의 사용이 가능하다. ③ 경쟁사가 연속형 전략을 취할 경우에 일정 기간에는 자사 광고 빈도를 높이는 것이 가능하다.
- **단점**: ① 특정 기간 집중노출로 광고기간 동안 효과가 감소할 수 있다. ② 광고를 하지 않는 동안에는 소비자의 기억이 약화될 가능성이 있다. ③ 광고를 하지 않는 동안 경쟁사의 노력에 따라 광고효과의 경쟁우위가 약화될 가능성이 있다.

• 파동형(pulsing): 지속적으로 광고를 하되 기간에 따라 광고량에 변화를 부여한다(연속형+비상형).

- **장점**: ① 소비자의 광고기억을 유지하면서 효율성을 기할 수 있다. ② 소비자 구매주기에 따라 광고를 신축적으로 운영할 수 있다. ③ 경쟁사가 연속형 전략을 취할 때 일시적으로 광고노출이 증대할 수 있다.
- **단점**: ① 계절 제품과 같은 단기성 제품에는 적절치 않다. ② 경쟁사 전략의 영향을 받기 쉽다. ③ 매체 선정 및 광고 시간을 선정하는 데 어려움이 있다.

크리에이티브가 차별적이어야 하는 이유

광고의 반복은 광고내용을 기억하는 데 도움이 된다. 하지만 반복이 광고기억에 언제나 도움이 되는 것은 아니다. 만약 당신이 두 개의 카드에 적힌 10개씩의 단어를 외워야 한다고 해 보자. 이때 두 가지 경우가 있는데 한 가지 경우에서는 카드1과 2에 모두 꽃 이름이 적혀 있고, 다른 한 가지 경우에서는 카드1에는 꽃 이름이 그리고 카드2에는 동물 이름이 적혀 있다고 하자. 당신은 어느 경우에 카드1의 꽃 이름을 더 정확히 기억할까? 아마도 후자의 경우일 것이다. 전자의 경우에는 카드1과 카드2에 모두 꽃 이름이 있기 때문에 기억해 내는 데 혼란을 겪는다.

광고의 기억도 마찬가지이다. 만약 소비자가 광고들이 서로 유사하다고 지각하면 특정 광고를 정확하게 기억하는 데도 문제가 생긴다. 어떤 제품유목이건 간에 한 유목의 광고들은 크리에이티브 표현에서 크게 다르지 않은 경우가 많다. 이럴 경우에 유사한 광고들은 기억에 도움을 주기보다는 오히려 방해를 일으킨다(Kumar & Krishnan, 2004).

다른 정보 때문에 기억해야 할 정보가 억제되는 현상을 '간섭(interference)'이라 한다. 어떤 소비자가 A 맥주의 광고를 기억하고 있는데 B 맥주가 크리에이티브가 유사한 광고를 집행한다고 하자. 이때 A 맥주광고의 기억은 B 맥주광고 때문에 방해를 받는다. 이 경우에서처럼 새로운 광고 때문에 이전 광고를 기억하는 것이 방해받는 현상을 '**역행 간섭**(retroactive interference)'이라 한다. B 맥

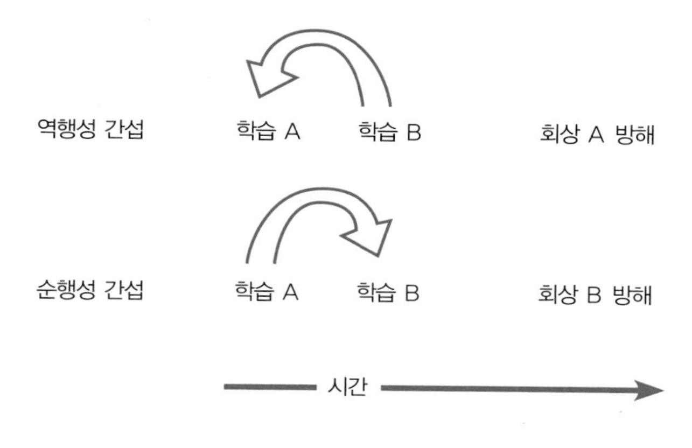

[그림 7-7] 광고기억의 순행 간섭과 역행 간섭

주광고 역시 손해를 볼 수 있다. 만약 두 맥주광고의 크리에이티브가 유사하다면 이미 집행하였던 A 맥주광고가 B 맥주광고를 기억하는 데 방해를 일으킬 수 있다. 이런 경우를 '**순행 간섭**(proactive interference)'이라 한다([그림 7-7] 참조).

광고의 간섭현상은 특히 동일한 제품유목의 브랜드들 간의 광고 크리에이티브가 유사할수록 잘 일어나는데 한 제품유목에서 브랜드 간의 광고가 유사해서 서로 방해를 일으키는 것을 '**경쟁 간섭**(competitive interference)'이라 한다(Keller, 1991). 광고 간의 '경쟁 간섭'이 극심한 제품유목이라면 누가 좀 더 득을 볼까? 만약 확실한 시장리더나 또는 강력한 브랜드가 존재하는 경우에는 후발 브랜드가 유사한 광고를 하면 할수록 시장리더나 강력한 브랜드가 득을 보게 된다. 후발 브랜드 광고를 보고서도 소비자는 시장리더의 광고를 보았다고 착각할 가능성이 크다.

제품유목이 같지 않아도 광고기억의 간섭현상은 일어난다. 이러한 현상을 '**맥락 간섭**(contextual interference)'이라 한다(Kumar & Krishnan, 2004). 기업 이미지광고나 마스터 브랜드의 아이덴티티 광고와 같이 크리에이티브의 비주얼 이미지가 유사할수록 맥락 간섭은 더 잘 일어난다(Kumar, 2000).

회피한 광고의 기억효과

대부분의 소비자는 구체적인 소비목적이 있을 때 광고에 의식적으로 주의를 기울인다. 실제 미디어 소비상황에서 소비자는 광고에 거의 주의를 기울이지 않는다. 특히 광고혼잡도가 극심해지면서 소비자의 광고회피는 더욱 심화하고 있다. '**인지적인 광고회피**'는 소비자가 광고로부터 시야를 옮길 때 발생한다. '**물리적인 광고회피**'는 리모콘과 같은 기계적인 장치를 이용할 때 발생한다(Burke & Srull, 1988). 광고효과에 미치는 영향은 광고회피가 인지적인 것인지 또는 물리적인 것인지에 따라 달라진다.

인지적인 광고회피는 자동적인 과정으로 광고를 시각적으로 걸러 내는 것이며 의식적인 결정이나 행위를 필요로 하지는 않는다. 이 현상은 '지각없는 기억(명시적 기억은 없으나 암묵적 기억은 존재하는 것)' 현상에 의해 명백해진다. '**전 주의 처리**(preattentive processing)'에 관한 선행 연구에 의하면 인지적으로 회피한 광고는 우연적으로 처리(incidentally processed)된다(Janiszewski, 1998). 우연적으로 처리된 광고는 비록 기억은 못하지만 선호나 고려 행동 그리고 선택 행동에 영향을 미친다. 명시적으로 기억하지 못하는 광고는 의식적으로 정교하게 처리된 광고에 비해 그 효과에서 열등하다.

반면에, 물리적으로 광고를 회피하는 것은 광고를 의도적으로 보지 않겠다는 의식적인 결정의 결과이며 심리적인 저항을 동반한다. 광고회피에 관한 대부분의 연구는 확인하기에 용이하다는 것 때문에 물리적인 광고회피에 주로 관심을 기울였다. 하지만 연구결과는 일관되지 않는다. 한 연구에 의하면, 의도적으로 광고를 보지 않으려면 회피하려는 광고에 어찌 되었건 주의를 기울여야 한다. 그로 인해서 물리적으로 회피한 광고는 인지적으로 회피한 광고에 비해 오히려 회상이 우수하다(Greene, 1988). 구매행동에 미치는 영향에 관한 연구에서도 잽핑(zapping)한 광고가 잽핑하지 않은 광고에 비해 회상에서 더 효과적이라는 결과도 있다(Zufryden et al., 1993).

광고회피와 그에 따른 기억과 관련해 이해해야 할 현상은 광고의 **'반복효과**(repetition effect)'이다. 광고를 집행하다 보면 광고를 반복하는 것은 피할 수 없는 현실이다. 하지만 광고에 대한 반복은 광고의 **식상효과**(wearout effect)를 유발할 수 있다. '광고의 식상'은 어떤 광고가 시간이 지남에 따라 반복될 때 광고효과[8]가 쇠퇴하는 현상이다(Simon, 1982). 광고의 반복에 따른 식상은 광고가 소비자에게 유의한 영향을 더 이상 미치지 않거나 부정적인 효과를 미친다. 일반적으로, 반복은 훌륭한 기억 도구로 생각한다. 하지만 광고의 경우

8) '광고식상에 따른 광고효과'의 감소에서 광고효과는 광고에 대한 태도, 구매의도 그리고 실질적인 판매를 포괄한다. 연구의 초점에 따라서 광고효과의 기준이 정해진다. 여기서는 '기억효과'에 초점을 맞춘다.

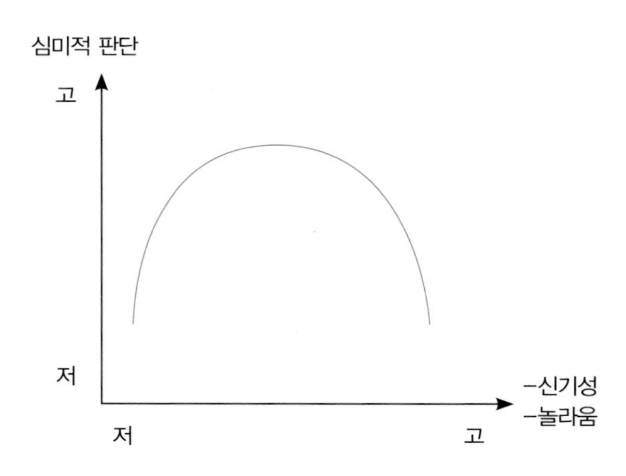

[그림 7-8] 광고반복 수준에 따른 효과

는 이야기가 달라진다.

소비자가 한 광고를 계속 보게 되면 적정 수준에 이르기까지는 새로운 광고에 대한 관심과 그 광고가 무엇에 관한 것인지를 알게 되면서 긍정적으로 반응한다. 하지만 적정 수준의 반복을 넘어서면 광고를 지루하게 여기고, 광고를 보더라도 더 이상 얻을 것이 없다고 여기게 되어서 광고에 흥미를 잃는다([그림 7-8] 참조). 광고에 흥미를 잃게 되면 광고를 회피하려 하고 그로 인해 광고에 대한 기억 또한 영향을 받는다(Blair, 2000).

광고의 식상효과는 다양한 요인의 영향을 받는다. 메시지의 설득 강도의 정도, 광고에 대한 소비자의 관여도 그리고 경쟁 광고의 유형에 따라 식상효과는 변한다(Pechmann & Stewart, 1990). 광고카피도 식상효과에 영향을 미친다. 하나의 카피를 지속하기보다는 카피를 바꾸면 광고의 기억이 향상된다(Grass & Wallace, 1969). 한 연구(MacInnis, Rao, & Weiss, 2002)에 의하면, 이성소구 광고에 비해 감성소구 광고의 식상효과는 더욱 천천히 진행된다. 이성소구는 주로 인지적 처리에 의존하지만 감성소구는 이미지 처리에 의존하기 때문이다. 문자에 비해 이미지는 기억에서 더 긍정적인 효과를 가진다.

'통합 브랜드 커뮤니케이션(Integrated Brand Communication: IBC)' 은 광고의 식상효과를 줄이는 데 긍정적인 역할을 한다. 통합 브랜드 커뮤니케이션에서는 다양한 매체와 각 매체에 적합한 크리에이티브를 적용하여 하나의 브랜드 주제를 다양하게 표현하기 때문에 하나의 광고를 반복함에서 오는 식상효과를 줄이는 데 효과적이다.

광고기억과 구매리스트 진입

브랜드 회상(recall)[9]은 외부 단서의 도움 없이 소비자가 자신의 기억으로부터 브랜드를 자발적으로 끄집어내는 과정이다. 대부분의 기억이론가는 회상에 관여하는 심적 과정이 '연합(association)'에 의한다고 본다. 물론 연합은 과거의 경험에 의해 형성된다. 격렬한 운동을 하다 목이 마르면 마실 것이 떠오르며, 특정 유형의 마실 것이나 또는 특정 브랜드의 음료가 떠오른다. 어떤 욕구나 욕망 등이 촉발되면 과거에 그 욕구나 욕망을 충족하는 것과 빈번하게 연합이 되

9) 기억에서 정보를 끄집어내는 방식에는 재인과 회상 두 가지가 있다. 회상(recall)과 재인(recognition)의 차이는 정보를 끄집어내는 데 도움을 주는 외부 단서가 존재하느냐 여부에 있다(Bower, 2000). 예컨대, "광고 하면 어떤 광고가 생각나세요?"라는 질문은 회상에 관한 것이다. 한편, "○○○ 광고 본 적 있나요?"라는 질문은 재인에 관한 것이다.

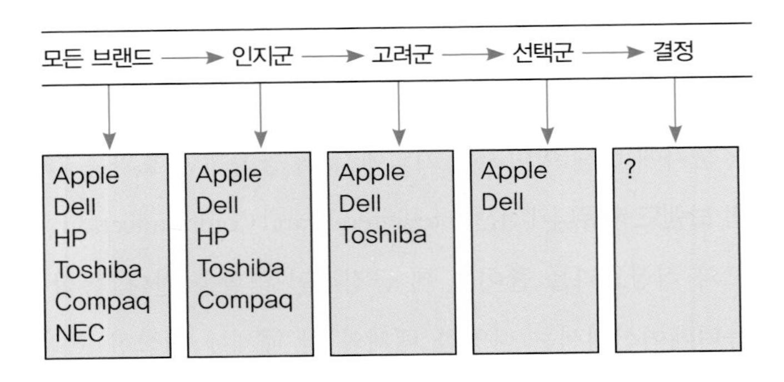

[그림 7-9] 고려군과 소비자 의사결정

었던 것이 떠오르게 된다.

그런데 문제는 특정 욕구나 욕망에 의해 촉발되는 브랜드가 단지 하나가 아니라는 것이다. 이는 어떤 하나의 브랜드에만 높은 충성도를 가진다거나 또는 습관적으로 특정 브랜드만 구입하는 것과는 다른 차원의 이야기이다. 구매는 '결과'이지만 브랜드 회상은 여러 브랜드가 구매 선택 이전 단계에서 소비자의 머릿속에서 경합하는 '과정'이다.

구매 이전에 소비자의 머릿속에서 브랜드들이 경합하는 목록을 '**고려군**(consideration set 또는 evoked set)'이라 한다([그림 7-9] 참조). 고려군은 소비자가 구매대상에 올리는 후보 브랜드의 목록이다. 지금 친구와 만나서 커피전문점을 간다면 어떤 커피전문점을 고려하겠는가? 어떤 커피전문점 브랜드가 떠오르는가? 몇 개 브랜드가 떠오르며, 떠오르는 브랜드의 순서는 어떠한가? 간식거리로 스낵을 사야 한다면 어떤 브랜드가 떠오르는가? 몇 개 브랜드가 떠오르는가? 떠오르는 브랜드의 순서는 어떤가? 이것이 바로 고려군이며 소비자의 고려군에 진입하느냐 않느냐는 실제 구매 선택에도 지대한 영향을 미친다.

구매를 고려하는 대상으로 기억에서 떠올린 브랜드의 수를 **'고려군의 크기'**라 한다. 고려군의 크기는 제품에 따라 다르다. 식품과 같이 엄청나게 많은 브랜드가 시장에서 경합하는 제품과 가전이나 통신과 같이 소수의 브랜드가 경합하는 제품은 고려군의 크기도 당연히 다르다. 하지만 어떤 경우든지 고려군의 크기는 최종적인 브랜드 선택에도 많은 영향을 미친다. 왜 그럴까? 얼마나 많은 수의 브랜드를 떠올려서 고려군에 포함시키느냐에 따라 각 브랜드가 선택될 확률이 달라진다. 고려군에 포함되는 브랜드 수가 많을수록 각 브랜드가 선택될 확률은 급격하게 감소한다. 예를 들어, 스마트폰의 경우에 단지 한 개의 브랜드를 떠올렸다면 그 브랜드가 선택될 확률은 100%이다. 네 개의 브랜드를 고려대상으로 떠올렸다면 이때는 각 브랜드의 선택 확률은 25%로 감소한다. 브랜드 관리자, 특히 시장에서 리더가 아닌 추종자나 후발 진입 브랜드의 관리자 입장에서는 소비자가 최대한 많은 브랜드를 고려대상으로 떠올려 주기를 바란다. 그래야만 자사 브랜드가 선택될 확률이 적게나마 보장되기 때문이다.

소비자가 브랜드를 기억하는 능력은 상당히 제한적이다. 중요한 시험을 보는 것도 아닌데 소비자가 최대한 많은 브랜드를 기억에서 끄집어내려고 노력하겠는가? 얼마나 많은 브랜드를 소비자가 회상하는지는 다음과 같은 요인의 영향을 받는다.

- 기억에서 탐색하고 평가하는 데 얼마나 많은 노력이 드는가?
- 그 결과로 얻는 효용은 어느 정도인가?

고려군의 크기는 이상의 두 가지 요소의 절충에 의해 결정된다(Hauser & Wernerfelt, 1990). 소수의 브랜드를 떠올리지만 그 결과로 만족할 만한 브랜드 선택이라는 효용을 보장받는다면 굳이 더 많은 브랜드를 기억에서 끄집어내어야 할 필요성을 느끼지 못한다. 하지만 많은 브랜드를 기억에서 끄집어내어 탐색을 해야만 선택의 효용성이 높아진다면 고려군의 크기는 증가한다.

시간에 쫓긴다든지 또는 구매동기가 무엇인지와 같은 요인도 고려군의 크기에 영향을 미친다. 친구의 생일 선물을 미리 준비하지 못해서 만나기 한 시간 전에 허겁지겁 선물을 사야만 하는 경우나 또는 백화점 세일 마지막 날 폐점을 불과 한두 시간 남겨 두고 화장품을 사야 하는 경우와 같이 시간에 쫓기며 구매를 할 때는 그렇지 않을 때와 비교해 시간압박 때문에 더 많은 브랜드를 회상하지 못할 수 있다(Park, Iyer, & Smith, 1989). 이런 경우일수록 소비자 기억 속에 강력하게 자리 잡지 못한 브랜드는 불이익을 당할 확률이 더 높다.

먼저 떠오르는 브랜드의 이점

일반적인 구매상황에서는 브랜드들이 소비자 눈앞에 제시된다. 식품을 구입하기 위해 할인매장의 진열대 앞에 서면 많은 브랜드가 소비자에게 노출된다. 이럴 경우 브랜드 회상보다는 오히려 브랜드 재인이 더 중요하지 않을까?

한 연구(Alba & Chattopadhyay, 1986)에서 소비자에게 아무런 단서도 제시하지 않은 채 최대한 많은 샴푸 브랜드를 기억하라고 하였더니 평균적으로 10개가 넘는 브랜드를 기억했다. 한편, 다른 집단의 소비자에게는 미리 몇 개의 샴푸 브랜드를 알려 주고 이것 이외에 브랜드를 더 기억하라고 하였다. 어떤 결과가 나왔을까? 흥미롭게도 미리 몇 개의 브랜드를 알려 주었을 때는 사전에 아무런 브랜드도 알려 주지 않았을 때에 비해 기억해 낸 브랜드 수가 절반에도 미치지 못했다. 일부 브랜드를 미리 알려 주면 이것이 나머지 브랜드를 기억하는 데 도움을 주어서 더 많은 브랜드를 기억해 낼 것 같지만 실제는 그렇지 않았다. 일부 브랜드를 제시하면 기억해 내는 브랜드 수가 오히려 감소하는 현상을 '**부분목록단서**(part-list cuing) **효과**'라 한다. 미리 주어진 브랜드가 다른 브랜드를 떠올리는 것을 촉진하는 것이 아니라 오히려 억제하는 것이다. 이 효과는 제품에 대한 지식이나 친숙도가 낮은 소비자에게서 더욱 크다.

부분목록단서 효과가 의미하는 것은 무엇일까? 매장 진열대를 쳐다보면서 브랜드를 선택한다고 해서 브랜드 회상의 효과가 작동하지 않은 것은 결코 아니라는 것이다. 만약, 브랜드의 인지도가 낮으면 낮을수록 부분목록단서 효과의 피해를 입을 가능성은 커진다.

회상에서 우위를 점하지 못하는 브랜드가 부분목록단서 효과에 의해 회상이 억제되는 피해를 입지 않으려면 어떻게 해야 할까? 어떻게 하면 회상억제 현상을 극복하고 소비자의 쇼핑 목록에 진입할 수 있을까? 해결책은 구매시점에서 소비자의 **정신적 의제**(agenda)에 변화를 일으키는 것이다(Sutherland & Sylvester, 2000). 만약 특정 브랜드가 소비자의 정신적 의제(구매 목적) 목록에서 후순위라면 구매시점에서 브랜드 의제 순서에 의도적으로 영향을 미치면 된다. 이를 위한 효과적인 도구중의 하나는 '**구매시점광고**(point-of-purchase:

POP)'이다.

POP는 매장에 설치되는 일종의 구매유인 커뮤니케이션 장치이다. 행거, 스탠드 등 다양한 유형의 POP가 있다. POP나 '상기 광고(reminder advertisement)'는 특정 브랜드를 소비자의 구매고려 목록에 진입시키는 기능을 한다. 소비자가 세제를 구입하기 위해 대형 할인점의 해당 매대로 이동할 때 소비자 머릿속에는 세제라는 제품유목이 활성화되면서 자동적으로 어떤 브랜드가 떠오른다. 떠오른 브랜드는 부분목록단서 효과를 발휘하기 때문에 다른 세제 브랜드가 떠오를 확률은 감소한다. 하지만 주부가 세제 진열대 다가갔을 때 회상 강도가 낮은 브랜드의 POP나 상기광고를 보게 되면 주부가 그 브랜드에도 주의를 기울일 기회가 증가한다. 즉, 구매 의제로 부각되는 것이다.

정서[10]는 광고기억에 어떤 영향을 미칠까?

한 연구에서는 실험에 참여한 사람들에게 단 한번 광고를 보게 하

10) 정서 또는 감정에 대해서는 다양한 용어가 사용되며 학자들에 따라서 각 용어에 대한 정의와 적용이 일치하지 않는다. Bagozzi, Gopinath 그리고 Nyer(1999)는 Affect(감정)를 emotion(정서), mood(분위기), attitude(태도)를 포괄하는 개념으로 본다. 정서는 어떤 사건이나 생각에 대한 인지평가로부터 야기되는 정신적인 준비상태로서 몸짓이나 얼굴표정과 같은 신체적인 과정이 동반되며 구체적인 행위로 나타난다. 정서와 분위기는 두부 자르듯이 구분하기는 어렵지만, 일반적으로 분위기는 정서에 비해 더 오래 지속되고(몇 시간에서 수 일 까지) 그 세기는 정서보다 약하다. 그리고 정서는 명확한 대상을 향한 의도적인 것이지만 분위기는

였다. 한 집단은 '**정서적인 광고**'를 그리고 다른 집단은 '정서 중립적인 광고'를 보게 하였다. 6주에서 8주 후에 그들이 봤던 광고의 메시지와 브랜드에 대해 질문을 하였다. 그런데 처음에 광고를 볼 때 각 집단별로 각기 다른 사항을 요구하였다. 한 가지 요구는 에피소드 중심으로 광고를 보도록 한 것이고, 다른 한 가지 요구는 광고 메시지의 의미 중심으로 광고를 보도록 한 것이다. 결과는 어땠을까? 정서 중립적인 광고에 비해 정서적인 광고를 더 잘 기억했고 광고에 대한 평가도 더 긍정적이었다. 그리고 의미 중심으로 광고를 본 경우에 비해 에피소드 중심으로 보았을 때 광고를 더 잘 기억하였다(Marian & Esther, 1986). 이 연구는 광고가 정서를 자극하는지 아닌지 그리고 광고를 어떻게 보는지에 따라 광고의 기억효과가 달라진다는 것을 보여 준다. 결론적으로, 정서를 자극하는 광고를 에피소드 중심으로 보게 되면 기억효과를 극대화할 수 있다. 왜 그럴까? 좀 더 구체적으로 살펴보자.

심리학자 툴빙(Tulving, 1972)은 인간의 기억에 저장된 내용은 크게 두 가지 유형으로 구분될 수 있다고 제안하였다. 한 가지는 구체적으로 경험한 사건에 대한 기억내용이며 다른 한 가지는 세상사에 대한 일반적인 지식들에 대한 기억내용이다[전자를 '삽화 또는 **일화기억**(episodic memory)'이라 하고 후자를 '**의미기억**(semantic memory)'이라고 한다]. 모든 기억은 일화기억에서 시작된다. 그리고 일화기억

덜 의도적이고 종합적이며 확산되는 경향이 있다. 또한 분위기는 정서와 비교해 명확한 행위와 직접적으로 결부되지는 않는다. 태도 역시 감정으로 보지만 정서 상태로 보기보다는 '좋다' '나쁘다'와 같은 '평가판단(evaluative judgment)'으로서 인지차원의 개입강도가 높다.

들이 축적되면서 그것들이 분류되고 위계화되면서 의미기억이 된다.

광고의 예를 보자. 사람들이 광고를 볼 때 다른 일들도 공존한다. 예컨대, 옆에 있던 사람, 광고를 보면서 나누었던 잡담 그리고 광고를 볼 때 배고픔 혹은 낮에 있었던 즐거웠던 일이나 업무에 대한 근심 등 다양한 심리적인 경험도 함께 공존한다. 광고는 결코 진공상태에서 시청하는 것이 아니다! 사실, 어떤 광고에 대한 기억에는 광고를 볼 때의 일화가 함께 저장된다고 보아야 한다. 더군다나 공존했던 다양한 일화의 개인적인 중요성이나 경험의 강도(세기) 등은 같지 않으며 광고 메시지를 이해하는 능력도 다르다. 이 중에서도 기억에 가장 강력한 영향을 미치는 것은 바로 '감정'이다. 정서적으로 강하게 경험한 사건을 더 잘 기억한다는 것은 이미 여러 연구에서 입증된바 있다(예: Pillemer, 1984).

광고주나 광고전략가는 소비자들이 광고를 보고 제품에 관련된 정보가 의미기억에 자리 잡을 것이라고 생각하지만 실제 그런 일은 일어나지 않을 가능성이 높다. 설사 그렇게 된다고 하더라도 그런 일은 일화기억이 자리 잡은 다음에야 일어난다. 이런 경향은 관여가 낮은 상태에서 광고를 볼 때 더 심화된다. 여기서 한 가지 짚고 넘어가야 할 것은, 고 관여 상태라고 해서 결코 예외는 아니라는 것이다. 고 관여 상태에서 광고를 볼 때는 정서보다는 인지(의미) 중심으로 광고정보가 처리된다고 주장하지만(예: Park & Young, 1984), 고 관여라고 해서 광고에 대한 정서반응이 일어나지 않는 것은 아니다. 그렇다면 이러한 기억 현상을 어떻게 활용해야 할까? 제품에 관련된 정보 외에 광고에 내재하는 에피소드를 통해 감정을 유발하는 것이 효과적이며, 에피소드는 제품 메시지와 무관한 것이 아니라 관련된 것이어야 한다.

정서가 다르면 광고기억도 달라진다

우리는 대체로 기분이 좋을 때는 나쁜 기억보다는 좋은 기억을 더 잘 떠올리는 경향이 있다. 물론, 정서는 기억뿐만 아니라 판단이나 결정에도 영향을 미친다. 기분이 좋으면 구매를 할 때도 덜 비판적이며, 덜 이성적으로 따지고 간편한 **경험법칙**(heuristic)에 의존한다. 아이센 등(Isen, Shalk, Clark, & Karp, 1978)은 연구에 참여한 사람들에게 긍정적, 중립적 그리고 부정적인 세 가지 부류의 단어들을 제시하고 외우도록 하였다. 이후에 그 단어들에 대한 회상검사(recall test)를 할 때 분위기 상태를 조작하였다. 한 집단에 대해서는 긍정적인 분위기가 유발되도록 하였는데 이 집단에서는 중립적이거나 부정적인 단어들에 비해 긍정적인 단어를 더 많이 기억해 냈다. 이 결과는 머릿속에 있는 정보의 회상은 기억해 내는 당시의 분위기에 의해 영향을 받으며 분위기와 일치하는 정보를 더 잘 기억해 내는 경향이 있음을 보여 준다. 왜 그럴까?

분위기와 일치하는 정보는 일치하지 않는 정보에 비해서 기억해 낼 때 정신적인 에너지를 덜 필요로 할 뿐만 아니라 정보에 접근하기도 더 용이하기 때문이다(Isen, 1989). 제품을 구입하기 위해서 방문한 매장에서는 광고에서 보았던 내용이나 광고 자체, 또는 광고와 결합된 생각들을 떠올릴 가능성이 매우 높다. 그리고 소비자의 기분이나 정서를 통제하기 용이한 곳도 매장이다. 물론, 부정적인 내용을 포함하는 광고는 없다. 하지만 광고와 관련한 긍정적, 부정적인 생각은 가질 수 있으며 이 또한 기억에 저장된다. 매장의 분위기나 고객의 응대가 고객의 긍정적인 정서를 유발한다면 광고 또는 광고와 관련한 긍정적인 생각을 할 가능성을 더욱 높일 수 있다.

회상할 때의 분위기뿐만 아니라 어떤 정보를 처음 학습할 때의 분위기도 어떤 정보를 기억할 것인지에 영향을 주는데, 학습할 때의 감정 상태와 유사한 정보를 더 잘 기억하는 경향이 있다(Forgas & Bower, 1987). 내스비와 얀도(Nasby & Yando, 1982)는 긍정적, 부정적 그리고 중립적인 감정과 연합된 단어들을 참여자에게 제시하고 또한 단어를 학습할 때의 분위기도 조작을 하였다. 그리고 이후에 학습한 단어를 회상하도록 했는데 회상할 때 어떤 분위기인지에 관계없이 긍정적인 분위기에서 학습한 참여자들은 부정적이거나 중립적인 단어들에 비해 긍정적인 단어들을 더 많이 회상했다. 물론, 반대의 경우도 마찬가지이다. 우울하거나 슬픈 감정 상태에서 자료를 학습하면 긍정적인 것보다는 부정적인 자료를 더 잘 기억한다(Bower, Gillian, & Monteiro, 1981). 이런 효과는 감정 상태와 불일치하는 정보보다는 일치하는 정보에 정신적인 에너지를 더 많이 투입하기 때문에 발생한다(Forgas & Bower, 1987). 만약 소비자가 부정적인 감정 상태에 있을 때 새로운 광고를 본다면 긍정적인 생각보다는 부정적인 생각에 더 많은 정신적인 에너지를 투입하게 될 것이고, 구매시점에서 그 광고를 떠올린다면 부정적인 내용을 더 많이 기억해 낼 것이다.

회상을 할 때이건 아니면 학습을 할 때이건 광고기억에 영향을 미치는 감정 상태와 관련이 깊은 것은 맥락(context)이다. 예컨대, TV

의 드라마와 같은 프로그램은 다양한 감정 상태를 유발한다. 행복하거나 유쾌한 감정을 유발하는 프로그램도 있을 것이고 우울하거나 불쾌한 감정을 유발하는 프로그램도 있을 것이다. 그렇다면 광고가 어떤 감정을 유발하는 프로그램에 뒤따를 것인지에 따라 광고에 대한 기억이나 회상도 영향을 받을 가능성이 있다. 옥외광고도 마찬가지이다. 옥외광고가 설치된 주변의 환경 역시 특정의 감정을 유발한다.

자기정체와 광고기억

소비자가 자신의 정체(identity)를 어떻게 정립하느냐에 따라 광고에 대한 반응과 기억은 달라진다. **자기정체**(self-identity)는 다양한 대상(스포츠 팀으로부터 브랜드 그리고 기업에 이르기 까지)에 대해 '편향(bias)'을 유발한다. 대부분의 소비자 구매의사결정은 기억에 의존하여 이루어진다. 생각해 보라. 아마도 여러분이 어떤 브랜드를 구입한 것은 그 브랜드의 광고에 대한 기억의 영향일 때가 많다. 광고주가 '광고에 대한 기억'을 중시하는 이유이다. 물론, 끊임없이 광고를 반복노출하면 광고에 대한 기억은 좋아진다. 하지만 문제는 돈이 너무 많이 든다는 것이다. 그렇다면 돈을 적게 들이면서 광고기억을 높이는 방법은 없을까?

효과적인 방법 중의 하나는 표적소비자의 자기정체에 정교하게 초점을 맞춘 광고전략을 수립하는 것이다. 우리들은 우리 자신의 사회정체와 일치하는 제품이나 브랜드를 더욱 선호하는 경향이 있다. 의

심의 여지없이, 우리는 우리 자신과 동일시하는 사람에게 설득이 더 잘된다. 광고의 모델도 예외는 아니다. 일반인이든 아니면 유명인이든 광고모델이 우리가 동일시하려는 사람일 때 설득효과도 커진다.

만약 광고가 우리의 자기정체와 불일치하거나 부정적인 방식으로 메시지를 전달하면 우리는 정체 위협을 느낀다. 예컨대, 노년층을 대상으로 하는 보험광고에 젊은 여자 모델이 메시지를 전달하면 설득이 일어날 가능성은 감소한다. 더 심각한 문제는 광고 메시지의 기억 자체가 간섭을 받는다는 것이다. 자기의 정체와 불일치하여 정체를 위협하는 광고는 '**동기화된 망각**(motivated forgetting)' 현상을 일으킨다. 홍콩 대학교의 교수인 달톤과 황(Dalton & Huang, 2014)의 연구에 의하면, 자기 정체를 위협하는 광고를 보았을 때는 대부분의 참여자들은 방어기제에 의해 광고 메시지를 망각하도록 동기화되었다. 특히 이러한 망각현상은 내집단(in-group) 정체가 강할수록 더욱 크게 나타났다.

- 기억은 시간에 따라 정보를 유지하는 과정으로, 현재나 미래에 사용하기 위해 과거경험을 활용하는 정신적인 기능 또는 능력이다.
- 인간의 기억에 대한 가장 최초의 그리고 가장 널리 알려진 모형은 '다중저장 모형(multi-store model)이다. 이 모형에 의하면 인간의 기억은 '감각기억(sensory memory)' '단

기기억(short-term memory)' 그리고 '장기기억(long-term memory)'인 세 개의 기억장치로 구성된다.

- 새로운 정보를 단기기억에서 장기기억으로 전환하는 가장 효과적인 방법 중의 하나는 광고가 계속해서 유지되고 처리되도록 '반복'하는 것이다. 중요한 것은 '어떻게' 반복할 것인가이다. 광고의 반복은 크리에이티브전략과 매체전략 모두와 관련이 있다.
- 매체전략은 광고에 대한 기억을 관리하는 데 있어서 중요한 요인이다. 매체전략을 수립할 때는 단순히 얼마나 자주, 어떻게 광고를 노출할 것인지만 고려해서는 안 된다. 광고에 대한 관심, 광고제품의 성격, 제품구입 행동, 신제품 여부, 광고의 창의성 그리고 경쟁자의 광고행위 등을 함께 검토해야 한다.
- 광고를 어떻게 노출할 것인가에 대한 것이 매체스케줄링이다. 매체스케줄링은 크게 '연속(continuous)' '파동(pulsing)' '비상(flighting)' 의 세 가지 유형으로 구분한다.
- 광고에 대한 반복은 광고의 식상효과(wearout effect)를 유발할 수 있다. '광고의 식상'은 어떤 광고가 시간이 지남에 따라 반복될 때 광고효과가 쇠퇴하는 현상이다.
- 소비자의 머릿속에서 브랜드들이 경합하는 목록을 '고려군(consideration set 또는 evoked set)'이라 한다. 고려군은 소비자가 구매대상에 올리는 후보 브랜드의 목록이다.
- 일부 브랜드를 제시하면 기억해 내는 브랜드 수가 오히려 감소

하는 현상을 '부분 단서(part-list cuing) 효과'라 한다.

- 머릿속에 있는 정보의 회상은 기억해 내는 당시의 분위기에 의해 영향을 받으며 분위기와 일치하는 정보를 더 잘 기억해 내는 경향이 있다.

제8장

사회적 존재로서의 소비자와 광고

제8장
사회적 존재로서의 소비자와 광고

1897년에 트리플렛(Norman Triplett)은 한 사람의 행동이 다른 사람들의 존재 유무에 따라서 어떤 영향을 받는지를 알아보는 기발한 실험을 하였다. 한 조건에서는 혼자서 낚싯줄을 감게 하고, 다른 조건에서는 여러 사람과 함께 낚싯줄을 감게 하였다. 그런데 결과는 놀랍게도 혼자가 아니라 여러 사람과 함께 했을 때 낚싯줄을 감는 속도가 유의하게 더 빨랐다. 물론, 낚싯줄 감기처럼 다른 사람의 존재로 인해 수행이 항상 더 나아지는 것은 아니다. 프랑스의 공학자인 링겔만(Ringelmann)은 밧줄을 당기는 힘을 측정했는데 혼자서 당길 때에 비해 여럿이서 함께 당길 때 개인당 밧줄을 당기는 힘이 오히려 감소하는 현상을 발견하였다(Kravitz & Martin, 1986). 이를 '**링겔만 효과**'라고 한다. 낚싯줄 감기와는 정반대의 결과가 일어난 것이다.

이들 연구는 한 가지 분명한 점을 말한다. 개인의 행동은 다른 사람의 영향을 받는다는 것이다. 인간은 집단을 이루며 다른 사람들과의 상호작용 속에서 살아간다. 소비자 역시 마찬가지이다. 그리고 소비행위도 예외일 수 없다. 소비는 개인 차원에서 이루어지는 것 같지만 다른 소비자의 영향에서 벗어나 진공상태에서 이루어지지는 않는다. 이 장에서는 다양한 유형의 타인들과의 상호작용이 소비자의 내적 · 외적행동에 어떤 영향을 미치며, 광고에는 어떻게 적용되는지 살펴보기로 한다.

광고 슬로건에 숨은 비밀

'소비자가 가장 많이 찾는 브랜드' '세계(또는 국내) 판매 1위!' '여성에게 가장 사랑받는 브랜드!' '가입자 1위 브랜드' 우리가 광고에서 자주 접하는 문구들이다. 이런 주장을 하는 광고의 공통적인 기능과 효과는 무엇일까?

제품의 차별적인 특정 속성이나 이미지를 브랜드와 결합하는 것은 광고의 중요한 역할이다. 하지만 광고의 또 다른 역할은 '어떤 근거에 상관없이' 다른 소비자 또는 대중의 행동을 추종하게 하는 것이다. 광고의 이러한 기능과 관련된 현상으로 널리 알려진 '**편승효과**(bandwagon effect)'[1]란 것이 있다. 편승효과란 개인의 신념과는 관

1) 축제 행렬의 맨 앞에서 악단을 태우고 가면서 군중이 따라오게 만드는 마차를 '밴드웨건'이라 한다. 1848년 미국 12대 대선후보였던 재커리 테일러(Zachary Taylor)는 밴드웨건에 서커스 광대들을 태우고 선거캠페인을 벌여서 늘 군중들을 몰고 다녔다. 그 덕분에(?) 결국 그는 당선되었고, 밴드웨건 효과의 유래가 되었다. 밴드웨건 효과, 즉 편승효과는 정치에서 유래된 것이다. 정치 영역에서의 밴드웨건 효과는 주로 선거과정에서 나타난다. 지지율이 높다고 알려진 후보에게 유권자들의 관심이 쏠리는 현상이다.

계없이 많은 사람이 단지 그렇게 행동하기 때문에 자신도 '자발적으로' 따라하는 현상이다.[2)]

백화점에 갔는데 사람들로 북적이는 코너에서 계획에 없던 제품을 구입한 경험이 한번쯤은 있을 것이다. 많은 소비자는 단지 어떤 제품이나 브랜드가 '주위의 다른 사람들도 사용'하거나 또는 '유행'하는 것이기 때문에 그것을 구입한다. '친구 따라 강남 간다.'는 우리 속담은 바로 편승효과에 해당하는 말이다. 이렇게 주위 사람들의 행동을 자신도 자발적으로 따라하게 되는 심리학적인 기제는 무엇일까?

불확실한 상황

셰리프(Sherif, 1935)라는 심리학자는 대학생 실험참여자들을 빛이 들지 않는 암실에 앉힌 다음에 정면에 설치된 스크린에 한 점의 불빛을 비추고는 그 불빛이 움직이는 거리를 추정하도록 하였다[인간의 안구는 끊임없이 움직이기 때문에 착시효과에 의해서 고정된 불빛은 움직이는 것으로 지각된다. 이를 자동운동(autokinetic) 효과라고 한다]. 한 조건에서는 불빛이 움직이는 거리를 혼자서 추정하게 하였고, 다른 조건에서는 여러 사람이 함께 거리를 추정하도록 하였다. 그런데

2) 라이벤슈타인(Leibenstein, 1950)은 밴드웨건 효과를 다음과 같이 정의한다. '어떤 일상품에 대한 수요가 단지 다른 사람들 역시 그 상품을 소비하기 때문에 증가하는 정도이다.'

불빛의 움직임 거리에 대한 추정치의 편차는 개인 조건에서보다는 집단조건에서 훨씬 적었다. 즉, 혼자서 불빛이 움직이는 거리를 추정했을 때는 추정치의 변화가 더 심했다. 왜 이런 일이 일어날까?

이 연구에서처럼 판단을 할 구체적인 근거가 없을 때는 다른 사람의 판단이나 행동이 중요한 기준으로 작용한다. 여러 사람이 불빛의 움직임을 추정하면 각자의 추정치는 다른 사람들의 추정치를 토대로 서서히 평균을 향해 수렴하게 된다. 하지만 혼자서 판단을 할 경우에는 아무런 기준이 없기 때문에 편차가 더욱 심한 것이다. 매우 단순한 실험이지만 이 연구는 객관적인 판단기준이 결여될 때 타인의 행동이 하나의 '정보'로서 작용함을 보여 준다. 즉 '**동조**(conformity)'가 일어난다.

제품이나 브랜드에 대한 정보가 결여되거나 또는 제품이나 브랜드 간의 객관적인 차이가 모호할수록 '셰리프의 동조 현상'이 일어날 가능성은 매우 크다. 구매 선택을 위한 명확한 판단 기준이 없기 때문이다. 이럴 경우에는 다른 소비자의 행동이나 또는 다수 소비자의 행동을 암시하는 광고전략이 큰 효과를 발휘한다. '판매 1위'라거나 '가장 사랑받는 브랜드' 와 같은 광고 슬로건이나(표현의 독창성 측면에서는 진부한 것으로 치부되지만) 홈쇼핑의 '마감임박'은 동조효과를 유발하는 데는 분명 효과적이다. 대부분의 소비자가 선택하는 것을 구입한다면 나의 선택 역시 크게 잘못되지는 않을 것이다!

나도 너희들과 다르지 않아!

동조(conformity)는 자신의 태도, 신념 그리고 행동을 집단의 규범에 맞추는 행위이다(Cialdini & Goldstein, 2004). 여기서 집단의 규범은 법이나 제도적으로 명시된 것이기보다는 집단 사이에서 암묵적으로 공유되는 것이다. 위에서 살펴본 셰리프의 동조 현상은 자신의 감각에만 의존하기 때문에 객관적인 판단의 기준이 '모호'한 경우에 발생한 것이다.

하지만 소비자의 동조 행위는 개인의 판단의 기준이 비교적 분명할 때에도 일어난다. 클래식 음악에 문외한인 사람이 어느 날 친구를 따라 클래식 연주회에 갔다고 하자. 연주가 끝나자 도대체 클래식을 왜 좋아하는지 모르겠다며 고개를 젓는다. 그 순간 모든 사람이 공연장이 떠나갈 듯이 기립하여 박수를 친다면 그 사람은 어떻게 할까? 혼자서 조용히 자리에 앉아 있을까? 아니면 일어나 박수를 칠까? 아마도 기립박수에 동참할 것이다. 그는 분명 클래식 음악이 자신의 음악 취향과는 맞지 않다는 것을 알지만 말이다.

심리학자 애쉬(Asch, 1955)는 과연 사람들이 셰리프의 동조 현상 때와는 달리 판단의 기준이 명확할 때에도 동조를 하는지 알아보기로 하였다. 그는 7명에서 9명 정도로 구성된 실험 참가자들을 한 테이블에 앉히고는 [그림 8-1]에 있는 선분이 그려진 카드를 약 3m의 가까운 거리에서 보여 주었다. 그런데 참가자들 중에 진짜 실험참여자는 1명이며 나머지 참여자들은 실은 모두 실험협조자들이었다. 이들의 임무는 연구자의 지시대로 연기를 하는 것이었다. 과제는 [그

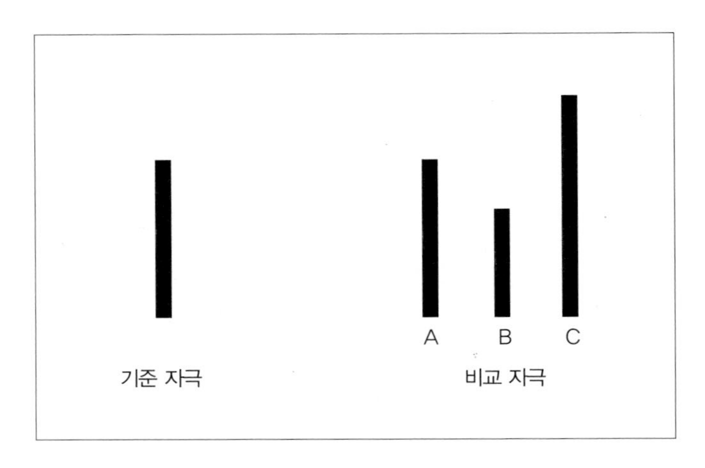

[그림 8-1] 애쉬의 동조 실험에 사용된 자극

림 8-1] 왼쪽 카드의 선분과 같은 길이의 선분이 오른쪽 카드의 세 개 선분 중에서 어느 것과 길이가 같은지를 맞히는 것이었다. 단, 진짜 실험참여자는 맨 마지막에 답을 하도록 하였다. 당신은 왼쪽 카드의 선분과 길이가 같은 것은 오른쪽 카드에 있는 어느 선분이라고 생각하는가?

판단기준은 너무나 명확하지 않는가! 하지만 실험협조자들은 연구자와 짜고서 한 사람씩 차례로 틀린 답을 말하기 시작했다(예컨대, 'B'). 결과는 어땠을까? 놀랍게도 실험참가자들의 약 77%는 틀린 답에 '동조'하였다! 더욱 흥미로운 것은 참가자 자신은 그 답이 분명히 틀린 답인 줄 뻔히 알면서 동조하였다는 것이다. 한 가지 더 중요한 점은, 실험에서 틀린 답을 제시한 사람들(실험협조자)은 진짜 실험참여자와는 아무런 친분 또는 압력관계에 있지 않았다는 것이다. 자신이 실험협조자와 다른 답을 말한다고 해서 어떠한 불이익을 받지 않음에도 불구하고 동조한 것이다.

[그림 8-2] 애쉬의 동조 실험 장면

그림 출처: http://www.simplypsychology.org

이러한 현상에 개입하는 핵심적인 심리기제는 '**집단으로부터의 수용과 인정**'이다. 자신이 속한 집단으로부터 배척당하지 않고 같은 일원으로서 인정받으려고 하는 동기 때문이다. 집단생활에서 '소외'는 곧 처벌과도 같은 효과를 가진다. 에머리 대학의 번스 등(Berns et al., 2005)은 **기능성 자기공명영상**(fMRI)을 사용하여 동조가 뇌의 신경학적인 변화와 관련이 있는지를 밝히려는 시도를 하였다. 번스 등은 애쉬가 하였던 실험 패러다임을 적용하여 동조를 할 때와 동조를 하지 않을 때 뇌에서 어떤 일이 일어나는지 관찰하였다. 결과는 어땠을까? 비록 답이 틀린 것을 알면서도 동조를 할 때에는 실제 뇌에서도 변화가 일어났다. 동조를 할 때는 뇌의 '**지각 회로**(perceptual circuit)'가 활성화되었다. 지각 회로의 활성화는 세상을 보는 방식이 실제로 영향을 받는다는 것을 의미한다. 한편, 동조를 거부하였을 때는 뇌의 편도체(amygdala)가 활성화되었다. 편도체는 공포와 같은 정서를 담당하는 부위이다. 번스 등의 연구는 동조의 기제를 신경학적으로 규명한 것이다.

소비자가 새로운 상품이나 서비스(특히 혁신적인 제품)를 구입하도록 자극하려면 어떻게 하면 효과적일까? 답은 간단하다. 얼마나 많은 사람이 구입하였으며, 제품의 사용으로 얼마나 멋진 결과를 즐기고 있는지 보여 주는 것이다. 만약 새 상품이나 서비스를 사용하지 않는다면 얼마나 트렌드에 뒤처지고 주류로부터 고립된 존재인지를 부각하면 효과를 배가할 수 있다.

미국의 유명 의류 브랜드인 홀리스터(Hollister)의 잡지광고를 보자. 광고는 한 명의 멋진 남자와 남자를 유혹하듯이 접근하여 남자의 셔츠를 벗기는 두 명의 매력적인 여자의 비주얼을 제시한다. '당신도 홀리스터를 입으면 광고와 같은 경험을 할 수 있다.'고 암시하는 듯 보인다. 패션 광고에서 이런 유형의 비주얼은 그리 독특한 것은 아니다. 하지만 홀리스터의 브랜드 의미(brand meaning)에서 본다면 이 광고의 메시지는 매우 전략적이다.[3] 홀리스터는 최고급의 의류로 미국에서는 패션 트렌드를 주도하는 브랜드로 소비자들 사이에서 인식된다. 따라서 홀리스터의 광고비주얼은 단순한 성적 매력을 자극하는 것이 아니라 최신 트렌드에 뒤처지지 말고 '홀리스터 그룹'에 합류하라는 동조를 자극하는 것이다. 애플사의 아이폰이 새로운 모델이 출시할 때마다 출시 첫 날에 매장 앞에 장사진을 이루는 상황이 왜 일어나는지도 짐작하기 어렵지 않다.

애쉬의 동조 현상은 '**집단압력**'이 강하면 그렇지 않은 경우에 비

---

3) '들어가면서'에서는 '브랜드'에 대한 이해가 광고효과에서 매우 중요하다고 강조하였다. 홀리스터의 광고사례는 광고전략을 수립할 때 브랜드가 얼마나 중요한 역할을 하는지 잘 보여 준다.

해 더 잘 나타난다. 한때 국민교복으로 불린 'N' 사의 겨울 점퍼는 특히 청소년들 사이에서 더욱 유행하였다. 청소년은 **자기정체**(self-identity)를 확인하는 시기이자 또래의 압력이 강할 때이기 때문에 이들 사이에서 급속도로 유행한 것이다. 한 연구(Frager, 1970)에서는 애쉬의 실험 방법을 그대로 적용하여 미국과 일본인을 대상으로 문화에 따라 동조현상에서 차이가 있는지 비교하였다. 그런데 한 가지 흥미로운 결과는, 미국인에 비해 일본인의 경우에는 실험집단을 모르는 사람들로 구성했을 때와 아는 사람들로 구성했을 때의 동조 비율의 차이는 더 컸다. 일본과 같은 집단주의 문화에서는 친구나 동료 또는 가까운 이웃과 같이 정서적인 유대를 가지는 집단은 동조압력에서도 더욱 큰 힘을 발휘한다는 것을 보여 준다. 광고에서도 표적소비자와 정서적 유대를 가지는 프로필의 모델을 사용하는 것이 동조유발에서 더욱 효과적임을 시사한다.

'나'와 유사 광고모델의 효과

일반인에 비해 **유명모델**(celebrity)은 소비자의 주의를 더 강하게 끌고 원하는 브랜드 이미지를 더욱 효과적으로 전달하는 등의 이점이 분명히 있다(Amosa, Holmesb, & Strutton, 2008). 하지만 또 다른 측면에서는, 우리는 우리와 유사한 사람들로부터 영향을 받는 경향이 강하다. 동조효과의 측면에서는 유명모델에 비해 일반인 모델, 특히 표적소비자와 유사한 모델일수록 동조를 유발하는 효과가 크다는 점도 고려해야 한다.

『파이낸셜 타임스(Financial Times)』는 “나이키는 완벽한 모델 대신에 일반인과 유사한 모델을 통해서 여성 소비자의 편승효과의 덕을 톡톡히 보고 있다.”고 보도한 바 있다. 나이키뿐만 아니라 최근 들어서 다른 많은 기업도 ‘소비자는 자신을 너무나 매력적인 모델과 비교할 때 오히려 부정적이 되고 그 결과로 광고효과도 감소한다.’고 인식한다(Bower & Landreth, 2001). 애플사의 아이폰 광고 역시 일상의 단면에서 소비자와 유사한 일반 모델을 지속적으로 광고모델로 사용하고 있다.

유니레버(Unilever)사의 대표적인 브랜드인 도브(Dove)는 2004년에 당시 화장품 광고로서는 통념을 깬 ‘리얼 뷰티(real beauty)’ 광고 캠페인을 전개하였다. 도브 광고에 등장한 모델들은 다양한 인종의 일반인, 그것도 날씬하고 젊은 모델이 아니라 일상에서 흔히 마주칠 수 있는 일반적인 체형과 외모의 모델들이었다. 이 캠페인의 근본 취지는 ‘미(beauty)’에 대한 사회통념에 여성들이 도전하기를 고취시키는 것이었다. “미는 외모가 아니라 자존감에서 찾아야 한다.”라는 계몽적인 메시지를 전달하였다. 매출은 캠페인을 전개한 후에 상당 폭 상승하였다. 당연히 매출 상승의 일정 기여도는 모델전략에 돌려져야 할 것이다. 우리나라의 경우에는 모델전략을 통한 성공적인 사례로 ‘박카스’를 들 수 있다. 박카스 광고는 표적소비자가 동일시할 수 있는 모델을 공감대를 자극하는 생활 주제와 연결하여 광고효과를 높인 것으로 평가된다([그림 8-3] 참조).

자신과 유사한 사람이 얼마나 큰 영향을 미칠 수 있는지를 보여 주는 흥미로운 연구가 스탠퍼드 대학교의 ‘Virtual Human Interaction Lab’에서 진행되었다. 바일런슨(Bailenson)이라는 연구자는 아바타

[그림 8-3] 박카스 광고

나 우리 자신을 디지털로 재현한 가상 인물이 전하는 메시지가 개인의 의사결정과 행동에 어떤 영향을 미치는지 알아보기로 하였다. 이 연구는 이미 심리학에서는 오래 전에 규명된 **'유사성 효과**(similarity effect)'[4]를 전제로 한 것이다. 바일런슨의 제자 중의 한 명인 폭스(Fox)는 디지털 복제 인물의 설득효과에 대해 연구하고 있었다. 폭스는 어떤 사람의 디지털 복제인물을 만든 다음에 복제대상이었던 사람에게는 그가 이전에 한 번도 한 적이 없었던 행동을 복제인물이 실행하는 비디오를 보게 하였다. 결과는 고무적이었다. 대조집단과 비교했을 때 자신과 닮은 복제인물의 비디오를 본 사람들은 그가 이전에는 행한 적이 없는 새로운 행동을 더 많이 하였다. 이 연구가 광고장면에 시사하는 점은 분명하다. 연구에 사용된 아바타나 디지털 복제인물은 곧 광고의 모델이라 할 수 있다. 광고의 모델이 아바타나 복제인물처럼 자신과 유사하다면 광고 모델의 행위(제품의 구입 또는 사용)는 소비자에게 영향을 미치게 된다.

이러한 현상은 **소셜 네트워크**에서도 일어난다. 소셜 미디어는 현대 마케팅 커뮤니케이션의 주요 도구이다. 그렇다면 소셜 미디어는 동조를 유발하는 데서도 효과적일까? '좋아요' 클릭 수가 많을수록 당신도 '좋아요'를 클릭할 확률은 올라간다. '구매' 클릭 수가 많은 상품은 당신도 구매할 확률이 분명 증가한다. 뿐만 아니라, 어떤 제품이나 브랜드에 대한 '포스팅' 빈도 자체가 동조를 이끌어 내기도 한다. 포스팅 빈도는 트렌드를 반영하는 것으로 지각될 수 있기 때문이다(Wang, Yu, & Wei, 2012).

이러한 경향은 이 분야에서 사업을 하는 기업들은 이미 확인한 것이다. 최근 소비자들은 점점 스마트해지고 있다. 이제 소비자는 더

---

4) 사회심리학에서 '유사성'이란 태도, 가치, 관심 그리고 개성(성격)이 얼마나 근접한가를 일컫는다. 대체로 '유사성'이 높으면 대인매력은 증가한다.

이상 기업의 일방적인 자사 제품에 대한 긍정적인 메시지는 들으려고 하지 않는다. 대신 소비자 자신과 유사한 '공정한' 소비자들의 목소리에 귀를 기울이기 시작했다. 제품에 대한 '리뷰'나 '공유' 그리고 '평가'는 이런 측면에서 동조를 유발하는 강력한 힘을 가진다. 소셜 네트워크에도 편승효과[5)]가 작동한다. 모바일 광고의 이용이나 모바일 광고제품에 대한 태도 역시 동조의 영향을 받는다. 사회동조 욕구가 높은 소비자는 낮은 소비자에 비해서 스마트폰에 노출된 모바일 광고의 이용 동기가 더 높다(이정기, 2015).

동조는 항상 긍정적인가?

소비자들의 동조현상이 기업에게는 언제나 긍정적일까? 어떤 제품 또는 브랜드에 있어서는 동조가 오히려 부정적으로 작용한다. 개별 소비자의 구매확률과 실제 구매자 수가 정적상관일 때는 편승효과가 발생한 것이다. 반면에, 두 변수가 부적상관일 때, 즉 많은 사람이 구매할수록 잠재 소비자의 구매 확률이 오히려 감소할 때는 '**역 편승효과**(reverse bandwagon effect; snob effect라고도 한다)'가 일어난다([그림 8-4] 참조).

역 편승효과라고 해서 반드시 부정적인 것만은 아니다. 어떤 기업이나 브랜드에서는 이를 오히려 전략적으로 추구하기도 한다. 고

5) 네트워크 편승효과(network bandwagon effects)는 소셜 미디어와 같은 소셜 네트워크 내에서 이루어지는 상호작용의 결과로 인한 편승효과에 붙여진 이름이다.

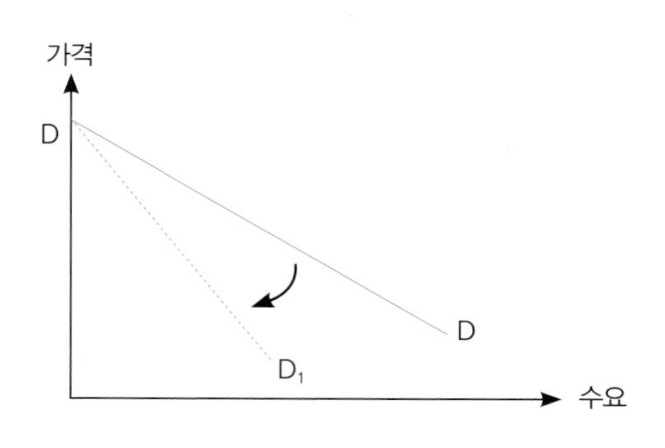

[그림 8-4] 역 편승효과

가의 제품이나 명품 패션 등과 같이 많은 소비자를 추구하는 대신에 소수의 특정 소비자를 표적으로 삼는 경우에는 동조현상은 부담으로 작용한다. 대중성보다는 독특성이나 개성이 구매를 자극하는 데 더욱 효과적이라는 판단 때문이다. 이 때문에 최고 명품(high-end)을 지향하는 브랜드 중에는 동조효과를 차단하기 위해 전략적으로 광고활동을 하지 않는 경우도 있다.

한 연구(김재휘, 백명진, 2014)에서는 다른 사람과 동일시하려는 욕구 정도에 따라서 어떤 유형의 희소성 메시지가 구매 욕구를 유발하는 데 효과적인지를 살펴보았다. 소비자들은 '품절'이나 '한정판'과 같은 메시지에 익숙하다. 바로 이 연구는 이런 메시지가 소비자의 동일시 욕구에 따라서 어떤 차별적인 효과를 발휘하는지를 알아보려는 것이었다. 결과에 의하면, 동일시 욕구가 높은 소비자의 경우에는 '품절임박'과 같이 많은 소비자가 구매하기 때문에 서두르지 않으면 구입 기회를 놓칠 수 있다는 메시지가 더 큰 구매 욕구를 자극하였다. 반면에, 동일시 욕구가 낮은 소비자는 '한정판'과 같은 제품의 공급제한을 암시하는 메시지에 의해 구매 욕구가 더욱 자극받았다. 자신만의 독특함이나 개성을 추구하여서 동일시 욕구가 낮은 소비자에게는 역 편승 광고 메시지가 더욱 효과적이다.

동조, 반 동조와 브랜드의 역할

브랜드는 상징이다. 상징으로서 브랜드는 다양한 의미를 소비자에게 전달한다. 소비자가 브랜드를 구입하는 것은 브랜드의 의미를 동시에 구입하는 것이다(우석봉, 2016). 브랜드 의미에는 **'사회적 위험**(social risk)'과 관련된 것도 있다. '사회적 위험'이란, 잘못된 브랜드의 구입이나 사용으로 인해 주위 사람으로부터 바람직하지 않은 인상이나 평판을 받을지 모른다는 생각에서 초래되는 위험이다. 사회적 위험을 감소하는 것은 브랜드의 중요한 기능 중의 하나이다.

사회적 위험은 브랜드가 다른 사람에게 노출될 기회가 높을수록 더 커진다. 의류, 액세서리나 보석, 자동차, 심지어 음료나 담배 브랜드조차도 친구나 동료, 또래집단이 보이는 반응이나 다른 사람이 자신을 보는 시선에 영향을 미칠 수 있기 때문에 사회적 위험을 수반한다. 자신의 취향이나 선호보다는 다른 사람의 '눈' 때문에 특정 브랜드를 구입해 본 경험은 한번쯤 있을 것이다.

물론, 개인 차이도 영향을 미친다. 유독 다른 사람의 시선이나 상황에 민감한 소비자가 있는가 하면 그러한 것에 별로 개의치 않고 자신의 개성을 고수하는 소비자도 있다. 어떤 부류가 사회적 위험에 더 민감할까? 전자의 소비자이다. 그러면 어떤 계층이 전자에 속할 가능성이 높을까? 청소년일까 아니면 중년의 남성일까? 물론 개인에 따라 차이가 있겠지만 아마 청소년이 중년의 남성보다는 또래집단의 시선에 더 민감할 가능성이 높다. 하지만 승용차를 구입한다면 어떨까? 이 경우에는 중년의 남성이 주위 사람을 더 많이 의식할 것이다. 통상 청소년층에서 유행하는 패션 브랜드는 중 · 장년층에서는 별로 호응을 얻지 못하며 그 반대 현상도 마찬가지이다. 하지만 청소년층에서 유행하는 패션 브랜드는 청소년 사이에서는 더욱 급속히 확산되는 경향이 있다. 이는 브랜드가 지닌 상징적 의미가 동조를 일으키는 데 기여하기 때문이다.

브랜드는 동조와 함께 '**반 동조**(anti-conformity)'의 도구로도 작용한다. 그리고 광고인은 반 동조를 브랜드 광고전략으로 사용한다. 동조를 자극하는 광고에서는 '튀지 말고 편승하라.'는 메시지가 핵심이지만 반 동조 광고에서는 '튀어라.'라고 강조한다. 집단성이 아니라 **개인 주체성**(individuality)을 자극한다. 비슷한 나이대의 사람들은 대중화 된 승용차를 보유한다. 하지만 BMW 컨버터블은 '동조를 거부하고 자신을 대중으로부터 차별화하라.'는 메시지의 광고를 집행하였다. 이 광고는 반 동조 소구를 통해 소비자 자신을 더욱 특별한 사람으로 인식하도록 함으로써 구입자 층을 분화했을 뿐만 아니라 브랜드의 상징성을 강화하였다.

체면과 동조

서구의 개인주의 문화와 동양의 집단주의 문화는 다양한 측면에서 차이를 일으킨다. **비교문화 연구**에 의하면 동조는 개인주의 문화에 비해 집단의 목표를 개인 목표에 대해 우선시하는 집단주의 문화에서 더 잘 나타난다(Hui, 1988). 동조와 관련된 현상으로 두 문화권에서 차이를 보이는 것은 '체면'이다. 서구에서도 체면이라는 개념은 있지만 유교적 집단주의에 속하는 우리나라에서 체면의 개념과 동일하지는 않다. 우리나라에서 체면의 개념은 서구의 체면 개념에 비해 더욱 광범하다(최상진, 2000).

체면은 **'지키는 체면'**과 **'내세우는 체면'**으로 구분된다(이석재, 최상진, 2001). 지키는 체면이 문화보편적인 것인데 비해 '내세우는 체면'은 우리 문화에서 강하게 나타난다. 자기과시, 명분 그리고 허세 등이 내세우는 체면 행위에 포함된다. 내세우는 체면은 동조, 특히 소비동조에 영향을 미친다. 우리나라의 한 가전 회사는 '새로 장만한 김치냉장고를 자랑하기 위해 주부가 친구들을 다른 목적으로 초대하여 은근히 새 김치냉장고를 자랑하는' 광고를 내보낸 적이 있다. 드러내지 않으면서 자신 역시 '주류'에서 뒤처지지 않는다는 이러한 광고는 내세우는 체면을 중시하는 우리나라 소비자에게는 매우 설득력 있는 광고전략이 될 수 있다.

피시바인과 아젠(Fishbein & Ajzen, 1975)은 **'이성행위 모형**(reasoned action model)'을 통해 사람들은 합리적으로 행동한다고 가정하였다. 행위는 행동 의도에 의해 결정되는데 행동 의도는 자신의 태도와 주위의 중요한 사람들에 토대한 '주관적인 사회규범'을 종합하여 결정된다. 예컨대, 최신의 전자제품을 구입하려는 행위는 소비자 자신이 그 제품에 대해 어떠한 태도를 가지는지와 함께 주위의 중요한 친구나 이웃이 그 제품을 구입하는 것에 대해 어떻게 여길지에 의해 결정된다. 주관적인 규범에서는 주위 사람들의 기대에 부응하려는 동기가 핵심 기제이다.

이러한 이성행위 모형은 주관적인 사회규범이라는 요인을 포함하기 때문에 우리 문화에 적용하기에도 유용할 것으로 보인다. 한 연구(Lee, 1991)에서는 이성행위 모형을 변형하여 한국인을 대상으로 연구를 하였다. 변형한 모형에서는 기존 모형의 '주관적 사회규범' 요인을 '체면'과 '동조' 요인으로 대체하였다. 기존 모형과 변형된 모형을 가지고 한국인에게 적용한 결과, 체면과 동조를 포함한 변형된 이성행위 모형이 행동의도를 더욱 정확하게 예측하는 것으로 나타났다. 이 결과는 한국 소비자의 소비행위를 예측할 때에도 체면의 영향력을 고려해야 함을 보여 준다. 앞서 제시한 김치냉장고 광고사례는 한국 소비자의 체면 중시 상황을 표현하여 공감을 자극하였다.

명절이나 특별한 날에는 선물이 오간다. 명절에는 선물 광고 역시 증가한다. 한 연구에서는 선물 주기가 개인주의 문화(미국)와 집단주의 문화(한국)에서 어떠한 차이가 있는지를 살펴보았는데, 우리나라에서는 선물 주기 행위가 서구에 비해 집단에 동조하려는 동기와 체면의 영향을 더 많이 받는 것으로 나타났다(Park, 1998). 이 역시 내세우는 체면의 작용 때문이다. 유승엽(2007)의 연구에서는 한국 소비자의 경우, 의례적 소비행동이 체면과 높은 관련성이 있음을 보여 준다.

체면은 비계획적인 구매에도 영향을 미친다. 김재휘 등(김재휘, 김태훈, 전진안, 2008)은 체면의 영향을 개인의 신분을 의식한 소비와 타인을 의식한 소비 상황으로 구분하고 계획에 없던 비싼 제품의 구매에 어떤 영향을 미치는지 살펴보았다. 신분을 의식한 소비 상황이건 또는 다른 사람을 의식한 소비 상황이건 관계없이 체면이 활성화된 사람들이 계획에 없던 상향 구매를 하는 경향이 높은 것으로 나타났다. 체면과 명품 브랜드 선호 간의 관계를 살핀 연구에 의하면, 체면 민감성이 낮은 경우에는 질적 가치가 명품 브랜드 선호와 관련이 있었지만 체면 민감성이 높은 경우에는 질적인 가치보다는 브랜드의 과시적 가치와 사회적인 가치가 브랜드 선호에 더 많은 영향을 미친다(서용한, 오희선, 전민지, 2011).

광고모델의 말은 믿어도 될까?

우리는 특정 분야에서 전문성이나 명성을 가진 인물을 더욱 신뢰하는 경향이 있다. 디지털 카메라 광고에서 카메라 전문가가 모델로 나오면 유명인이더라도 전문성이 의심되는 모델에 비해 제품에 대한 주장을 더 신뢰한다. 실제로 카메라 광고에는 사진 전문가가 모델로 등장하는 경우가 많다. 어떤 광고에서는 심지어 실제 의사가 아니라 의사를 연상시키는 흰색 가운을 입은 모델이 등장하기도 한다.

『설득의 심리학』 저서로 널리 알려진 치알디니(Cialdini)는 우리를 섬뜩하게 하는 연구 결과를 보고하였다. 그는 간호사에게 전화를 걸어 '의사'라고 말한 뒤에 주사약 처방을 지시하였다. 그런데 그 처방은 간호사가 보기에도 어처구니없는 엉터리였다. 그럼에도 불구하고 연구의 대상이 되었던 많은 간호사가 아무런 의심 없이 '의사'의 지시를 따랐다(Cialdini, 1995). 왜 우리는 전문적 명성이나 사회적으로 인정받은 권위 있는 사람의 주장을 더 신뢰하는 것일까?

우리가 사회적으로 권위 있는 사람에게 얼마나 잘 설득될 수 있는지를 체계적으로 연구하고 밝힌 심리학자는 밀그램(Milgram)이다. 예일 대학교의 심리학과 교수이던 밀그램은 1961년에 야심찬 실험을 진행하였다. 그는 2차 대전 때 독일군의 만행으로 재판에 회부된 전범자를 단지 명령을 따른 것으로 보아야 하는지, 아니면 그들 역시 공범자로 보아야 하는지에 대해 의문을 가졌다. 실험참여자에게는 기억검사 과제를 수행하는 것이 연구목적이라고 알려 준 다음에 분리된 방에 배치하였다([그림 8-5] 참조). 실험참여자가 할 일은 기억검사의 과제수행자가 틀린 답을 대면 그에 따른 벌로 전기충격을 주는 것이었다. 기억검사를 수행하는 사람은 분리된 다른 방에 배치했는데 그는 사실은 연구협조자였다. 실제로는 아무런 전기충격도 받지 않지만 다만 전기충격을 받은 것처럼 고통스러운 소리를 연기하도록 했다. 실험참여자는 그가 전기충격을 가한 과제수행자의 고

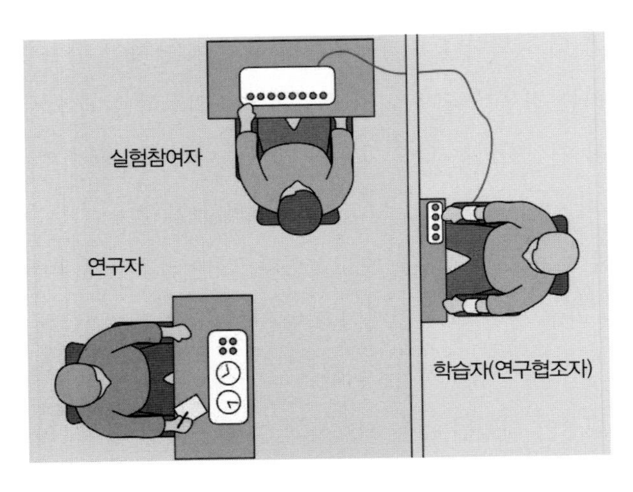

[그림 8-5] 밀그램의 실험

출처: https://ko.wikipedia.org

통스러운 소리를 스피커를 통해 들을 수 있었다. 틀린 답을 댈 때 마다 15볼트씩 전기충격은 증가하였다. 틀린 답을 댈 때마다 전기충격의 강도는 점차 올라갔고 고통의 소리 역시 커져 갔다. 전기충격이 증가할 때 실험협조자는 벽을 치며 제발 중단하라고 애원하였다. 실험참여자가 학습자의 고통을 감지하고 실험을 그만두려고 할 때마다 실험자는 "계속해 주세요." "이 실험에서는 계속하셔야 합니다." "당신은 반드시 계속하셔야만 합니다."와 같이 지시의 강도를 높여 갔다. 이 실험의 결과는 과연 어땠을까? 놀랍게도 전체 실험참여자 40명 중에서 26명인 65%가 최대 전기 충격인 450볼트까지 실험자의 지시에 따랐다! 밀그램은 다음과 같이 결론 내렸다. '인간은 권위 있는 사람의 명령이라면 어떤 것이라도 마다하지 않고 기꺼이 수행하는 성향을 가진다.'

권위에 대한 대부분의 실험에서는 사람들 자신은 정작 권위의 영향력을 극단적으로 과소평가한다는 공통점이 발견되었다. '권위의 원리'가 작동하는 기제는 무엇일까? 우리는 누군가 권위를 가진 사람이 내리는 판단을 우리 자신의 판단으로 '대체'하려는 강한 경향성을 가진다. 앞에서 소개한 치알디니의 '의사의 권위' 실험에서도 이러한 경향성을 발견할 수 있다. 광고 설득 커뮤니케이션에서 권위의 원리가 효과를 발휘하는 전술은 다음과 같다(Cialdini, 1995).

- 한 분야에서 전문적 권위를 인정받는 사람을 광고모델로 내세워라.
- 전문가가 아닌 모델이라면 권위를 '입혀라'. 사람들은 어떤 분야(금융, 자동차 등)의 전문가에 대한 정형화된 이미지를 가진

다. 예컨대, 금융설계사에 대해서는 반듯하게 손질된 머리와 말끔한 정장 차림의 복장 그리고 이성적인 인상과 목소리를 기대한다. 고정관념적인 이미지는 분야에 따라 다르다.

- 전문적 권위를 가진 사람과 협동하라. 이미 전문가가 아닌 유명인 모델을 사용하고 있다면 전문적 권위를 지닌 사람을 공동 모델로 사용하라.

물론, 이와 같은 치알디니의 전술은 자사 브랜드가 처한 상황을 고려하여 적용되어야 한다. 전문적 권위를 가진 사람을 모델로 사용하는 것은 소비자가 광고에 충분한 주의를 기울이지 않을 때는 설득 효과가 있다. 하지만 시장에 진입한 지 얼마 되지 않아서 인지도가 낮은 경우에는 광고에 대한 주목도를 높이는 데는 한계가 있기 때문에 이 경우에는 오히려 권위가 의심되더라도 일반 유명인 모델을 사용하는 것이 효과적이다. 이미 특정 브랜드와 강력하게 연합된 모델이 있는 경우에는 그 브랜드의 신제품이 출시되거나 할 때 전문적 권위를 지닌 사람을 공동모델로 사용하는 것이 효과적이다.

역할 모델

동조는 잘 알지 못하는 다수나 또는 개인이 속해 있는 집단의 성원에 의해서 일어난다. 하지만 어떤 경우에는 자신이 성원으로 있지 않은 소수 사람에 의해 동조가 일어나기도 한다. 학자들은 때로는 사람들이 자신의 지향점을 자기가 성원으로 속하지 않은 소수의 사람들에게도 둔다는 사실을 발견하고 이들을 **준거집단**(reference group)이라 칭한다.

사람들은 자신이 성원으로 속한 집단에 의해서 주로 영향을 받는다고 여겼기 때문에 준거집단은 관심을 받기에 충분했다. 1942년에 하이먼(Hyman)이 그의 연구에서 준거집단이라는 용어를 사용한 이후로 이 개념은 여러 학자에 의해 더욱 정교화 되었다. 켈리(Kelley, 1947)는 준거집단을 두 가지로 구분하였다. '**비교 준거집단**'은 자신에 대한 평가를 비교하기 위한 기준으로 작용하는 것으로 주로 유명인이나 영웅적 인물(예: 나이키 광고의 '마이클 조던') 등이 해당되며, '**규범 준거집단**'은 개인의 규범, 태도 그리고 가치의 원천으로 사용하는 것으로 부모나 선생, 선배나 또래 등이 해당된다.

설득 커뮤니케이션 실무자들이 준거집단의 영향에 관심을 기울이는 것은 당연하다. 여러 연구는 신제품의 수용이나 유행의 추종 그리고 사회 관계망을 통한 메시지 수용 등에서 준거집단은 다른 집단에 비해 더 큰 영향을 미친다는 것을 밝혔다(김문태, 이종호, 2007; 김재욱, 최지욱, 한계숙, 2002; 장성희, 박현신, 2003). 제품과 브랜드의 구매를 결정할 때 준거집단이 어떤 영향을 미치는지를 규명한 연구(Bearden & Etzel, 1982)에 의하면, 필수품에 비해 사치품일 때 그리고 사적으로 소비되는 제품에 비해 다른 사람들에게 소비가 노출되는 제품일 때 준거집단의 영향은 더욱 큰 것으로 나타났다.

한 연구(주지혁, 2012)에서는 명품브랜드를 구매할 때 준거집단에 대한 동조가 성별에 따라 차이가 나는지를 살펴보았는데 남성에 비해 여성이 준거집단의 영향을 더 많이 받는 것으로 나타났다. 아프리카 대학생을 대상으로 한 연구에서도 유사한 결과가 나타났다. 이 연구에서는 공적인 사치품과 필수품 그리고 사적인 사치품과 필수품에 대해 동조가 어떤 유형의 제품에서 더 많이 일어나는지를 살펴보았는데 사치품이냐 필수품이냐에 관계없이 사적인 제품에 비해 공적인 제품(제품 사용이 타인에게 드러나는)에서 동조효과가 더 컸다(Makgosa & Mohube, 2007).

준거집단은 단지 외현적인 동조에 그치는 것이 아니라 개인의 신념과 태도를 변화시키는 힘을 발휘하기 때문에 광고전략가가 관심을 기울이는 것은 당연하다. 그렇다면 준거집단이 영향을 발휘하는 기제는 무엇일까? 대부분의 사람은 자신의 준거집단을 가진다. 준거집단은 개인의 관심영역에 따라 다르기도 하다. 어떤 소비자는 패션에 관한 준거집단과 부의 축적에 관한 준거집단을 각각 가질 수 있다. 하지만 준거집단이 무엇이든지 간에 영향 기제는 동일하다. 개인은 준거집단의 규범(norm)을 자기 것으로 받아들인다. 그리고 그 과정을 통해 주위 사람들로부터 수용과 인정을 받는다. 규범의 **'내재화'**와 타인으로부터의 **'인정'**이 준거집단이 영향을 발휘하는 작동기제이다(한규석, 2009). 준거집단의 영향이 광고전략에 시사하는 것은 다음과 같다.

- 준거집단은 '정보의 원천'이다. 정보제공형 광고의 경우에는 표적소비자의 준거집단을 광고모델로 사용하는 것이 효과적이다.
- 준거집단은 '지각(perception)'에 영향을 미친다. 지각은 광고정보를 주관적으로 해석하는 행위이다. 준거집단이 자사 브랜드를 어떻게 지각하는지를 광고에서 표현함으로써 표적소비자가 자사 브랜드를 지각하는 데 직접적인 영향을 미칠 수 있다.

- 준거집단은 개인의 포부 수준에 영향을 미친다. 교육이나 여행 또는 자산 설계와 같이 미래의 포부와 관련된 제품은 준거집단을 광고모델로 활용하면 효과적이다.

모든 준거집단이 개인에게 긍정적인 것만은 아니다. '되기를 원하지 않는' 집단도 있기 마련이다. 개인이 되고 싶어 하지 않는 집단을 **'단절 또는 분리 준거집단**(dissociative reference group)'이라고 한다. 단절 준거집단도 효과적인 광고의 소재가 된다. '갭(Gap)'이라는 패션 브랜드는 젊은이들이 '쿨하지 않은' 나이든 사람들처럼 되고 싶어 하지 않는다는 점에 착안하여 탄생하였다. 미국의 한 북클럽은 '고루한 대중적인 서적의 독자가 되지 말자.'는 광고 메시지를 통해 자사를 성공적으로 포지셔닝하였다.

- 제품의 특정 속성이나 이미지를 브랜드와 결합하는 것은 광고의 중요한 역할이다. 하지만 광고의 또 다른 기능은 '어떤 근거에 상관없이' 다른 소비자 또는 대중의 행동을 추종하게 하는 것이다.
- 편승효과란 개인의 신념과는 관계없이 많은 사람이 단지 그렇게 행동하기 때문에 자신도 '자발적으로' 따라하는 현상이다.
- 객관적인 판단기준이 결여될 때 타인의 행동이 하나의 '정보'로서 작용하여 '동조(conformity)'가 일어난다.

- 소비자의 동조행위는 개인의 판단의 기준이 비교적 분명할 때에도 일어난다.
- 많은 사람이 구매할수록 잠재 소비자의 구매 확률이 오히려 감소할 때는 '역 편승효과(reverse bandwagon effect; snob effect라고도 한다)'가 일어난다.
- 우리는 특정 분야에서 전문성이나 명성을 가진 인물을 더욱 신뢰하는 경향이 있다.
- 밀그램의 '권위에의 복종' 실험은 우리가 사회적으로 권위 있는 사람에게 얼마나 잘 설득될 수 있는지를 보여 주는 연구이다.
- 사람들이 자신의 지향점을 자기가 성원으로 속하지 않은 소수의 사람들에게도 두는데 이들을 준거집단(reference group)이라 한다.

참고문헌

김문태, 이종호(2007). 컨버전스 제품의 사용확산 및 재수용에 영향을 미치는 N세대 소비자의 혁신성 및 준거집단 순응성의 영향. 산업경제연구, 20(3), 1253-1278.

김재욱, 최지욱, 한계숙(2002). 온라인 커뮤니티 마케팅 활동과 친 커뮤니티 행동 간의 관계에 있어서 몰입의 매개역할. 마케팅연구, 17(4), 77-98.

김재휘, 김태훈, 전진안(2008). 체면이 비계획적 상향소비에 미치는 영향. 한국심리학회지: 소비자 · 광고, 9(2), 149-168.

김재휘, 백명진(2014). 희소성 메시지 유형과 동일시 욕구의 충족성이 구매의도에 미치는 효과. 광고학연구, 25(3), 7-32.

김재휘, 부수현(2011). 건강예방행동 촉진을 위한 커뮤니케이션 전략: 메시지 프레이밍과 시점 간 선택에서의 근시안적 편향을 중심으로. 광고학연구, 22(7), 111-133.

김지호, 김재휘, 나덕렬, 김계석, 이장한(2005). 아이 트래커를 활용한 인터넷 광고효과 연구. 광고학연구, 16(5), 179-194.

김태용(2005). 인쇄광고에 대한 수용자 주의투여에 관한 연구: 아이트래킹 기법을 활용하여. 광고학연구, 16(4), 109-135.

박광래(2000). 인쇄매체 광고의 주의력 제고를 위한 레이아웃에 관한 연구. 디자인학연구, 13(3), 111-122.

박원기, 오완근, 이시훈, 이승연(2010). 광고매체론. 서울: 커뮤니케이션북스.

서용한, 오희선, 전민지(2011). 체면이 명품소비행동에 미치는 영향에 관한 연구. 한국의류산업학회지, 13(1), 25-31.

우석봉(2014). IMC 광고기획의 원리와 응용. 서울: 학지사.

우석봉(2015). 실전 광고기획 에센스(2판). 서울: 학지사.

우석봉(2016). **브랜드 심리학**(3판). 서울: 학지사.

우석봉, 성영신(2005). 비주얼의 기대불일치성과 표현 독특성: 독창적 광고비주얼의 광고효과. **광고학연구**, 16(3), 219-250.

우석봉, 이성수(2016). 시간적 거리에 따른 메시지 유형이 광고반응에 미치는 효과에서 광고 비주얼의 시각적 관점의 조절적 역할. **한국심리학회지: 소비자 · 광고**, 17(1), 101-119.

유승엽(2007). 한국인의 문화심리 특성요인과 의례소비. **한국심리학회지: 소비자 · 광고**, 8(2), 205-233.

이석재, 최상진(2001). 체면지향행동의 이원구조모델 검증. **한국심리학회지: 사회 및 성격**, 15(2), 65-83.

이정기(2015). 대학생들의 스마트 광고 이용동기, 사회심리적 속성이 맞춤형 스마트 광고 만족도에 미치는 영향: 사회적 동조, 혁신성, 온라인 프라이버시 염려 인식 변인을 중심으로. **정치커뮤니케이션 연구**, 38, 41-72.

임재문, 박명진, 박종철(2013). 성적소구광고가 소비자 반응에 미치는 영향: 소구유형과 제품 유형의 역할을 중심으로. **광고학연구**, 24(3), 107-129.

장성희, 박현신(2003). 스타마케팅이 청소년의 패션 동조성에 미치는 영향에 대한 연구. **한국패션디자인학회지**, 3(1), 1-24.

주지혁(2012). 성별에 따른 명품브랜드 구매행동의 차이: 과시소비성향과 준거집단의 영향력을 중심으로. **광고연구**, 94, 70-93.

최상진(2000). **한국인 심리학**. 서울: 중앙대학교 출판부.

한국 인터넷 진흥원(2013). **모바일광고 효과 조사**.

한규석(2009). **사회심리학의 이해**(3판). 서울: 학지사.

Aaker, D. (1991). *Managing brand equity*. New York: The Free Press.

Adrian, M. (2004). *The Practice of Advertising*. London: Butterworth-Heinemann.

Alba, J. W., & Chattopadhyay, A. (1986). Salience effects in brand recall. *Journal of Marketing Research, 23,* 369.

Alden, D. L., Mukherjee, A., & Hoyer, W. D. (2000). The effects of incongruity, surprise and positive moderators on perceived humor in television advertising. *Journal of Advertising, 29*(2), 1-15.

Amosa, C., Holmesb, G, & Strutton, D. (2008). Exploring the relationship between celebrity endorser effects and advertising effectiveness. *International Journal of Advertising: The Review of Marketing Communications, 27*(2), 209-234.

Anderson, J. R. (1983). A spreading activation theory of memory. *Journal of Verbal Learning and Verbal Behavior.*

Anderson, J. R. (2004). *Cognitive psychology and its implications* (6th ed.). New York: Worth Publishers.

Anderson, N. H., & Barrios, A. A. (1961). Primacy effects in personality impression formation. *The Journal of Abnormal and Social Psychology, 63*(2), 346-350.

Ang, S. H., & Low, S. Y. (2000). Exploring the dimensions of ad creativity. *Psychology and Marketing, 17*(10), 835-854.

Arnold, J., Robertson, I. T., & Cooper, C. L. (1995). *Work psychology: Understanding human behavior in the workplace* (2nd ed.). London: Pitman.

Asch, S. E. (1955). Opinions and social pressure. *Scientific American, 19*, 31-35.

Atkinson, R. C., & Shiffrin, R. M. (1968). Human memory: A proposed system and its control processes. In K. W. Spence, J. T. Spence (Eds.), *The psychology of learning and motivation* (Volume 2). New York: Academic Press.

Baddeley, A., Della, S. S.(1996). Working memory and executive control. *Philosophical Transactions of the Royal Society*(1346), 1397-1403.

Bagozzi, R. P., Gopinath, M., & Nyer, P. U. (1999). The role of emotions in marketing. *Academy of Marketing Science, 27*(2), 184-206.

Bandura, A. (1977). Self-efficacy: Toward a unifying theory of behavioral change. *Psychological Review, 84*(2), 191-215.

Bandura, A., Dorothea, R., & Ross, S. A. (1963). Vicarious reinforcement and imitative learning. *Journal of Abnormal and Social Psychology, 67*(6), 601-607.

Bargh, J. A., Chen, M., & Burrows, L. (1996). Automaticity of social behavior: Direct effects of trait construct and stereotype activation on action. *Journal of Personality and Social Psychology, 71*(2), 230-

244.

Bargh, J. A., & Williams, E. L. (2006). The automaticity of social life. *Current Directions in Psychological Science, 15*(1), 1-4.

Batra, R., & Michael L. R. (1983). *Advertising situations: The implications of differential involvement and accompanying affect responses, in Information Processing Research in Advertising, et.* Richard Harris, Hillsdale. NJ: Erlbaum.

Bearden, W., & Etzel, M. (1982). Reference group influence on prodect and brand purchase decisions. *Journal of Consumer Research, 9,* 183-194.

Belch, G., & Belch, M. (2012). *Advertising and promotion: An integrated marketing communications perspective.* New York: McGraw-Hill/Irwin.

Berns, G., Chappelow, J., Zink, C., Pagnoni, G., Martin-Skurski, M., & Richards, J. (2005). Neurobiological Correlates of Social Conformity and Independence During Mental Rotation. *Biol Psychiatry, 58,* 245-253.

Blair, M. (2000). An empirical investigation of advertising wearin and wearout. *Journal of Advertising Research, 40* (November), 95-100.

Bolen, W. H. (1984). *Advertising* (2nd ed.). New York: John Wiley & Sons, Inc.

Bornstein, R. F. (1989). Exposure and affect: overview and meta-analysis of research, 1968 - 1987. *Psychological Bulletin, 106,* 265-289.

Boroditsky, L., & Ramscar, M. (2002). The role of body and mind in abstract thought. *Psychological Science, 13,* 185-188.

Bower, A. B., & Landreth, S. (2001). Is beauty best? Highs versus normally attractive models in advertising. *Journal of Advertising, 30,* 1-12.

Bower, G. H. (2000). *A Brief History of Memory Research.* The Oxford Handbook of Memory.

Bower, G. H., Gillian, S. G., & Monteiro, K. P. (1981). Selectivity of learning caused by affective states. *Journal of Experimental Psychology: General, 110*(4), 451-473.

Brehm, J. (1956). Post-decision changes in desirability of alternatives. *Journal of Abnormal and Social Psychology, 52*(3), 384-389.

Brooks, M., & Scott, H. (2006). Familiarity breeds ambivalence. *Corporate Reputation Review, 9*(2), 105-113.

Burke, R. R., & Srull, T. K. (1988). Competitive Interference and Consumer Memory for Advertising. *Journal of Consumer Research, 15*(June), 55-68.

Campbell, C. (1987). *The romantic ethic and the spirit of modern consumerism*. Oxford: Blackwell.

Carpentier, F. R. D., Northup, C. T., & Parrott, M. S. (2014). Revisiting media priming effects of sexual depictions: Replication, extension, and consideration of sexual depiction strength. *Media Psychology, 17,* 34-54.

Carpentier, F. R. D., Parrott, M. S., & Northup, C. T. (2014). When first comes love(or Lust): How romantic and sexual cues bias first impressions in online social networking. *The Journal of Social Psychology, 154,* 423-440.

Catherwood, D., Edgar, G. K., Nikolla, D., Alford, C., Brookes, D., Baker, S., & White, S. (2014). Mapping brain activity during loss of situation awareness: An EEG investigation of a basis for top-down influence on perception. *Human Factors, 56*(8), 1428-1452.

Celsi, R. L., & Olson, J. C. (1988). The role of involvement in attention and comprehension processes. *Journal of Consumer Research, 15,* 210-224.

Cherry, E. C. (1953). Some experiments on the recognition of speech, with one and with two ears. *The Journal of the Acoustical Society of America, 25*(5), 975-979.

Childers, T. L., Susan E. H., & Michael J. H. (1986). Memory for the visual and verbal components of print advertisements. *Psychology and Marketing, 3*(3), 137-150.

Choi, I., & Nisbett, R. E. (1998). Situational salience and cultural differences in the correspondence bias and the actor-observer bias. *PSPB, 24,* 949-960.

Cialdini, R. B. (1995). *Influence: The psychology of persuasion* (2nd ed.). New York: William Morrow Co.

Cialdini, R. B., & Goldstein, N. J. (2004). Social influence: Compliance and conformity. *Annual Review of Psychology, 55,* 591-621.

Colley, R. (1961). *Defining advertising goals for measured advertising results.* New York: Association of National Advertisers.

Collins, A. M., & Loftus, E. F. (1975). A spreading-activation theory of semantic processing. *Psychological Review, 82*(6), 407-428.

Craik, F. I. M., & Lockhart, R. S. (1972). Levels of processing: A framework for memory research. *Journal of Verbal Learning and Verbal behavior, 11,* 671-684.

Csikszentmihalyi, M. (1975). Play and intrinsic reward. *Journal of Humanistic Psychology, 15*(3), 41-63.

Dahl, D. W. (2003). Does it pay to shock? Reactions to shocking and nonshocking advertising content among university students. *Journal of Advertising Research, 43,* 268-280.

Dahlén, M. (2005). The media as a contextnal cue. *Journal of Advertising, 34,* 89-98

Dahlén, M. & Edenius, M. (2007). When is advertising advertising? Comparing responses to traditional and non-traditional advertising media. *Journal of Current Issues and Research in Advertising, 29*(1), 33-42.

Dahlén, M., Granlund, A., & Grenros., M. (2009). The consumer-perceived value of non-traditional media: Effects of brand reputation, Appropriateness and Expense. *Journal of Consumer Marketing, 26*(3), 155-163.

Dalton, A. N., & Huang, L. (2014). Motivated forgetting in response to social identity threat. *Journal of Consumer Research, 40*(6), 1017-1038.

Dijksterhuis, Ap, & Knippenberg, Ad. (1998). The relation between perception and behavior, or how to win a game of trivial pursuit. *Journal of Personality and Social Psychology, 74*(4), 865-877.

Dillon, W. R., Domzal, T., & Madden, T. J. (1986). Evaluating alternative product positioning strategies. *Journal of Advertising Research, 26*(4), 29-35.

Dimaggio, P. (1997). Culture and cognition. *Annual Review of Sociology,* 23263-23287.

Donthu, N., Cherian, J., & Bhargava, M. (1993) Factors influencing recall of outdoor advertising. *Journal of Advertising Research, 33*(3), 64-72.

Duchon, D., Dunegan, K. J., & Barton, S. L. (1989). Framing the problem and making decisions: The facts are not enough. *IEEE Transactions on Engineering Management, February*, 25-27.

Edell, J. A., & Staelin., R. (1983). The information processing of pictures in print advertisements. *Journal of Consumer Research, 10*(1), 45-61.

Eriksen, C. & Hoffman, J. (1972). Temporal and spatial characteristics of selective encoding from visual displays. *Perception &Psychophysics, 12*(2B), 201-204.

Eriksen, C., & James, J. (1986). Visual attention within and around the field of focal attention: A zoom lens model. *Perception & Psychophysics, 40*(4), 225-240.

Faison, E. W. (1981). *Advertising: A behavioral approach for managers.* New York: John Wiley & Sons.

Festinger, L. (1957). *A Theory of cognitive dissonance.* California: Stanford University Press.

Finucane, M., Alhakami, A., Slovic, P., & Johnson, S. (2000). The affect heuristic in judgment of risks and benefits. *Journal of Behavioral Decision Making, 13*(1), 1-17.

Fishbein, M., & Ajzen, I. (1975). *Belief, attitude, intention, and behavior: An introduction to theory and research.* Reading, MA: Addison-Wesley.

Fiske, S. T., & Pavelchak, M. A. (1986). Category-based versus piecemeal-based affective responses: Developments in schemata-triggered affect. Richard M. Sorrentino & E. Tory Higgins (Eds.), *The Handbook of Motivation and Cognition: Foundations of Social*

Behavior (pp. 167-203). New York: Guilford.

Fiske, S. T., & Taylor, S. E. (1991). *Social Cognition* (2nd ed.). New York: McGraw-Hill.

Forgas, J. P., & Bower, G. H. (1987). Mood effects on person-perception judgment. *Journal of Personality and Social Psychology, 53*(1), 53-60.

Frager, R. (1970). Conformity and anti-conformity in Japan. *Journal of Personality and Social Psychology, 15,* 203-210.

Franks, D. (2003). The Neuroscience of emotions. In J. E. Stets & J. H. Turner (Eds.), *Handbook of the Sociology of Emotions* (pp. 38-65). New York: Springer Science + Business Media, LLC.

Friedman, A. (1979). Framing pictures: The role of knowledge in automated encoding and memory for gist. *Journal of Experimental Psychology: General, 108*(3), 316-355.

Friestad, M., & Wright, P. (1994). The persuasion knowledge model. How people cope with persuasion attempts. *Journal Of Consumer Research, 21*(1), 1-31.

Gerd, G. (1991). How to make cognitive illusions disappear: Beyond Heuristics and biases. *European Review of Social Psychology, 2,* 83-115.

Goodstein, R. C. (1993). Category-based applications and extensions inadvertising: Motivating more extensive ad processing. *Journal of Consumer Research, 2*(1), 87-99.

Goodwin, C. J. (1999). The origins of behaviorism: A new life in advertising. *A history of modern psychology.* New York: John Wiley & Sons, Inc.

Gordon, R. (2011). Critical social marketing: definition, application and domain. *Journal of Social Marketing, 1*(2), 82-99.

Grass, R., & Wallace, W. (1969). Satiation effect of TV commercials. *Journal of Advertising Research, 1,* 1-13.

Greenwald, A. G., & Leavitt, C. (1984). Audience involvement in advertising: Four Levels. *Journal of Consumer Research, 11,* 581-592.

Guéguena, N., & Jacoba, C. (2013). The birthdate effect: solicitation on birthday affects compliance. *The International Review of Retail, Distribution and Consumer Research, 23*(3), 353-356.

Gutman, J. (1982). A means-end chain model based on consumer categorization processes. *Journal of Marketing, 46,* 60-72.

Halkias, G., & Kokkinaki, F. (2010). Investigating consumer responses to schema-incongruent advertising information. *International Journal of Management Cases, Special Issue: CIRCLE Conference, 10,* 729-738.

Hamilton, D. L., & Sherman, S. J. (1996). Perceiving persons and groups. *Psychological Review, 103*(2), 336-355.

Hauser J. R., & Wernerfelt, B. (1990). An evaluation cost model of consideration set. *Journal of Consumer Research, 16*(4), 393-408.

Hastie, R. (1980). Memory for information which confirms or contradicts a general impression. In R. Hastie, E. B. Ebbesen, R. S. Wyer, Jr., D. L. Hamilton and D. E. Carlston (Eds.), *Person Memory: The Cognitive Basis of Social Perception*, Reid Hastie, Hillsdale, NJ: Erlbaum, 155-177.

Heckler, S. E., & Childers, T. L. (1992). The role of expectancy and relevancy in memory for verbal and visual information: What is incongruency? *Journal of Consumer Research, 18*(4), 475-492.

Hekkerta, P., Thurgoodb, C., & Whitfieldb, T. W. (2013). The mere exposure effect for consumer products as a consequence of existing familiarity and controlled exposure. *Acta Psychologica, 144*(2), 411-417.

Higgins, E. T. & Gillian, A. K. (1981). Accessibility of social constructs: Information processing consequences of individual and contextual variability. In N. Cantor & J. Kihlstrom (Eds.), *Personality, cognition, and social interaction* (pp. 69-122). Hillsdale, NJ: Erlbaum.

Hirsch, A.(1995). Effects of ambient odors on slot-machine usage in a Las Vegas casino. *Psychology and Marketing, 12,* 585-594.

Houston, M. J., Childers, T. L., & Heckler, S. E. (1987). Picture-word consistency and the elaborative processing of advertisements. *Journal of Marketing Research, 24*(4), 359-369.

Huhmann, B. A., & Mott-Stenerson, B. (2008). Controversial advertisement executions and involvement on elaborative processing and comprehension. *Journal of Marketing Communications, 14*(4), 293-313.

Hui, C. H. (1998). Measurement of individualism-collectivism. *Journal of Research in Personality, 22,* 17-36.

Hull, C. L. (1952). *A behaviour system.* New Haven, CT: Yale University Press.

Hung, I. W., & Wyer, R. S. (2008). The impact of implicit theories on responses to problem-solving print advertisements. *Journal of Consumer Psychology, 18,* 223-235.

Hutter, K., & Hoffmann, S. (2011). Guerrilla marketing. The nature of the concept and propositions for further research. *Asian Journal of Marketing, 5,* 39-54.

Isen, A. M. (1989). Some ways in which affect influences cognitive processes: Implications for advertising and consumer behavior. In P. Cafferata & A. M. Tybout. (Eds.), *Cognitive and affective responses to advertising* (pp. 91-117). Lexington, MA: Lexington Books.

Isen, A. M., Shalk, T. E., Clark, M., & Karp, L. (1978). Affect, accessibility of material in memory and behavior: A cognitive loop? *Journal of Personality and Social Psychology, 36*(1), 1-12.

Janiszewski, C. (1988). The Influence of Display Characteristics on Visual Exploratory Search Behaviour. *Journal of Consumer Research, 25*(December), 290-301.

Jonides, J. (1981). Voluntary versus automatic control over the mind's eye's movement. In J. B. Long & A. D. Baddeley (Eds.), *Attention and performance, IX* (pp. 187-203). Hillsdale, NJ: Erlbaum.

Jonides, J. (1983). Further towards a model of the mind's eye's movement. *Bulletin of the Psychonomic Society, 21*(4), 247-250.

Karremans, J. C., Stroebe, W., & Claus, J. (2006). Beyond Vicary's fantasies: The impact of subliminal priming and brand choice. *Journal of Experimental Social Psychology, 42,* 792-798.

Kellaris, J. J., & Cline, T. W. (2007). Humor and ad memorability: On the contributions of humor expectancy, relevancy, and need for humor. *Psychology & Marketing, 24*(6), 497-509.

Keller, K. L. (1991). Memory and evaluation effects in competitive advertising environments. *Journal of Consumer Research, 17*(March), 463-476.

Keller, K. L., & Lehmann, D. R. (2006). Brands and branding: research findings and future priorities. *Marketing Science, 25*(6), 740-759.

Kelley, H. H. (1947). *Two functions of reference groups, in Readings in Social Psychology*. New York: Holt, Rinehart, & Winston.

Kinnear, T. C., Bernhardt, K. L., & Krentler, K. A. (1995). *Principles of marketing*. New York: Harper Collins College Publishers.

Kisielius, J., & Sternthal, B. (1984). Detecting and explanning vividness effects in attitudinal judgments. *Journal of Marketing Research, 22*(September), 54-64.

Kosslyn, S. M., Thompson, W. L., & Ganis, G. (2006). *The case for mental imagery*. New York: Oxford University Press.

Kravitz, D. A., & Martin, B. (1986). Ringelmann rediscovered. *Journal of Personality and Social Psychology, 50*(5), 936-941.

Krugman, H. E. (1965). The impact of television advertising: Learning without involvement. *Public Opinion Quarterly, 29,* 349-356.

Kumar, A. (2000). Interference effects of contextual cues in advertisements on memory for ad content. *Journal of Consumer Psychology, 9*(3), 155-166.

Kumar, A., & Krishnan, S. (2004). Memory interference in advertising: A replication and extension. *Journal of Consumer Research, 30*(March), 602-611.

Kunst-Wilson, W., & Zajonc, R. (1980). Affective discrimination of stimuli that cannot be recognized. *Science, 207*(4430), 557-558.

Lamb, C., Hair, J., & McDaniel, C. (2009). *Repositioning is changing consumers' perceptions of a brand in relation to competing brands.*

Boston: Cengage Learning.

Lavidge, R. J, & Steiner. G. A. (1961). A model of predictive measurement of advertising effectiveness. *Journal of Marketing, 52,* 59-62.

LeDoux, J. (1996). *The emotional brain: The mysterious underpinnings of emotional life.* New York: Simon & Schuster.

Lee, C. (1991). Modifying an american consumer behavior model for consumers in confucian culture: The case of Fishbein behavioral intention model. *Journal of International Consumer Marketing, 3*(1), 27-50.

Lee, A. Y., & Labroo, A. A. (2004). The effect of conceptual and perceptual fluency on brand evaluation. *Journal of Marketing Research, 41*(2) 152-165.

Leibenstein, H. (1950). Bandwagon, Snob, and Veblen effects in the theory of consumers demand. Quarterly journal of economics (May 1950), reprinted in W. Breit & H. M. Hochman, Readings in microeconomics, Second edition(New York: Holt, Rinehart and Winston, Inc., 1971), 115-116.

Levin, I. P., & Gaeth, G. (1988). How consumers are affected by the framing of attribute information before and after consuming the product. *Journal of Consumer Research, 15,* 374-378.

Levin, I. P., Schneider, S., & Gaeth, G. (1998). All frames are not created equal: A typology and critical analysis of framing effects. *Organizational Behavior and Human Decision Processes, 76,* 149-188.

Levinson, J. (1984). *Guerilla marketing: Easy and inexpensive strategies for making big profits from your small businesses*. Mariner Books.

Liao, J., & Wang, L. (2009). Face as a mediator of the relationship between material value and brand consciousness. *Psychology & Marketing, 26*(11), 987-1001.

Libby, L. K., & Eibach, R. P. (2002). Looking back in time: Self-concept change affects visual perspective in autobiographical memory. *Journal of Personality and Social Psychology, 82*(2), 167-179.

Libby, L. K., & Eibach, R. P. (2011). Visual perspective in mental imagery:

A representation tool that function in judgment, emotion, and self-insight. *Advances in Experimental Social Psychology, 44,* 185-245.

Libby, L. K., Eibach, R. P., Shaeffer, E. M., & Slemmer, J. A. (2007). Picture yourself at the polls. *Psychological Science, 18*(3), 199-203.

Libby, L. K., Shaeffer, E. M., & Eibach, R. P. (2009). Seeing meaning in action: A bidirectional link between visual perspective and action identification level. *Journal of Experimental Psychology: General, 138*(4), 503-516.

Lord, C. G., Ross, L., & Lepper, M. (1979). Biased assimilation and attitude polarization: The effects of prior theories on subsequently considered evidence. *Journal of Personality and Social Psychology, 37,* 2098-2109.

Luxton, S., & Drummond, L. (2000). What is this thing called ambient advertising? *Proceedings of the Australia and New Zealand Marketing Academy Conference,* 734-738.

MacInnis, D., Rao, A., & Weiss, A. (2002). Assessing when increased media weight of real-world advertisements helps sales. *Journal of Marketing Research, 39*(November), 391-407.

Mackie, E. R., & Smith, D. M. (2007). *Social psychology* (3rd ed.). Hove: Psychology Press.

Makgosa, R., & Mohube, K. (2007). Peer influence on young adults' products purchase decisions. *African Journal of Business Management, June,* 64-71.

Mandel, N., & Johnson, E. J. (2002). When web pages influence choice: Effects of visual primes on experts and novices. *Journal of Consumer Research, 29*(2), 235-245.

Marian, F., & Esther, T. (1986). Emotion-eliciting advertising: Effects on long term memory and judgment: in NA-Advances in Consumer Research, 13, Richard J. Lutz (Ed.), Provo, UT: Association for Consumer Research, 111-116.

Markus, H. (1977). Self-schemata and the processing of information about the self. *Journal of Personality and Social Psychology, 35,* 63-78.

Maslow, A. H. (1943). A Theory of human motivation. *Psychological Review, 50*(4), 370-396

Matlin, M. W. (2005). *Cognition*. Crawfordsville: John Wiley & Sons, Inc.

Matsukawa, J., Snodgrass, J. G., & Doniger, G. M. (2005). Conceptual versus perceptual priming in incomplete picture identification. *Journal of Psycholinguistic Research, 34*(6).

McFerran, B., Dahl, D. W., Fitzsimons, G. J., & Morales, A. C. (2010). I'll have what she's having: Effects of social influence and body type on the food choices of others. *Journal of Consumer Research, 36*(6), 915-929.

Messaris, P. (1997). *Visual persuasion: The role of images in advertising*. Thousand Oaks, CA: Sage.

Meyer, D. E., & Schvaneveldt, R. W. (1971). Facilitation in recognizing pairs of words: Evidence of a dependence between retrieval operations. *Journal of Experimental Psychology: General, 90*, 227-234.

Meyers-Levy, J., & Peracchio, L. A. (1992). Getting an angle in advertising: The effect of camera angle on product evaluations. *Journal of Marketing Research, 29*, 454-461.

Mulken, M., Hooft, A., & Nederstigh, U. (2014). Finding the Tipping Point: Visual Metaphor and Conceptual Complexity in Advertising. *Journal of Advertising, 43*(4), 333-343.

Milgram, S. (1963). Behavioral study of obedience. *Journal of Abnormal and Social Psychology, 67*(4), 371-378.

Mitchell, A. A., & Olson, J. C. (1981). Are product beliefs the only mediator of advertising effects on brand attitudes? *Journal of Marketing Research, 18*(August), 318-332.

Muehling, D. D., & Laczniak, R. N. (1988). Advertising's immediate and delayed influence on brand attitudes: Consideration across message-involvement levels. *Journal of Advertising, 17*, 23-43.

Nasby, W., & Yando, R. (1982). Selective encoding and retrieval of affectively valent information. *Journal of Personality and Social Psychology, 43*(6), 1244-1253.

Nedungadi, P. (1990). Recall and consumer consideration sets: Influencing choice without altering brand evaluations. *Journal of Consumer Research, 17*(December), 263-276.

Nelson, V., Reed, S., & Walling, J. R. (1976). The pictorial superiority effect. *Journal of Experimental Psychology: Human Learning and Memory, 2*(5), 523-528.

North, A. C., Hargreaves, D. J., & McKendrick, J.(1999). The influence of in-store music on wine selections. *Journal of Applied Psychology, 84,* 271-276.

Ohman, A., Flykt, A., & Esteves, F. (2001). Emotion drives attention: Detecting the snake in the grass. *Journal of Experimental Psychology: General, 130*(3), 466-478.

Ortony, A., Clore, G., & Collins, A. (1988). *The cognitive structure of emotions*. Cambridge, New York: New York Press.

Parasuraman, R. (1986). Vigilance, monitoring and search. In K. R. Boff, L. Kaufman & J. P. Thomas (Eds.), *Handbook of perception and human performance*. New York: Wiley.

Park, C. W., Iyer, E. S., & Smith, D. C. (1989). The effects of situational factors on in-store grocery shopping behavior: The role of store environmentand time available for shopping. *Journal of Consumer Research, March,* 422-433.

Park, C. W., & Young, S. M. (1984). The effects of involvement and executional factors of a television commercial on brand attitude formation. *Marketing Science Institute Report,* 84-100.

Park, S. (1998). A Comparison of korean and american gift-giving behaviors. *Psychology & Marketing, 15*(6), 577-593.

Pechmann, C., & Ratneshwar, S. (1991). The use of comparative advertising for brand positioning: Association versus differentiation. *Journal of Consumer Research, 18*(2), 145-160.

Pechmann, C., & Stewart, D. (1990). *Advertising repetition: A critical review of wearin and wearout.* MSI report.

Perachio, L. A., & Tybout, A. M. (1996). The moderating role of prior knowledge in schema-based product evaluation. *Journal of*

Consumer Research, 23(3), 177-192.

Peracchio, L. A., & Meyers-Levy, J. (2005). Using stylistic properties of ad pictures to communicate with consumers. *Journal of Consumer Research, 32,* 29-40.

Phillips, B. J., & McQuarrie, E. F. (2004). Beyond visual metaphor: A new typology of visual rhetoric in advertising. *Marketing Theory, 4,* 113-136.

Pieters, R., & Wedel, M. (2004). Attention capture and transfer in advertising: Brand, pictorial, and text-size effects. *Journal of Marketing, 68*(2), 36-50.

Pillemer, D. B. (1984). Flashbulb memories of the assassination attempt on president Reagan. *Cognition, 16,* 63-80.

Politz, A. (1960). The dilemma of creative advertising. *Journal Of Marketing, 25*(2), 1-6.

Pratkanis, A. (1992). The cargo cult science of subliminal persuasion. *Skeptical Inquirer, 16,* 260-272.

Puto, C. P., & Wells, W. D. (1984). Informational and transformational advertising: The differential effects of time. In Thomas C. Kinnear (Ed.), *NA-Advances in Consumer Research, 11*, 638-643. Provo, UT: Association for Consumer Research.

Reinartz, W., & Saffert, P. (2013). Creativity in advertising: When it works and when it doesn't. *Harvard Business Review, June,* 1-8.

Reynolds, & Gutman, J., (1988). Laddering theory, method, analysis, and interpretation. *Journal of Advertising Research, February/March,* 11-31.

Rokeach, M. (1976). *Beliefs, attitudes and values.* San Francisco: Jossey-Bass.

Rosch, E., Mervis, C. B., Gray, W. D., Johnsen, D. M., & Boyes-Braem, P. (1976). Basic objects in natural categories. *Cognitive Psychology, 8,* 382-440.

Rosengren, S., & Dahlén, M. (2015). Exploring Advertising Equity: How a Brand's Past Advertising May Affect Consumer Willingness to Approach Its Future Ads. *Journal of Advertising, 44*(1), 1-13.

Ross, G. (2011). Critical social marketing: definition, application and domain. *Journal of Social Marketing, 1*(2), 82-99.

Rossiter, J. R., & Percy, L. (1980). Attitude change through visual imagery in advertising. *Journal of Advertising, 9*(2), 10-16.

Rossiter, J. R., & Percy, L. (1991). A better advertising planning grid. *Journal of Advertising Research, October/November,* 11-21.

Scott, L. M. (1994). Images in advertising: The need for a visual rhetoric. *Journal of Consumer Research, 21,* 252-273.

Scott, L. M., & Batra, R. (2003). *Persuasive imagery*. Mahwah, NJ: Erlbaum.

Shafir, E., & LeBoeuf, R. A. (2002). Rationality. *Annual Review of Psychology, 53,* 491-517.

Sherif, M. (1935). A study of some factors in perception. *Archives of Psychology, 27,* 187.

Sherman, D., & Kim, H. (2002). Affective perseverance: The resistance of affect to cognitive invalidation. *Personality and Social Psychology Bulletin, 28*(2), 224-237.

Shiv, B., & Fedorikin, A. (1999). Heart and mind in conflict: The interplay of affect and cognition in consumer decision making. *Journal of Consumer Research, 26*(3), 278-292.

Simon, H. (1982). ADPULS: An advertising model with wearout and pulsation. *Journal of Marketing Research, 19*(August), 352-363.

Sissors, J. Z., & Baron, R. B. (2010). *Advertising media planning* (7th ed.). New York: McGraw-Hill.

Skinner, B. F. (1938). *The behavior of organisms: An experimental analysis*. New York: Appleton-Century-Crofts.

Snyder, M. (1974). Self-monitoring of expressive behavior. *Journal of Personality and Social Psychology, 30,* 526-537.

Snyder, M., & Swan, W. B. Jr. (1976). When actions reflect attitudes: The politics of impression management. *Journal of Personality and Social Psychology, 34,* 1034-1042.

Solomon, M. R. (1983). The role of products as social stimuli: A symbolic interactionism perspective. *Journal of Consumer Research, 10*(3), 319-329.

Srull, T., Lichtenstein, K., & Rothbart, M. (1985). Associative storage and retrieval processes in person memory. *Journal of Experimental Psychology: Learning, Memory, and Cognition, 11*(2), 316-345.

Stanovich, K. E., & West, R. F. (1983). On priming by a sentence context. *Journal of Experimental Psychology, 112*(1), 1-36.

Stayman, D. M., Dana L. A., & Karen, H. S. (1992). Some effects of schematic processing on consumer expectations and disconfirmation judgments. *Journal of Consumer Research, 19,* 240-255.

Stephen, F. (2004). *The Power of Reinforcement.* Albany: State University of New York Press.

Sternberg, R. J. (1999). *Cognitive psychology* (2nd ed.). Fort Worth, TX: Harcourt Brace College Publishers.

Sternberg, R. J. (2003). *Cognitive psychology* (3rd ed.). Belmont, CA: Thomson Wadsworth.

Sujan, M., & Bettman, J. R. (1989). The effects of brand positioning strategies on consumers' brand and category perceptions: Some insights from schema research. *Journal of Marketing Research, 26,* 454-467.

Sutherland, M., & Sylvester, A. (2000). *Advertising and the mind of the consumer: What works, what doesn't, and why.* London: Allen & Unwin.

Thales S. T. (2014). The rising cost of consumer attention: Why you should care, and what you can do about It. *Harvard Business Review (working paper), January.*

Till, B. D., & Baack, D. W. (2005). Recall and persuasion: Does creative advertising matter? *Journal of Advertising, 34*(3), 47-57.

Tipper, S. P., & Driver, J. (2000). Negative priming between pictures and words in a selective attention task: Evidence for semantic processing of ignored stimuli. In M. S. Gazzaniga (Ed.), *Cognitive neuroscience.* Maiden, MA: Blackwell Publishers Inc.

Tulving, E. (1972). Episodic and semantic memory. In Tulving, E., & Donaldson, W. (Eds.), *Organization of memory.* NY: Academic

Press, 381-403.

Tulving, E., Schacter, D. L., & Stark, H. A. (1982). Priming effects in word fragment completion are independent of recognition memory. *Journal of Experimental Psychology: Learning, Memory and Cognition, 8*(4).

Tversky, A., & Kahneman, D. (1981). The framing of decisions and the psychology of choice. *Psychological Science, 211*, 453-457.

Vashisht, K. (2005). *A practical approach to marketing management.* Atlantic.

Vaughn, R. (1980). How advertising works: A planning model. *Journal of Advertising Research, 20*(September/October), 27-30.

Vaughn, R. (1986). How advertising works: A planning model revisited. *Journal Advertising Research, 26*(January/February), 27-30.

Wallace, W. T. (1994). Memory for music: Effect of melody on recall of text. *Journal of Experimental Psychology: Learning, Memory, and Cognition, 20*(6), 1471-1485.

Wang, K., & Peracchio, L. A. (2008). Reading pictures: Understanding the stylistic properties of advertising images. In E. F. McQuarrie, & B. J. Phillips (Eds.), *Go Figure: New directions in advertising rhetoric.* NY: M. E. Sharpe Inc.

Wang, X., Yu, C., & Wei, Y. (2012). Social media peer communication and impacts on purchase intentions: A consumer socialization framework. *Journal of Interactive Marketing, 26*(4), 198-208.

Wansink, B., Kent, R., & Hoch, S. (1998). An anchoring and adjustment model of purchase quantity decisions. *Journal of Marketing Research, 35*(1), 71-81.

Weinberger, M. G., & Gulas, C. S. (1992). The impact of humor in advertising: A Review. *Journal of Advertising, 21*(4), 35-59.

Williams, L., & Bargh, J. A. (2008). Experiencing physical warmth promotes psychological warmth. *Science, 322*, 606-607.

Witte, K., & Allen, M. (2000). A Meta-analysis of fear appeals: Implications for effective public health campaigns. *Health Education &Behavior, 27*(5), 591-615.

Xiang, F., Surendra, S., & Rohini, A. (2007). An examination of different explanations for the mere exposure effect. *Journal of Consumer Research, 34,* 97-103.

Yang, X., Zhang, J., & Peracchio, L. A. (2010). Understanding the impact of self-concept on the stylistic properties of images. *Journal of Consumer Psychology, 20,* 508-520.

Yi, Y. J. (1990). The effects of contextual priming in print advertisements. *Journal of Consumer Research, 17,* 215-222.

Zaichkowski, J. L. (1985). Measuring the involvement construct in marketing. *Journal of Consumer Research, 12,* 341-352.

Zajonc, R. B. (1968). Attitudinal effects of mere exposure. *Journal of Personality and Social Psychology, 9*(2), 1-27.

Zajonc, R. B. (1980). Feeling and thinking: Preferences need no inferences. *American Psychologist, 35*(2), 151-175.

Zajonc, R. B. (2001). Mere exposure: A gateway to the subliminal. *Current Directions in Psychological Science, 10*(6).

Zaltzman, G. (1997). Rethinking market research: putting the people back in. *Journal of Marketing Research, 34,* 424-437.

Zufryden, F., & Pedrick, J. (1993). Measuring the reach and frequency elasticities of advertising media. *Marketing Letters, 4*(3), 215-225.

찾아보기

[인명]

Ang, S. H. 237
Asch, S. E. 311

Chabris, C. 81
Childers, T. L. 236
Colley, R. 28
Collins, A. M. 148
Csikszentmihalyi, M. 194

Dahlén, M. 63
Dichter, E. 21

Faison, E. W. 25

Gale, H. 17
Gladwell, M. 153
Green, P. 131
Gutman, J. 189

Heckler, S. E. 236
Hollingworth, H. L. 19
Hopkins, C. C. 228

Jobs, S. 24

Kahneman, D. 200
Kotler, P. 39
Krugman, H. E. 30

Lavidge, R. J. 29
Levitt, T. 99
Lewis, E. 27
Loftus, E. F. 148
Low, S. Y. 237

McCarthy, J. 39
Milgram, S. 325

Ogilvy, D. 228
Ortony, A. 194

Palmer, V. B. 17
Pavlov, I. P. 100
Pieters, R. 86

Richards, J. 239
Ringelmann, M. 307
Rosengren, S. 63

Scott, W. D. 18
Sechenov, I. 100
Sherif, M. 309
Simons, D. 81
Steiner, G. A. 29

Triplett, N. 307
Trout, J. 131
Tulving, E. 297
Tversky, A. 200

Vaughn, R. 205
Vicary, J. 172

Watson, J. B. 20
Wedel, M. 86
Wundt, W. 17

Zajonc, R. 104

[내용]

4P 39
AIDA 모형 27
AIDMA 모형 27
FCB 그리드 205
PPL 167
SWOT 분석 58

가격 39
가역성 도형 113
가치 186
간접 비유 250
간편 전략 200
감각기억 270
감각수준 25
감각적 혹은 체험적 약속 51
감성소구 225
강화 212
개인 주체성 322
개인수준 26
갤럽 앤드 로빈슨 66
갱 서베이 74
게릴라 광고 252
게슈탈트 조직화의 법칙 116
경쟁간섭 287
경험법칙 299
고려군 292
고려군의 크기 293
고정관념 154
공포소구 226
과잉 단순화 128
과장법 251
관련성 236
관여 30, 203
광고 16
광고대행사 16
광고도식 127

광고목표 60
광고비주얼 255
광고소구 222
광고혼잡도 89
광고효과 위계모형 27
광고효과의 대안 위계모형 30
광고효과의 측정 62
구매시점광고 295
구전 274
궁극적 가치 187
권위 327
규범 준거집단 329
기능성 자기공명영상 283, 313
기능적 약속 51
기능적인 위험 45
기대 228, 236
기대 불일치 229
기억 268
깊이 있는 처리 274

내세우는 체면 323
내적 탐색 49
노출 81
논쟁소구 274
뇌전도 118
뉴런 148
능동적인 주의 103

다그마 모형 28
다중저장 모형 270
단기기억 270
단순노출 효과 105, 175
단절 또는 분리 준거집단 331
당사자 관점 260
대리강화 213
도구적 가치 187
도식 125
도식기반 처리 232
도식불일치 효과 233
도식에 대한 기대불일치 254
도식이론 126
도식일치 효과 233
독창성 240
독창적인 아이디어 239, 240
동기 183
동기조사 21
동기화된 망각 302
동화 232
동화 효과 123

리커트척도 72
리포지셔닝 141
링겔만 효과 307

마음의 틀 117
마케팅 38
마케팅 목표 38
마케팅 믹스 39
마케팅 활동의 위계 41
매체 그 자체가 유발하는 점화의 효과 168
매체 망 168
매체전략 281
맥락간섭 288
맥락광고 165
맥락배치 165

맥락점화 161, 254
멀티태스킹 95
메타분석 227
모험적 선택 틀 돌리기 197
목적 지향적 188
목표 틀 만들기 199
무주의 맹시 82
물리적인 광고회피 288
미디어믹스 96
미디어의 신기성 254

반 동조 322
반복효과 289
보이지 않는 고릴라 실험 81
부가가치 44
부분목록단서 효과 295
부적강화 212
부호화 269
브랜드 41, 43
브랜드 도식과 광고의 불일치 정도 127
브랜드 자산 44
브랜드 포지셔닝 54
브랜드 확장 52
브랜드 회상 291
브랜드의 핵심 이슈 58
비교 광고 137
비교 준거집단 329
비교문화 연구 323
비상 284
비유 250
빅 아이디어 61

사다리 기법 191
사전기대 116
사회적 수준 27
사회적 약속 51
사회적 위험 46, 321
사회적 자기 이미지 48
상대적인 관점 138
상상 194
상황 분석 56
생리학적 증거 118
생일 효과 162
생활 단면 252
선천적인 욕구 184
성적소구 230
소비자 세분화 181
소비자의 욕구에 토대한 포지셔닝 185
소셜 네트워크 318
소셜 미디어 276
속성 틀 돌리기 196
손실 틀 만들기 199
수단 목적사슬 189
수동적인 주의 103
수용 틈 210
순간노출기 175
순행 간섭 287
숨어 있는 설득자 159
스타일 특성 258
스포트라이트 모형 84
시각적 관점 259
시각적 주의집중 84
시각적 탐색 86
시각적인 선택적 주의 85

시냅스 150
식상효과 289
신호 52
실제적 자기 이미지 48
심리적 약속 51
심리적 위험 47
심리적인 불편 185

아이 트래커 86
암묵적 기억 152
역 편승효과 319
역하 메시지 172
역하 점화 176
역행 간섭 286
연속 284
연합 139
연합점화 160
외적 탐색 49
욕구 183
원형 133
유명모델 315
유사성 효과 317
유통 40
의미기억 297
의미변별척도 72
이득 틀 만들기 199
이상적 자기 이미지 48
이성소구 223, 224
이성행위 모형 323
인정 330
인지 편향 196
인지부조화 191
인지수준 26
인지적인 광고회피 288
인지정교화 256
인출 269
일화기억 297

자극 유창성 106
자기정체 301, 315
자기평정척도 72
장기기억 271
재인 65
재정적 위험 45
저장 269
전 주의 처리 288
전략적 적합성 239, 243
전환광고 194
점화 152
정보처리모형 269
정서 193
정서적인 광고 297
정신분석 21
정위반사 100
정적강화 213
제3자 관점 260
제품 39
제품시연 252
주관적인 해석 116
주의 82, 83, 116
주의 유관 광고전략 93
주의감소 가설 122
주의지속시간 90
준거집단 329
줌렌즈 모형 85
지각 회로 313

지각된 위험 48
지키는 체면 323
진부한 표현 241
집단압력 314
집단으로부터의 수용과 인정 313

참여 278
창의적인 광고의 효과기제 127
채워 넣기 현상 126
첫인상 효과 121
초두 효과 121
촉진 40
추적조사 68
추종 브랜드 133

칵테일 파티효과 97
크로스미디어 광고 96
크리에이티브 브리프의 작성 60
크리에이티브 전략 221
크리에이티브 전략 수립 60
크리에이티브 제작 221
크리에이티브 콘셉트 61, 245

태도 69
통합 브랜드 커뮤니케이션 291
틀 만들기 196

파동 284
편승효과 308
포지셔닝 59, 131
포지셔닝의 심리학적인 기제 132
표적소비자의 선정 181
플로리다 효과 155

하루 경과 회상법 66
학습한 욕구 184
합리화 192
핵심 문제 58
핵심 이슈 59
환경 미디어 광고 253
활성화 확산 148
회상 측정 65
효과 64
효과성 64
효능감 227
후광효과 129

저자 소개

우석봉(Woo Seokbong)

20년간 광고현장에서 광고, 브랜드 전략가와 어카운트 플래너로 일하였다. 고려대학교에서 소비자 · 광고심리학 전공으로 박사학위를 취득하였으며, 현재는 대전대학교 경영대학 산업 · 광고심리학과 교수로 재직 중이다.

『실전 광고기획 에센스(2판)』『브랜드 심리학(3판)』『IMC 광고기획의 원리와 응용』 등의 저서가 있으며, 광고와 브랜드 관련 논문들이 있다.

대홍기획/DDK 재직 시에는 미쉐린 타이어 광고 전략으로 DDB Worldwide Pinnacle Award를 수상했으며, 2016년에는 한국 소비자 · 광고심리학회의 우수 논문상을 수상했다.

광고효과의 심리학
The Psychology of Advertising Effects

2017년 3월 20일 1판 1쇄 발행
2021년 2월 25일 1판 2쇄 발행

지은이 • 우석봉
펴낸이 • 김진환
펴낸곳 • (주) 학지사
04031 서울특별시 마포구 양화로 15길 20 마인드월드빌딩
대표전화 • 02)330-5114 팩스 • 02)324-2345
등록번호 • 제313-2006-000265호

홈페이지 • http://www.hakjisa.co.kr
페이스북 • https://www.facebook.com/hakjisabook

ISBN 978-89-997-1161-9 93180

정가 16,000원

이 도서의 국립중앙도서관 출판시도서목록(CIP)은 서지정보유통지원시스템 홈페이지(http://seoji.nl.go.kr)와 국가자료공동목록시스템(http://www.nl.go.kr/kolisnet)에서 이용하실 수 있습니다.
(CIP 제어번호: CIP2017002902)